유연한 조직이 살아남는다

Flexible Working

© Gemma Dale, 2021
This transition of Flexible working is published by arrangement with Kogan Page.
All rights reserved

Korean Transition Copyright © 2022 by Korea Coaching Supervision Academy
Korean Translation published by arrangement with KOGAN PAGE LTD
through Imprima Korea Agency

이 책의 한국어판 저작권은 Imprima Korea Agency를 통해
KOGAN PAGE LTD사와의 독점 계약으로 한국코칭수퍼비전아카데미에 있습니다.
저작권법에 의해 한국 내에서 보호를 받는 저작물이므로
무단전재와 무단복제를 금합니다.

호모코치쿠스 31

유연한 조직이 살아남는다
Flexible Working

포스트 코로나 시대 뉴노멀이 된 유연근무제

젬마 데일 지음
최병현, 윤재훈 옮김

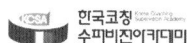
한국코칭수퍼비전아카데미

추천사

"이 책은 코로나 이후 고용주가 근무 방식을 고려할 때 유연근무를 중요한 옵션으로 생각할 수 있도록 도와줍니다. 구조적으로 잘 짜여 있고 시의적절한 내용을 담고 있습니다. 인사담당자가 앞으로 다가올 미래에 어떻게 일해야 할지 생각하는 데 도움이 될 것입니다"

케어리 쿠퍼 경(맨체스터 경영대학 교수)

"이 책은 유연근무로 가는 길의 완벽한 동반자입니다. 조직 전체에 유연근무를 실행하기 위한 전략 수립부터 정착시키는 것까지 짜임새 있게 구성되어 있습니다. 1부에서는 유연근무가 조직성과의 동인이 될 수 있다는 내용과 유연근무가 회사에 미치는 긍정적 영향에 대한 증거를 다양하게 제시합니다. 2부에서는 유연근무로의 전환이 시작부터 성공적일 수 있는 방법뿐만 아니라 장기적으로 지속가능한 단계별 접근 방식을 제공합니다. 더불어 이 책은 사례 연구 및 유용한 템플릿으로 가득 차 있습니다. 당신의 조직이 과거에서 벗어나 미래로 나아가려 한다면 반드시 읽어야 할 책입니다."

카렌 티아고(YESS CEO 겸 대표변호사)

"쉽고 다양한 방법으로 유연근무를 이해하고 숙고하게 만드는 책! 이 책은 유연근무를 실행하는 조직의 이점에 대한 명확한 사례를 제시할 뿐만 아니라, 유연근무제 실행 시 일반적으로 직면하는 장벽을 극복하기 위한 실행 방안을 제공합니다. 잘못된 신념과 게으른 추측들이 지배하는 유연근무 논쟁에 새로운 목소리를 전하는 이 책이 너무나 반갑습니다."

데이빗 도주아(공인인력개발협회 회원 이사)

"유연한 조직을 만들고자 하는 인사관리 실무자나 경영진이 반드시 읽어야 할 책입니다. 이 책은 비즈니스 사례를 만들기 위한 면밀한 증거를 제공하고 이 과정에서 수행해야 하는 실무에 대한 실용적인 가이드를 제공합니다. 이 책의 저자는 우리가 일하는 방식을 재고해야 하는 이유를 설득력 있게 제시합니다."

팀 스콧(플레쳐스 솔리시터 인사담당 상무)

"당신이 인사관리 전문가이거나 생산라인 관리자라면, 이 책은 유연근무의 실전 가이드북이 될 수 있습니다. 이 책은 유연근무가 조직의 업무 전략과 조직문화에 미치는 영향을 소개하고, 유연근무가 웰빙, 인재 유치 및 포괄성과 같은 다른 큰 업무 과제를 얼마나 지원할 수 있는지 검증합니다. 유연근무 환경을 조성하고 조직문화에 도움이 되도록 미신을 없애며 장애물을 줄이는 툴킷toolkits을 제공합니다. 반드시 읽기를 권고 드립니다. 별 다섯 개!"

다픈 두디-그린(북영국 공인인력개발협회 대표)

"이 책은 유연근무에 대해 알아야 할 모든 것을 다루고 있습니다. 유연근무가 우리의 현재와 미래의 일부여야 한다는 데 여전히 의심을 갖는 분들이 계실 겁니다. 이 책은 그런 분들께 유연근무가 올바른 길임을 제시하며, 모든 정보, 관점, 도구를 갖추고 바로 활용할 수 있는 것이라 생각하게 만듭니다."

네일 어셔(고스페이스 AI 대외협력 사장)

목차

추천사 4
감사의 말 8
옮긴이의 말 9
서문 : 왜 '지금' 유연근무제인가? 11

1부 유연근무란 무엇인가? 23
  1. 유연근무 25
  2. 유연근무의 이점과 과제 51
  3. 유연근무와 근무형태의 미래 83
  4. 유연근무와 포용성 99
  5. 유연근무와 웰빙 121
  6. 유연근무에 대한 오해와 진실 139
  7. 유연근무의 장벽과 극복 방법 155

2부 유연근무제 도입 : 실천지침 179
  8. '준법'에서 '문화'로 181
  9. 유연근무를 위한 전략 개발 203
  10. 효과적인 정책 및 프로세스 227
  11. 유연근무자를 지원하는 방법 247
  12. 결론 271
  13. 유연근무제 툴킷 281

에필로그: 코로나19 이후 유연근무제 285
부록 1: 관리자를 위한 샘플 289
부록 2: 구성원을 위한 샘플 317
색인 323
저자 및 역자 소개 327
발간사 329

감사의 말

이 책은 내 파트너 팀Tim의 끊임없는 지원에 힘입어 완성되었다. 맞춤법을 비롯해 논리전개 방식을 면밀하게 살펴주어 무척 감사하다. 또 이 책 전반에 걸쳐 연구, 경험, 설문조사 데이터를 제공해준 다양한 조직과 학계에 감사한다. 특히 학계에서 제공하는 통찰력이 없었다면 이 책이 탄생하지 못했을 것이다. 마지막으로 이 주제에 대해 글을 쓸 기회를 준 코간페이지Kogan Page에게도 감사의 말을 전한다.

옮긴이의 말

새로운 근무형태가 새로운 사회구조를 만들 것이다

좀 쉬고 싶다. 그런데 돈도 벌고 싶다. 모든 직장인의 공통된 생각이다. 코로나19 이후 근무 환경이 급변하면서 이 푸념들을 해소할 방안들이 주목받기 시작했다. 주4일제, 재택근무, 원격근무 등 유연한 근무형태들이 '워라밸'을 중요하게 여기는 신新세대에게 환영받게 되었다. '일하지 않는 자, 먹지도 말라'고 주장하는 구舊세대들은 못마땅해 했다.

유연근무제는 단순히 놀고먹자는 주장이 아니다. 우리의 삶 속에 뿌리 깊게 박혀 있는 담론을 새롭게 재구성하자는 것이다. 노동에 잠식된 인간에 대한 존재론적 전환을 일으켜보자는 것이다. 그리고 모두가 외면하고 있지만 유연근무가 우선적으로 해결해야 할 문제들이 있다. 너무나도 오랫동안 근무 환경을 둘러싸고 있는 남성중심주의다.

현재 한국사회에서 유연근무를 필요로 하는 대상이 여성인 경우가 많다. 안타깝게도 가족 내 자녀 양육을 여성이 전담해야 하는 사회적 인식과 구조 때문이다. 그로 인해 여성들은 필요에 따라 노동시간을 조절하거나 출퇴근 시간을 조정해야 한다.

서구사회도 별반 다르지 않다. 시간제·기간제 근무는 대부분 여성의 몫이다. 자녀를 키우기 위해 시간제로 일하는 여성들은 임금은 물론 승진, 경력개발, 고용안정성에서 매우 제한적이다. 유연근무제는 여성들에게 일과 돌봄을 동시에 할 수 있는 기회를 제공하지만, 시간이 지날수록 오히려 차별적 지위와 조건에 순응하게 만들었다.

새로운 담론이 필요하다. 새로운 근무형태가 만들어져야 한다. 새로운 사회로 가는 열쇠가 바로 거기에 있다.

그리고 이 책이 그 시작점이 될 것이다.

2022년 4월 16일
잊지 않겠습니다
옮긴이가

서문
왜 '지금' 유연근무제인가?

산업혁명 이후 사람들이 일하는 방식과 조직 구조에 큰 변화가 생겼다. 지정된 장소에 같은 시간에 도착해 동료들과 함께 일하는 것이 점차 당연해진 것이다. 월요일에서 금요일, 매일 오전 9시부터 오후 6시까지 일하고 퇴근하는 것이 근무 방식의 '표준'이 되었다. 시간, 장소, 업무 방식에 표준근로모델이 탄생한 것이다.

  그러나 다시 큰 변화가 오고 있다. 이제 '표준근로모델'이 모든 조직에 일괄적으로 작동하는 시대는 지났다. 그런데도 대부분 사람에게는 아직 '표준근로모델'이 익숙하다. 어느 곳에서나 보편적으로 쉽게 마주하는 방식이기 때문이다. 과거에 비해 현재 업무 방식은 다양하게 진화해왔다. 업무 방식이 변한 이유는 분명하다. 서비스업과 기술기반산업의 비중이 커진 최근과는 달리, 과거에는 직원들이(예: 제조 공장 생산라인) 특정 장소로 이동해 함께 일하고 얼굴을 마주보며 소통하는 방식이 일반적이었기 때문이다. 지난 수십 년간 '표준근로모델'은 필수재였고, 이를 대체할 만한 근로모델은 없었다. 표준근로모델은 그렇게 널리 퍼져 영향력을 유지해왔고, 이는 새로운 근로 모델의 확산을 늦췄다.

표준근로모델은 우리의 선배 세대가 고수해왔던 업무 방식이다. 이는 대대로 내려온 근로 방식을 이어받아 일을 잘 처리하기 위한 조직적 선택이었다. 하지만 최근 들어 표준모델이 변화해야 한다는 압력이 거세지고 있다. 현 세대에서는 업무 수행 방법과 업무 장소의 기준은 물론, 일의 본질까지 근본적으로 달라지고 있기 때문이다. 전통적인 명령/통제형 관리자는 오늘날의 근무 방식에는 어울리지 않는다. 경제구조의 변화 속에서 점점 많은 사람이 '지식기반 노동knowledge work'을 수행하고 있다. 지식기반 노동이란 각자의 전문적인 지식과 학습 경험을 이용해서 업무를 수행하는 것을 뜻한다. 지식 노동자는 공장이나 생산 라인에서 일하지 않기에 과거의 방식대로 통제할 필요가 없다.

기술은 급속도로 발전했지만 일하는 방식은 이에 맞춰 변화하지 못했고 아직도 많은 조직이 과거의 방식을 따른다. 많은 사람에게는 월요일부터 금요일까지 일정한 시간에 정해진 장소로 출근하는 게 너무 익숙해서 새로운 업무 방식에 대해 고민하는 것이 배부른 소리처럼 느껴질 수 있다. 하지만 한 걸음 나아가 새로운 시각으로 조직의 업무 형태와 조직구성원의 업무 방식을 관찰해야 할 필요가 있다. 그러면 지금 직장에서의 업무 수행 방식이 조직구성원들에게 거의 의미가 없다는 사실을 깨닫게 될 것이다.

사람들은 아침에 집을 나서 직장으로 향한다. 통근 거리와 시간, 장소가 다르고 업무 시간이 꼭 일치하지는 않지만 근로 방식은 대동소이하다. 대부분의 사람들은 비슷한 시간에 대중교통을 탄다. 사람들이 몰리는 출근시간에는 "추가비용"이 발생하고 출근길 교통 체증과 값비싼 주차 요금은 기본 옵션이다. 출퇴근 행위는 탄소 발자국carbon footprint을 만들고 결정적으로는 근로자에게 스트레스를 준다. 사람들은 출퇴근하는 시간을 활용해 이메일에 답장을 하거나 업무와 관련한 전화를 한다. 직장에 도착하면 책상에 앉아 팀원들과 소통하며 회의에 참석한다. 그런데 사실 요즘 직장인들은 장소에 구애받지 않고 사용가능한 기기와 기술을 활용해 대부분의 업무를 수행할 수 있다. 퇴근길 역시 출근길에 겪었던 일상의 반복이다. 만약 내일 '일'이란 개념을 처음 발명한다면 일을 처리하기 위한 조직은 어떻게 구성될까? 지금과는 전혀 다르게 구성되지 않을까? 과연 21세기에 소위 '표준근로모델'이 업무를 수행하는 가장 합리적인 방식일까?

지식기반 사회로 전환됨에 따라 무선인터넷과 노트북만 있으면 언제 어디서나 일할 수 있게 되었고 대부분의 업무는 온라인에서 효과적으로 수행할 수 있다. 일하는 방법과 기술만 바뀐 것이 아니다. 20년 전에는 존재하지 않았던 직무가 등장했다. 마케팅 팀에 SNS 관리자나 검색 엔진 최적화를 담당하는 전문 인력의 필요성이 급증하면서 이런 인력은 거의 모든 조직에 충원되고 있다. 이는 오래된 일이 아니다. 이외에도 다양한 직무가 등장했다가 사라지는 것이 비일비재하다. 변화하는 조직문화와 고객들의 요구사항에 발빠르게 대응할 수 없기 때문이다.

새롭게 변화된 근로 방식이 모든 근로자와 직무에 필요한 것은 아니다. 그런데도 상당 규모의 노동 인구에게 필요할 수 있다. 문제는 근로자가 기존의 업무 방식과 다르게 일하려고 할 때 발생한다. 때로는 새로운 업무 방식이 조직구성원의 경력, 임금, 평판에 부정적인 영향을 미치는 결과를 초래하기 때문이다.

상당수의 전문 직종 및 일부 직군에서는 표준근로모델과 완전히 다른 방법으로 일하는 것이 가능하다. 근무 방식의 유연성은 고용 관계의 모든 당사자에게 다양한 혜택을 줄 수 있다.

우리는 유연근무라는 혁명을 일으킬 수 있다

공인인력개발협회Chartered Institute of Personnel and Development(CIPD)는 유연근무를 '직원이 일하는 장소, 시간(출퇴근시간, 총 근무 시간 등)에 대해 유연성을 제공하는 근무 방식'으로 정의한다(CIPD, 2019). 최근 몇 년 동안 많은 조직에서 유연근무의 잠재력을 인식하기 시작했다. 근무 방법, 장소, 시기를 다양하게 채택하면 조직과 조직구성원에게 상당한 이점이 있을 수 있다. 물론 이러한 변화에 대한 조직 내 반발도 있을 수 있다. 변화를 이끌어내기 위해서는 행동력과 헌신적인 노력이 필요하다. 그런데도 유연근무의 이점을 이미 경험하고 있는 미래지향적 조직은 많아지고 있다.

유연근무는 '뉴 노멀new normal'이다. 이런 관점에서 '표준모델'은 매우 낡은 것이다. 다만 대부분의 조직에 유연근무를 바로 도입할 수 있는가는 조금 다른 이야기이다. 공상과학소설 작가인 윌리엄 깁슨William Gibson은 '미래는 이미 와 있다. 단지 널리 퍼져있지 않을 뿐'이라는 인용구로 유명하다. 유연근무 또한 그런 것이 아닐까.

최근에는 많은 조직에 유연근무가 도입되는 것처럼 보이지만 사실 특별히 빠르게 확산하는 것도 아니다. 엑스퍼트에이치알XpertHR의 2018년 설문 조사에 따르면, 사업주의 절반 이상이 지난 2년 동안 사내 유연근무 신청 건수가 증가했다고 밝혔다. 하지만 유연근무제가 처한 현실은 훨씬 더 복잡하다. 주요 언론의 헤드라인과 유명 기업의 도입 비율만을 보면 상황은 무조건적으로 좋은 것으로 보인다. 실제로 학계 및 산업계에서 실시한 연구와 설문 조사를 통해 유연근무의 다양한 이점이 확인되었다. 그런데도 또 다른 연구의 결과를 보면, 유연근무를 경험한 조직과 직원이 실제 경험과 결과에 만족하지 못한다는 사실을 보여준다(Clarke & Holdsworth, 2017).

조직구성원이 유연근무를 신청할 수 있는 권리는 수년 전 영국 고용법에 도입되었다. 하지만 법률안을 만들 때, 유연근무제의 도입 취지가 명확히 반영되지 못했기에 법률 개정의 필요성이 지속적으로 언급되고 있다. 현재는 유연근무의 범위가 훨씬 넓어졌고, 조직 간 또는 조직 내에서 특수하게 적용되는 사례들도 많아지고 있다. 유연근무를 표준근로모델로 수용하는 직장에서부터 일부만 적용하는 직장에 이르기까지, 영국의 유연근무 도입 방식은 매우 다양하다.

유연근무라는 유행에 발맞춰 조직은 대체로 유연근무를 도입하려는 움직임을 보이고 있다. 그런데도 아직 유연근무제의 도입 진행 속도가 느리다. 이때 표준근로모델은 변화를 가로막는 장벽이 된다. 일부 기업의 시각에서 유연근무는 도입 자체를 거부해야하는 제도다. 유연근무제의 도입이 직원에게만 유리하다는 시각 때문이다. 유연근무의 다양한 이점을 이해하지 못하거나 제한적인 유연근무 도입으로 인해 팀 내 긴장감이 발생하기도 한다.

많은 조직은 인적자원관리와 생산관리 측면에서 유연성을 유지하는 것의 중요성을 인식하고 있다. 유연성이란 단어는 변화하는 수요에 대한 민첩성, 적응성, 반응성과 같은 아이디어와 밀접하게 연관되어 있다. 이때 유연성은 조직 또는 고용주의 관점에서 유용한 것이다. 그러나 동일한 개념을 직원에게 적용할 때, 이 단어는 상대적으로 바람직해 보이지 않는다. 많은 조직에서 직원의 규모를 수시로 변경하는 유연성은 선호되지만, 근무 방식에 있어서의 유연성은 선호하지 않는 것 같다.

기업의 홈페이지에서 맞벌이 부모에 대한 지원 정책을 언급하거나 고용주가 유연근무를 지지한다고 홍보하는 것을 보는 것은 이제 흔한 일이다. 안타깝게도 일부 조직의 구성원은 유연근무에 대한 마케팅이 조직 내 실제 상황은 다른 경우가 많다고 언급하기도 한다. 특정 조직에 대해 외부로 알려진 사실과 실제 경험되는 것 사이에 상당한 차이가 있다는 것이다. 이를 '유연근무 워싱Flex-washing'이라고 한다. 위와 같은 경우 외부에 공개된 유연근무 관련 내용은 허구이며 대부분의 근로자가 유연근무 상황을 실제로 경험하지 못한다(Timewise, 2019).

영국에서는 다양한 조직들이 가진 유연근무에 대한 생각과 관계없이, 정부에서 자체적으로 유연근무 도입을 위한 합리적 근거를 만들고 있다. 영국 정부는 2017년 테일러 리뷰Taylor Review가 밝힌 새로운 근무 방식의 도입에 대한 중요성을 인정했다. 보고서는 모든 조직구성원을 위해 양질의 일자리를 보장하는 데 필요한 제도로 유연근무를 언급했다. 유연근무가 개인과 조직에게 주는 중요성과 이점이 있다고 인정한 것이다. 보고서는 특히 정부가 직장에서 진정한 유연성을 촉진해야 하고, 조직을 둘러싼 문화의 장벽 및 실제 문제를 해결해야 하며, 유연근무에 적합한 것으로 정의된 더 많은 일자리를 장려해야 한다고 권고했다(Taylor, 2017). 이러한 권장 사항은 정부에 의해 대체로 수용되었지만 진행 속도는 여전히 답답하다.

유연근무는 가장 기본적 차원에서는 조직구성원이 근무 시간 변경을 신청하는 것이다. 다시 말해, 어떤 방식으로든 '표준근로모델'에서 벗어나는 것이고, 보다 구체적으로는 맞벌이 부모를 지원하고 다양한 근무 방식을 활용하여 새로운 업무 방법을 모색하는 것이다. 유연근무는 앞서 언급한 개념적 정의보다 훨씬 더 큰 차원의 혁신이다. 이는 근본적으로 일하는 방식을 다시 설계하는 것으로, 조직구성원들이 일을 잘하는 방법과 장소, 시간을 정하고 구성원들끼리 서로 신뢰하는 환경을 스스로 만들 수 있는 자율성을 제공하는 것이다. 과거에 널리 통용된 명령·통제 방식을 버리고 협업과 소통의 방식으로 전환하는 것이다. 모든 사람은 고유한 가치, 욕구, 필요 및 의무를 가진 개별적 존재라는 것을 인정하는 것이기도 하다. 조직구성원이 일을 하며 개인적 욕망을 추구한다고 해서 생산성이 떨어지는 직원이 되거나 상대적으로 덜 헌신적인 직원이 되는 것은 아니다. 그렇기에 유연근무는 고용관계 자체를 전환하는 것이다. 부모 대 자녀와 같은 비대칭적 관계를 벗어나 성인 대 성인이라는 동등한 관계로 말이다. 그렇기에 유연근무는 총체적인 인간상에 기반한 것이다. 각자가 책임진 업무를 완수할 수만 있다면 아이를 돌보거나, 지극히 개인적 사정이 있거나, 심지어 요가 수업 때문에 유연근무를 원한다고 해도 상관없다. 이 점에서 유연근무는 포용적 업무 환경으로 가는 출발점이다.

유연성은 '근무유형의 미래'에 필수적이다. 모든 조직은 업무 방식과 근무 시간에 대한 기존의 관념을 재고하고 유연성이 가져올 다양한 이점을 수용해야 한다. 유연근무를 도입하지 않는 것은 기회를 놓치는 것일 뿐만 아니라 잠재적으로는 심각한 경영 위기를 불러일으킬 것이다. 유연근무를 도입해야 하는 이유가 또 있다. 유연근무를 도입하는 것은 올바른 조직을 만드는 데 중요하다. 대부분 조직에는 다양성, 평등, 포용성이 결여되어 있다. 표준근로모델, 전통 업무 방식, 보수적인 태도는 많은 잠재 구직자에게 실력을 발휘할 기회를 주지 않고, 일부 조직은 본질적으로 건강하지 않기도 하다. 그렇기에 유연근무의 도입이 올바른 길이라는 뜻은 사회 정의 실현과 연결된다. 최근 몇 년 동안 기업의 사회적 책임 및 포용성에 대한 논의의 연장선상에서 유연근무란 용어는 자주 등장했다. 그렇게 유연근무 혁명은 진정한 변화를 이끈다. 유연근무는 조직 내 고정 관념을 타파하고, 새로운 기회를 열고, 조직구성원의 웰빙을 높이며, 자율성과 권한부여라는 긍정적인 요소를 조직구성원에게 제공한다.

지금까지 조직이 왜 '지금' 유연근무를 진지하게 고려해야 하는지 폭넓게 검토했다. 더 중요한 요인도 있다. 유연근무는 사람들이 원하는 업무 형태이고 조직구성원이 주도하는 움직임이다. 직원들은 새로운 고용계약을 원한다. 심리적 계약psychological contract이 변하고 있는 것이다.

이 책에서는 유연근무를 완벽한 근무 형태라고 말하려는 것이 아니다. 유연근무를 도입할 때 고려해야 하는 다양한 내용이 책의 뒷부분에서 논의될 것이다. 오늘날 조직의 복잡한 문제에 대한 손쉬운 해법은 없다. 유연근무도 많은 이점이 있지만 적절히 관리되지 않거나 실행되지 않으면 조직에 부정적인 영향을 끼칠 수 있다. 유연근무가 성평등을 여는 잠재적인 열쇠가 될 수 있지만, 젠더 규범gender norms을 영속화할 수도 있다. 또 어떤 상황에서는 직원 복지에 도움이 될 수 있지만 다른 상황에서는 의도하지 않은 부정적인 결과를 가져올 수 있다. 이런 문제들은 유연근무제의 실행단계에서 표준모델과 유연근무제를 혼합하면서 발생하기도 한다. 이런 난관들은 유연근무 혁명을 통해 극복할 수 있다.

유연근무는 여전히 '이단아other'로 분류된다. 소위 '다름'이고, 표준적이지 않다. 이 책은 지금이 변화를 일으킬 때라고 주장할 것이다. 지금은 "미래의 직장에 대한 비전… 근로자가 일과 삶의 균형뿐만 아니라 조직 내 삶을 통제할 수 있으며 고용주가 경쟁 우위를 확보할 수 있는 방안이 필요한 때(Fagan et al., 2006)"이다. 파간Fagan의 설명 속에는 유연근무의 도입이 조직구성원 모두에게 좋은 영향을 준다는 전제가 내포되어 있다. 유연근무를 가능하도록 돕는 기술이 발전하고 있다. 의심할 바 없이 직원들은 유연근무를 원할 것이다. 모든 조직구성원은 유연근무제 채택으로 혜택을 볼 수 있다. 지금이 바로 유연근무 혁명의 시대다.

책의 목적

이 책의 목적은 크게 두 가지다. 먼저, 이 책은 모든 조직이 유연근무제를 진지하게 받아들일 수 있는 상황을 만들고, 지금이 바로 그때라는 것을 강조한다. 이를 위해 학술 연구 결과나 다양하고 세부적인 조직 사례를 제공한다. 합리적 근거에 기반해 유연근무가 필요하다고 주장하며 실제 조직의 실행을 뒷받침하는 증거 제공을 목표로 한다. 또 유연근무로 인한 문제들을 짚고 이를 극복할 수 있는 방법도 함께 탐구할 것이다.

유연근무는 최신 트렌드이다. 하지만 트렌드를 완전히 이해하기 위해서는 오늘날의 세계와 근무유형의 미래에 관한 광범위하고 글로벌한 변화의 맥락을 세밀하게 살펴봐야 한다. '일'은 최근 수십 년 동안 크게 바뀌었으며, 이는 기술의 범용성capability과 이용가능성availability 확대에 힘입은 것이었다. 반면 우리가 일하는 방식은 거의 바뀌지 않았다. 잠재적으로 더 낫거나 효과적인 근무 방식을 사용할 수 있음에도 정해진 시간에 계속 출근하고, 대면 회의를 하고, 교실 학습을 진행한다. 모든 조직과 상황에 적용될 수는 없겠지만, 유연근무에 대한 분명한 저항은 그저 적응 실패의 한 예에 불과하다. 이 책의 1장에서는 유연근무를 보는 다양한 관점을 살펴보고 경영상의 이점을 고려하면서 관련된 문제를 심층적으로 탐구한다.

이 책의 두 번째 목표는 모든 유형의 조직에서 사용할 수 있는 유연근무 전략의 설계, 구현, 커뮤니케이션 및 평가에 대한 실용적인 방안을 제공하는 것이다. 조직, 관리자, 임원진 및 인사 부서에 유연근무를 위한 증거 기반의 철저한 사례 연구, 지침, 템플릿 도구와 문서를 제공하여 유연근무가 가능한 미래를 준비할 수 있도록 한다. 이 책은 조직에 유연근무를 도입하고자 하는 인사분야 실무자와 임원진 등의 고민과 질문에 대한 답을 제시한다.

책의 구조

이 책은 두 부분으로 구성되어 있다. 1부에서는 유연근무에 대한 다양한 관점, 연구, 잠재적 이점을 고려하여 유연근무를 도입해야 하는 이유와 실제 유연근무제를 도입한 조직의 사례 제공에 중점을 둔다. 조직구성원에 대한 가족 친화적 지원뿐만 아니라 지속가능성, 복지, 참여, 포용, 인재 유치 및 유지의 맥락에서 유연근무를 고려할 것이다. 또 다양한 형태의 유연근무는 물론, 유연근무가 운영되는 법률과 규정, 변화하는 미래의 근무 형태에 걸맞은 '근무 장소'에 대해 설명할 것이다. 마지막으로 유연근무 도입과정에서 발생하는 장벽과 유연근무제에 대해 널리 퍼져있는 잘못된 속설을 돌파하는 방법을 살펴볼 것이다.

2부에서는 유연근무의 미래와 실행할 때 발생할 이슈에 대해 검토하고, 조직에서 어떤 준비를 해야 하는지에 중점을 둘 것이다. 그리하여 조직이 어떻게 규정 기반 장소에서 문화 기반 장소로 변화할 수 있는지 설명할 것이다. 또 유연근무 문화의 구성 요소를 설명하며 독자가 개별 조직의 특정 상황에 맞게 사용할 수 있는 다양한 도구와 템플릿을 제공할 것이다. 덧붙여 정책 개발 및 지침 작성, 유연근무 도입을 위한 전략 커뮤니케이션 및 인식 제고, 관리자 교육과 개발, 유연근무를 가능하게 지원하고 적절한 시기에 성공과 진척도를 측정하기 위한 다양한 실용적인 옵션도 제공할 것이다. 종합하면, 각 장에서는 유연근무의 실현을 위해 취할 수 있는 조치를 명확하게 설명하는 내용이 포함되어 있다.

유연근무제를 도입하려는 독자에게 이 책은 좋은 지침서가 될 것이다.

참고문헌

CIPD (2019) *Flexible Working Practices*, www.cipd.co.uk/knowledge/ fundamentals/relations/ flexible-working/factsheet (archived at https://perma.cc/ G5MS-LFGJ)

Clake, S and Holdsworth, L (2017) *Flexibility in the Workplace: Implications of flexible working arrangements for individuals, teams and organizations*, Acas

Fagan, C, Hegewisch, A and Pillinger, J (2006) *Out of Time: Why Britain needs a new approach to working-time flexibility*, Trades Union Congress, www.researchgate.net/ publication/286447808_Out_of_Time_-_why_Britain_ needs_a_new_approach_to_ working-time_flexibility (archived at https://perma.cc/ B87P-XQRV)

Taylor, M (2017) *Good Work: The Taylor Review of Modern Working Practices*, assets.

publishing.service.gov.uk/government/uploads/system/uploads/ attachment_data/file/627671/good-work-taylor-review-modern-working- practices-rg.pdf (archived at https://perma.cc/W4HQ-N7QQ)

Timewise (2019) *Should employers be required to consider flexible recruitment? Yes, but...* timewise.co.uk/article/should-employers-be-required-consider- flexible-recruitment/ (archived at https://perma.cc/TY78-HZAV)

XpertHR (2018) /*Flexible Working Policies and Practice Survey 2018*, XpertHR

1부
유연근무란 무엇인가

1부는 '유연근무flexible working'라는 새로운 근무유형를 정의하고, 다양한 형태의 유연한 업무 방식을 소개한다. 유연근무와 관련된 영국 법을 상세하게 살필 것이다. 다양한 스펙트럼 속에서 유연근무 도입 시의 이점, 수용가능성, 이용가능성 문제를 검토할 것이다. 마지막으로 유연근무에 대한 오해를 줄이고, 도입 장벽을 뛰어넘는 방법에 대해 탐구할 것이다.

특히 학술 연구 및 산업 조사 데이터를 활용하여 유연근무에 대한 다양한 근거들을 검토했다. 이를 기반으로 독자들에게 유연근무에 대한 근거 기반 사례를 만들 수 있는 정보를 제공한다.

01

유연근무

개요

유연근무란 무엇인가?

'유연근무flexible working'는 사람들에게 어떻게 정의될까? '유연근무'는 인식의 다양성을 내재한 개념이다. 유연근무라는 단어를 처음 들으면 대부분의 사람들이 근무 시간 단축을 가장 먼저 떠올릴 것이다. 하지만 지금은 조직구성원이 근무 시간과 장소를 자율적으로 선택하는 것에서 알 수 있듯이 전통적 근로 계약의 의미와 형태가 변화했음을 알 수 있다. 유연근무는 고용주가 근무 시간과 근무 방식을 통제하는 것에서 조직구성원 각자가 근무 시간과 방식을 자율적으로 조정 할 수 있는 상태로 전환하는 것을 의미한다.

가장 넓은 의미에서의 유연근무란 표준근로모델과 다른 모든 근무 형태를 뜻한다. 대부분의 조직과 조직구성원에게 표준모델이란 월요일부터 금요일, 오전 9시부터 오후 6시까지 일정한 시간에 정해진 장소에서 일하는 근무 방식을 의미하지만, 유연근무 하에서는 많은 것이 변한다. 일부 유연근무 방식은 쉽게 이해되고 오랜 기간 사용되었던 반면, 기술 향상으로 인해 최근에 개발된 방식도 있다. 이에 따라 유연근무를 정의하는 방법도 달라지고 있으며, 특정 업무가 언제, 어디서, 어떻게 실행되는지에 따라 다차원적인 모델도 설계 가능하다.

'언제When'는 (때때로 시간 유연성으로 언급) 근무 시간과 연관된다. 이는 총합 몇 시간을 근무하는 지와 하루 중 언제 근무하는지를 모두 고려하는 개념이다. 시간 유연성에 관계된 '직무 자율성worker autonomy'은 근무 시간 통제권을 의미한다. 이는 탄력 근무제부터 핵심 근무 시간은 정해져 있지만 그 외의 시간은 자유롭게 활용하는 시스템까지 다양하다. "어디서Where" 근로를 수행할지(장소 유연성)는 근래의 기술 발전에 의해 특별한 영향을 받고 있다. 많은 조직구성원이 무선 네트워크 연결만 가능하면 장소에 관계없이 일을 할 수 있기 때문이다. 조직구성원은 업무를 직장, 집, 공유 오피스, 기차 그리고 커피숍에서도 수행할 수 있다. 그들은 사내 정책의 허용 범위에 따라 물리적 공간의 제약에서 벗어날 가능성이 커진다. 마지막으로 업무를 '어떻게How' 수행하는지는 업무량과 업무 수행 방법에 따라 분류될 수 있다.

유연근무 계약은 공식적(근로계약서, 조직의 내부 정책, 법적 프로세스를 통해 합의된 경우) 또는 비공식적(직원과 직속상사 사이에만 국한된 경우, 정기적이거나 즉흥적으로 합의 된 경우)일 수 있다. 각각의 경우는 조직문화 및 업무에 대한 유연성이 활성화되는 범위와 매우 관련이 있다.

사람들이 유연근무를 하는 이유는 다양하고 유연근무를 선택하는 동기는 유연근무 방식에 따라 달라질 수 있다. 2019년 공인인력개발협회의 근로실태 조사CIPD Working Lives survey는 사람들에게 왜 유연근무를 하는지 물었다. 유연근무를 원하는 사람들은 여가 시간의 증가, 교육 훈련, 질병 치료 및 장애 재활, 출퇴근 시간의 감소를 주요 동기로 응답했고 유연근무가 필요한 주요 이유를 육아라고 선택한 비율은 예상보다 낮았다. 다만 육아 때문에 유연근무를 원하는 사람의 대부분은 여성이었다. 육아를 주된 이유로 유연근무를 한다고 작성한 사람 중 13%만이 남자였고, 이는 여성의 4분의 1에 불과했다.

유연근무의 유형

유연근무는 조직 및 구성원의 상황에 따라 다양한 방식으로 활용된다. 이 장에서는 유연근무 유형 중 사용빈도가 높은 전형적인 유형을 소개한다.

시간제 근무

시간제 근무part-time/reduced-hours working는 일반적인 근무 시간보다 적게 일하는 경우를 의미한다. 경제개발협력기구OECD에 따르면, 2018년 영국에서는 총 고용 형태의 23% 이상이 시간제 근무를 하고 있다(OECD, 2019). 근무일에 근무 시간을 단축하거나 근무일 자체를 줄이는 등 시간제 근무는 다양한 형태로 사용될 수 있다. 시간제 근무는 유연근무 중 가장 널리 쓰이는 유형이며, 특히 여성들이 더 흔하게 활용한다. 이는 일반적으로 여성이 여전히 육아와 가사 노동을 수행하는 영국 사회의 성역할 인식이 반영된 것이다.

직무 공유제

직무 공유제job-share는 조직구성원 두 명이 하나의 정규 업무를 동등하게 책임지는 근무형태를 뜻한다. 일부 조직은 직무 공유제에 대한 특별한 정책 또는 요구 사항을 가지고 있다. 예를 들면 직무 공유를 하는 사람들이 서로의 휴가 기간 중 대체 근무를 하도록 의무화하는 경우다. 또는 직무 공유 당사자들이 근로 계약을 스스로 관리할 수 있도록 자율성을 주는 것이다. 일부 직무 공유제에서는 근무 시간과 근로일을 동등하게 맞추지 않는 경우도 있고, 모든 일에 공동 책임을 지거나 특별한 기술과 경험에 따라 필요한 역할을 완전히 구분하는 유형도 있다. 일부 직무 공유 계약은 담당자가 동시에 정해진 시간에 출근해서 함께 일하거나 일부 시간에 공동으로 일하는 기간을 두기도 한다. 이런 이유로 직무 공유제 사용 시 한 명의 직원을 고용하는 것보다 비용이 약간 증가하게 된다. 직무 공유제를 실행할 때 주의할 점은 팀원 내부의 효과적인 커뮤니케이션 기술이 필요하다는 것과 팀원들이 동등한 책임과 업무량을 나눠야 한다는 것이다.

직무 공유제는 조직에서 잘 활용되지 않을 수 있다. 관리자가 낯선 근무 유형을 관리하는 것에 어려움을 느낄 수 있기 때문이다. 직무 공유제의 성공은 함께하는 팀원들 모두에게 달려 있고, 일하는 방법과 효과적인 의사소통 수단에 대한 명백한 동의가 필요하다. 실무적인 이슈는 누군가가 조직을 떠나게 되는 과정에서 대체자를 구할 때 발생한다. 직무 공유제가 잘 작동하면 고용주는 두 명의 생산적이면서 업무에 몰입하는 조직

구성원을 얻게 된다. 또 시간제 근무처럼, 직무 공유제도 남성 근로자에 비해 여성 근로자가 더 많이 경험하는 것으로 나타난다.

집약 근무

집약근무compressed hours를 하는 조직구성원은 동 조직의 전일제 근무자full-time working와 같은 근무 시간을 4일 또는 4.5일에 수행한다. 집약근무는 조직구성원의 통근시간과 돌봄 비용을 잠재적으로 줄이는 효과를 제공한다. 그러나 집약근무 방식은 당사자가 출근일에 더 장시간 일하고, 주중 근무일 중 하루를 출근하지 않을 수 있다는 점이 고려되어야 한다. 집약근무가 널리 사용되는 유연근무의 형태가 아닌 이유다.

2주 9일 근무제

2주 9일 근무제nine-day fortnight는 집약 근무와 유사하게 유연근무자가 출근일에 더 많은 시간을 일하고 하루를 덜 출근하는 방식이다. 근무자는 10일이 아닌 9일을 일한다. 실제 사례에서 휴무일은 금요일인 경우가 많지만, 꼭 그럴 필요는 없다. 근무자가 하루를 더 쉬더라도 조직은 쉬지 않는다. 그 이유는 조직구성원 마다 휴무일을 다르게 편성할 수 있기 때문이다. 이 방식은 근로자에게 출근 시간 감소라는 이점을 주지만 압축노동의 사례와 유사하게 근무 시간을 10일이 아닌, 9일간 나눠 일하는 것일 뿐이다. 이런 근무 방식은 조직의 방침 또는 개인별로 실행할 수 있다. 인재 영입과 유지의 관점에서, 임금삭감 없이 2주마다 하루의 휴일이 생기는 기회는 조직

구성원에게 다른 조직에서 쉽게 따라할 수 없는 가치를 제공한다.

연단위 시간제

연단위 시간제annualized hours도 집약근무와 유사하게 운영된다. 조직구성원은 총 근무 시간과 시간당 임금을 계약하고, 주 또는 월별로 근무 시간을 다르게 구성한다. 연단위 시간제는 계절적 수요와 연관이 있을 수 있다. 예를 들어 크리스마스에 높은 인력 수요가 필요한 조직은 11월과 12월에 더 많은 시간을 근무하고, 수요가 적은 여름엔 근무 시간을 줄인다. 연단위 시간제는 주 또는 일별로 필수 근무 시간을 포함하기도 한다.

시간제 아르바이트

시간제 아르바이트part-time, term-time는 시기에 따라 고용 수요가 발생하는 교육기관 같은 곳에서 인기가 있다. 이 근무형태는 근로자와 고용주의 계약에 따라 긴 여름휴가를 받거나 연중 방학기간에는 일을 하지 않을 수 있다. 임금은 휴일에 따라 감소하지만 1년 내내 균등하게 분할 지급된다. 시간제 아르바이트 직원은 특정 기간 중 보육과 같은 돌봄을 할 수 있어 생활비 절감 측면에서 이점을 얻는다.

탄력 근무제

탄력 근무제flexi-time는 직원이 전일제 또는 시간제 근무를 선택할 수 있는 계약을 말한다. 탄력 근무제에서는 매일 필수 작업시간(보통 오전 10 ~ 오후 4시)을 정하고, 직원의 자율성에 맞게 시작시간과 종료시간을 매일 매일 다르게 할 수 있다. 일부 조직은 직원이 계약한 근무 시간보다 더 오래 일하고 '대체휴일time off in lieu(TOIL)'을 제공하는 계약을 하기도 한다. 대부분 조직은 자사에 맞는 정책과 프로토콜을 만드는데, 탄력 근무제를 활용하는 조직은 다른 회사보다 자율성이 크다.

원격/재택근무

원격/재택근무remote/homeworking는 회사가 아닌 다른 장소에서 일하는 것을 의미하는데, 근무장소가 보통 집인 경우가 많다. 원격근무는 때때로 텔레워킹으로 언급된다. 원격근무는 연구자들(Cooper & Hesketh, 2019)이 말하는, 필요한 시간에 따라 분산된 근무 시간 운영을 가능하게 한다. 구성원은 일반적인 조직에서 통용되는 오전 9시에서 오후 6시까지 근무하는 것이 아니라, 개인적인 상황에 맞춰 일하는 것이 가능하다. 또 원격근무는 표준모델 근무자를 대체할 수 있고 직원이 직장에 출근할 필요가 없다. 따라서 원격근무자를 관리하는 새로운 방식이 필요하다.

　다시 말하지만 많은 조직에는 재택근무의 운영을 위한 사내 정책과 프로세스가 있다. 재택근무는 지속가능성과 웰빙(통근의 탄소 발자국 감소, 통근 비용 및 스트레스 요인 감소)에 긍정적이며 조직구성원이 업무에 대한 통제력과 자율성을 높이는 데 도움이 될 수 있다. 또 재택근무는 사무실의 번잡함으로부터 적절한 휴식을 제공할 수도 있다. 그러나 실제 사례는 보험, 비용 상환, 건강 및 안전, 데이터 보호와 같은 문제를 포함해 조직이 신경써야 하는 암묵적 과제들이 있음을 보여준다. 그런데도 재택근무는 통계상 증가하고 있다. 2019년 5월 티유씨TUC 조사에 따르면 지난 10년 동안 재택근무자 수가 27% 이상 증가했으며, 이에 대한 원인은 재택근무자의 높은 직무만족도와 관계가 있다(TUC, 2019a).

시차출퇴근제

시차출퇴근제staggered hours는 일반적인 업무 시간과 다른 시간에 근무하거나 출퇴근 시간을 조절하여 일하는 것을 말한다. 예를 들어 오전 9시에서 오후 6시까지 일하는 대신 오전 7시에서 오후 4시까지 근무하는 것이다. 이는 교통혼잡이 심한 출퇴근 시간을 피하거나 더 일찍 퇴근할 수 있도록 점심시간을 평소보다 줄여서 근무하는 방식이다. 다만 시차출퇴근제는 근무자가 별도로 지정일을 정하거나 적절히 분배하는 정책을 만들어야 잘 작동할 수 있다.

자율시간선택제

자율시간선택제self-rostering는 일반적으로 교대 근무가 있는 환경에서 사용한다. 각 팀에서 어떤 방식으로 교대조를 결정할지는 팀원들이 자발적으로 정한다. 그래서 일부 조직에서는 이 근무형태를 단순히 '교대조 교환shift swapping'이라고도 한다. 자율시간선택제를 운영하는 대부분의 조직에는 준수해야 하는 정책이나 프로세스 및 합의된 방식이 있다. 자율시간선택제는 다른 직종보다 유연근무 기회가 더 제한적일 수 있는 구성원에게 자율성을 부여할 수 있다. 예를 들어 재택근무를 할 수 없는 창고 직원이나 경비원의 경우다.

0시간 계약

0시간 계약zero-hours contracts은 논쟁의 여지가 있긴 하지만 유연근무의 한 형태이다. 0시간 계약 직원은 정식 고용 계약을 맺지만, 매주 또는 매월 일하는 시간이 보장되지 않는다. 최근 몇 년간 0시간 계약은 불안정한 고용을 제공하고 노동자를 착취한다는 비판을 받았다. 이 유연근무 계약은 조직이 직원에게 제공하는 유연성보다는 직원 자신이 유연하게 일한다는 믿음과 관련이 있다. 그러나 0시간 근무의 유연성은 직원보다 고용주에게 더 많은 혜택이 가는 것으로 평가되고 있다. 연구에 따르면, 일부 직원은 이 형태의 유연성을 중요하게 생각한다(CIPD, 2013). 0시간 계약의 경우 종종 제공되는 유연성이 직원보다 조직에 더 유리하며, 직원이 경험하는 불확실성으로 인해 유연근무와 관련된 혜택을 무효화 될 수 있다. 조직이 0시간 계약을 선택한 경우 계약할 최소 시간을 보장하고 직원에게 어느 정도 안정감을 주기 위해 계약 과정에서 세부사항을 명시하는 것이 좋다.

안식년제

안식년제career breaks/sabbaticals는 전문직을 비롯한 일부 산업에서 활용된다. 이는 고용 계약은 지속하면서 당사자에게 급여를 지급하거나, 급여를 지급하지 않는 합의된 휴가 기간(몇 개월에서 몇 년 범위)을 주는 것이다. 기간이 끝나면 직원은 휴가를 떠나기 직전의 자리로 복귀한다. 안식년은 조직에 따라 다르게 적용될 수 있으며 조직별로 안식년 규칙에 대한 전반적인 접근 방식이 다르다. 예를 들어 일부 조직의 정책은 개인이 안식년 기간 동안 다른 유급 고용 계약을 하는 것을 금지하고, 일부 조직은 안식년을 장기 근속에 대한 보상으로 사용하면서 이를 직원 복리후생 패키지의 하나로 포함시킨다. 안식년 제도의 운영은 많은 이점을 가져올 수 있다. 조직구성원은 학습 기간, 돌봄, 여행과 같은 다양한 개인적인 이유로 안식년제를 활용한다. 이에 따라 조직은 업무와 무관한 목표를 추구하기 위해 회사를 떠날 수 있었던 직원을 붙잡아두는 효과를 얻을 수 있다. 이는 조직구성원이 전반적으로 더 길게 일하게 될 세상에서 더 대중화될 수 있는 제도이기도 하다.

단계적 은퇴

일반적으로 단계적 은퇴phased retirement는 개인이 퇴직에 가까워짐에 따라 근무 시간을 단계적으로 줄이는 방식이 포함된다. 단계적 은퇴는 개인과 조직 간의 합의에 따라 달라지며 몇 달 또는 몇 년에 걸친 근무 시간 단축을 포함할 수 있다.

유연근무의 다른 유형들

지금까지 살펴보았듯, 유연근무는 다양한 유형으로 도입되고 있다. 지금까지 논의한 유연근무 유형은 고용주가 단일하며 정규직 고용을 한 경우와 표준근로모델(월요일부터 금요일, 오전 9시에서 오후 6시까지의 근무시간)을 전제로 한다. 따라서 지금까지의 설명만으로 유연근무와 관련한 노동 실태를 조망할 수 있는 것은 아니다. 비표준적 근로 형태는 고용 관계, 직원 복지 조항, 심지어 일하는 방법에서도 종종 나타난다. 또 일부 유연근무 또는 주변부 노동은 이 책의 범위를 벗어나지만, 그런데도 유연근무의 한 형태라 할 수 있다. 때때로 조직구성원은 고용주와 대체 근로 계약을 맺을 수 없기에 비표준 근로 유형을 선택(또는 강제)한다.

그런 경향 중 하나는 자영업자의 증가이다. 더 많은 사람이 자영업(2017년 영국 통계청에 따르면 480만 명 이상의 근로자)을 하거나 포트폴리오 경력을 쌓고 있다. 이것은 정규직 고용 형태일 수도 있고 아닐 수도 있다(Hot Spots Movement, 2019). 소위 '긱 이코노미Gig economy'라고 하는데, 이는 일반적으로 근로자가 여러 건당 계약gigs을 받는 것을 말한다. 이 작업의 한 가지 형태는 때때로 '플랫폼 노동platform working'으로 알려져 있는데, 여기서 온라인 플랫폼은 계약발주자와 계약수취자를 연결하는 데 사용된다. 예를 들어 우버Uber driving나 딜리버루Deliveroo와 같은 음식 배달 앱이 있다. 앞서 언급한 테일러 보고서는 이러한 비정형 노동자의 권리와 관련하여 법의 명확성을 요구했다(Taylor, 2017).

직원 복리후생제도

유연성은 직원 복리후생 제도employee benefits를 통해서도 확인할 수 있다. 최근 몇 년 동안 고용인들에게 추가 연차 휴가를 구입(때로는 판매)할 수 있는 선택권을 부여하는 것이 점점 인기를 끌고 있다. 일부 단체들은 '공가duvet days'로 알려진 것을 허용한다. 이는 연차휴가 수당에 종종 더해지는 수당인데, 직원들은 어떤 이유로든 출근하고 싶지 않을 경우 단순히 하루 휴가를 선택할 수 있다. 조직에 사전 통보를 할 필요는 없다.

  이는 유연근무의 전형적인 형태는 아니다. 법체계에 포함되지 않지만, 고용주가 근로자에게 일과 삶의 균형뿐만 아니라, 일하는 빈도에 더 많은 유연성과 선택권을 부여한 사례를 대표한다.

핫데스크

최근 몇 년간 유행한 직장 내 근무 방식은 '핫데스크hot-desking'이다. 핫데스크를 활용하는 조직에는 고정석이 없다. 대신 고용주는 구성원들이 적합하다고 느끼는 자유롭고 열린 공간을 제공한다. 즉, 필요한 시간 동안 원하는 만큼 공유 공간을 자유롭게 사용할 수 있다. 핫데스크는 원격 또는 재택근무와 결합될 수도 있다. 핫데스크를 도입하는 주요 동기는 사무 공간을 줄이고 그에 따라 비용을 절감할 수 있기 때문이다. 하지만 이 접근 방식이 구성원들에게 늘 선호되는 것은 아니다.

공식 근무 방식 대 비공식 근무 방식

실제로 많은 조직에서는 전체 임직원에게 적용되는 공식적인 근무 유형이 있다. 최근에는 조직구성원별로 다른 근무방식이 적용되기도 하며, 조직의 근무 방식이 수시로 변한다. 직원 중 일부에게는 공식적인 정책으로 승인된 유연근무제가 필요하다. 또 다른 일부에게는 특정 기간이나 짧은 기간 동안에만 유연근무제가 필요하기도 한다. 현재까지 대부분의 조직에서 유연근무제는 비공식적으로 운영되고 이로 인한 장점과 과제가 공존한다. 신뢰 수준이 높고 관리자와 팀 구성원 간의 관계가 성숙한 조직에서는 비공식적인 유연근무제가 잘 작동하고, 직원들은 자신에게 가장 적합한 방식으로 일할 수 있다. 그러나 비공식적 유연근무는 두 가지 면에서 문제가 될 수 있다. 첫째, 유연근무제가 조직에서 암묵적으로 활용되기에 모니터링하기 어렵다. 그렇기에 구성원 간 불공평하게 활용되거나 상황에 따라 유연근무제 활용이 어려운 팀이 생긴다. 둘째, 비공식적 유연근무자는 중간 관리자가 변경될 경우 기존 제도의 혜택을 받지 못할 수 있다.

공식적인 유연근무 요청은 일반적으로 고용 조건의 영구적 변화에 해당한다. 이 과정은 시간이 많이 걸리고 접근 방식의 경직성을 가져올 뿐만 아니라 조직 내 유연성을 감소시키는 의도하지 않은 결과를 초래할 수 있다. 그러나 한편으로 조직구성원에게 확실성과 안정감을 제공한다.

유연근무제 중 '최상'의 유형이 없으며 유연근무제 실행에 단일한 방법도 없다. 모든 형태의 유연근무가 모든 조직에 적합한 것은 아니며, 어떤 것들은 다른 조직보다 특정 직업 유형과 직업에 더 적합하다. 성공적인 유연근무 협약은 상호 이익이 되고 조직과 역할의 맥락에 맞는 것이다.

이에 대해서는 이후 장에서 다시 다룰 것이다.

유연근무와 법

영국의 노동자는 1996년 고용권리법에 의거해 일정한 기준에 따라 유연근무를 요청할 법적 권리가 있다. 이 법안은 2003년 당시 노동당 정부가 처음 도입했고 처음에는 6세 미만 아동이나 18세 이하 장애아동을 둔 부모에게만 권리가 적용되었다. 도입 당시 이 법안의 주요 목적은 맞벌이 부모에 대한 지원을 제공하고 여성이 아이를 낳은 후 노동 시장으로 복귀하도록 장려하는 것이었다. 유연근무 요구권은 이후 2007년에 개정되었지만 여전히 18세 이하 자녀의 부모는 포함되지 않았다. 2010년 보수당은 성명서를 통해 18세 이하 아동의 부모에게 유연근무제를 요청할 권리를 확대하겠다고 약속했고, 집권 후 이 권리를 도입했다. 마침내 2014년에는 아동가족법에 의해 신분에 관계없이 모든 직원에게 그 권리가 확대되었다. 이와 동시에 이 법률은 공식적으로 복잡하고 법률적인 절차인 유연근무 신청방법을 '합리적으로' 고려해 더 단순하게 간소화했다.

개인이 유연근무를 신청하고자 하는 경우, 자격 기준을 먼저 충족해야 한다. 개인은 법적 의미에서 조직의 직원이어야 하고 계약자, 대리점 직원, 자영업자와 같은 비전형 근로자에게 유연근무를 신청할 권리를 적용할 수 없다. 조직구성원은 유연근무 신청을 하기 전에 고용주와 26주 연속 근무해야 하며 12개월 동안 한 번만 요청할 수 있다. 그러나 고용주는 이런 최소 법적 요건을 넘어서는 사내 정책을 적용할 수 있으며 많은 직장에서 이미 도입해 운영하고 있다. 유연근무 신청서에서 직원은 근무 시간과 근무 장소의 변경을 요청할 수 있다.

이 법안은 유연근무를 요청하는 방법과 해당 요청을 검토하는 과정을 규정한다. 신청인은 고용주에게 서면으로 요청서를 작성하여 원하는 근무 방식과 시행일을 명시해야 한다. 신청인은 이 요청이 조직에 미칠 수 있는 잠재적 영향을 고려할 때 큰 부담이 없을 것이라는 세부내용을 신청서에 포함해야 하며, 지난 12개월 동안 유연근무 요청을 하지 않았다는 점을 입증해야 한다.

다음 절차는 조직(또는 일반적으로 직원의 직속 관리자)이 합리적인 방식으로 정해진 기한 내에 직원의 신청을 검토하는 것이다.

고용주는 유연근무 신청서를 받으면 해당 요청을 동의할 것인지 결정할 수 있으며, 이를 직원에게 전달하고 새로운 고용 조건과 유효한 시작일을 자세히 설명해야 한다. 요청이 수락되면 당사자 간 고용 계약에 대한 영구적인 변경에 해당하며 공식적인 적법 절차를 거치지 않고서는 향후 해당 조건을 일방적으로 변경할 수 없다. 직원은 과거의 근무 방식으로 돌아갈 권리가 없으며(새로운 공식 계약 없이) 고용주도 그렇게 하도록 요구할 수 없다. 법률이 6세 미만 자녀를 둔 부모에게만 유연근무제 신청 자격을 부여했을 때, 유연근무제가 특정 시점에 이르면 운영되지 않는다고 믿는 고용주는 종종 있었겠지만, 지금 그런 믿음을 가진 고용주는 없을 것이다.

유연근무 신청에 즉시 동의할 수 없는 경우, 요청에 대해 논의하기 위해 직원과 공식 회의를 해야 한다. 일반적으로 본 업무는 직원의 직속 상사가 수행하여 유연근무 신청의 수락 또는 거절 여부를 결정해야 한다.

영국법은 유연근무 신청자와 고용주의 제안이 서로 합의되지 않을 경우, 최소한의 타협안으로 시범운영 기간을 설정해 운영할 수 있게 하였다. 시범운영 기간은 법에 명시되어 있지 않으며 당사자들이 합의할 수 있고 제안된 근무 방식의 영향을 평가하는 데 필요한 기간만큼 지속될 수 있다. 유연근무 시범운영 기간 중에는 고용조건에 변화가 없어야 하며, 시범운영 기간 종료 후 재판에서 유연근무 신청이 합리적이라는 판결을 얻지 못할 경우 신청자는 이전 근무 형태로 복귀한다. 이는 유연근무 요청을 거절하는 것과 같으므로(아래 참조) 내부 절차에 따라 기관이 항소를 제안할 경우의 상황에도 동일하게 적용된다.

합리적인 검토안을 가지고 고용주가 유연근무에 대한 요청을 거절하기로 결정한 경우, 하단 제시한 목록에서 하나 이상의 이유만 있으면 그렇게 할 수 있다.

- 추가 비용의 부담
- 고객 중심적인 조직 운영에 부정적인 영향
- 기존 인력 중 업무를 재편하거나 추가 인력을 충원할 수 없는 경우
- 제조 생산물의 품질 또는 성능에 대한 부정적인 영향
- 근로계약 상 합의된 근무 시간의 부족
- 계획된 구조적 변화
- 국무장관이 제정한 규정에 명시할 수 있는 기타 근거

고용주가 유연근무 제안을 거절하기 위해서는 해당 직원에게 서면으로 거절 의사를 밝혀야 한다.

고용주는 유연근무 신청을 검토할 재량이 있지만, 합리적 근거 없이 신청에 동의하지 않는 경우 2010년 평등법에 따른 차별에 해당될 수 있다. 이 경우 신청자가 고용주에 대한 차별 청구를 제기할 수 있다는 것이 판례법을 통해 확립되었다. 고용주는 신청자의 근로계약을 유지하면서 유연근무 신청을 거절 할 수 있고, 이로 인해 고용주가 부담하는 비용은 없다. 고용심판원의 차별청구에 대한 보상금 지급에는 제한이 없으며, 정서적 손해배상에 대한 보상금 지급도 할 수 있다. 많은 조직의 사내 정책에 포함되어 있지만, 유연근무 신청을 동의하지 않은 것에 대한 법적 항소권은 없다. 모든 과정은 3개월 이내에 마무리되어야 하며, 여기에는 제공되는 상소권도 포함된다.

유연근무제를 지원하는 아카스 실무 강령Acas Code of Practice(Acas, 2013)은 고용주에게 추가적인 지침을 제공한다. 이 강령은 고용주에게 하단의 권고사항을 규정한다.

- 유연근무 신청서를 받은 후 최대한 빨리 직원과 대화할 것
- 직원의 유연근무 신청에 대해 비공개로 논의할 것
- 직장 동료 또는 노동조합 대표자의 회의에 직원이 동행할 수 있도록 허용할 것(이 또한 법률에 따라 법적 권리는 아니지만 일반적으로 많은 직장 사내 정책에 포함됨)
- 회사는 유연근무 신청의 장단점을 고려하고 경영상의 영향에 대해 신중하게 평가
- 결정 사항을 당사자에게 서면으로 최대한 빨리 통지하되, 3개월을 넘지 않을 것

- 회사는 유연근무 신청이 거부될 경우 당사자가 다른 관리자에게 이의신청을 할 수 있도록 허용할 것

조직구성원은 유연근무 신청을 했다는 이유로 어떠한 손해도 받지 않을 수 있는 법적 권리가 있다.

조직구성원은 고용주가 관련 법령에 따른 의무를 이행하지 않았다는 이유(예: 3개월 이내 또는 재심 청구)에 대한 청구권(위에서 언급된 차별에 대한 잠재적 사유 포함)을 가지고 있다. 즉, 잘못된 사실에 근거하여 유연근무 신청을 거부하기로 결정했다는 것에 대한 이의를 제기할 수 있다. 민원이 타당하다고 판단될 경우, 재판부는 사업주에게 유연근무 요청을 다시 고려하게 하거나 근로자에게 보상금을 지급하게 할 수 있다. 최대 보상금은 정부가 매년 정하는 법정 최고 한도인 8주 분의 급여다. 근로자가 유연근무 신청에 따라 고용심판원 절차를 밟을 경우, 고용주가 아카스 강령의 권고를 따르지 않았는지가 주요 검토 대상이 될 수 있다.

유연근무 법률에 대한 추가적인 논의가 진행 중에 있다. 2019년 정부는 유연근무제를 포함한 근로가족법과 관련된 잠재적 변경 범위에 대해 협의하기 시작했다. 개정안 주요논의 중 하나는 고용주가 해당 직무 모집 광고 전 유연근무가 가능한지 여부를 공표하는 요건과 조직이 가진 유연근무 정책을 공개하는 의무를 만드는 것이다. 협의는 끝났지만 정부는 아직까지 개정안을 공개하지 않고 있다.

이 장은 조직이 준수해야 하는 최소한의 법적 요건을 기준으로 설명한다. 실제로 많은 기업이 사내 정책을 통해 법적 최소치를 넘긴 유연근무제를 운영하고 있다. 법률에 최소한의 기준을 정해놓았기에, 직원은 유연

근무 신청을 권리로 활용한다. 또 유연근무 신청 시 자신의 경력이나 승진과정에 영향이 없을 것이라는 심리적 안정감을 얻는다. 제도가 보장하는 심리적 안정감이 없다면 법적 권리는 의미가 없다.

명시된 법적 틀에는 의도치 않게 유연근무의 효과적인 이행에 장벽을 만드는 여러 사항이 포함되어 있다. 이후 장에서는 법적 요건을 개선하고 내재된 과제를 극복할 수 있는 방법에 대해 살펴본다.

이 장에서는 유연근무에 대한 법적 요건(특히 영국 내)에 초점을 맞추고 있지만, 이것이 직원들이 유연근무제에 접근할 수 있는 유일한 방법은 아니다. 많은 직원이 사내 정책을 통해 공식 신청을 하지 않고, 그들의 직속 상사와 비공식적으로 합의하는 경우가 많다. 이 변화는 임시적일 수도(집에서 하루 근무하겠다는 요청과 같은)체계적인 것일 수도 있다. 비공식적 유연근무 계약은 근로계약의 변경을 요구하지 않을 수 있으며, 따라서 공식적인 신청의 형식적 수준(또는 인사과정)을 반드시 요구하지는 않는다. 기록되지 않기 때문에 이 형태의 유연근무제가 직원 전체 또는 특정 조직 내에서 얼마나 널리 퍼져 있는지 추정하는 것은 어렵다. 흥미롭게도 한 연구는 사내 정책을 통해 공식화되고 계약상 유연근무 약정을 한 동료들에 비해 비공식 유연근무 약정이 더 높은 효과를 가져 온다는 것을 밝혔다. 그 이유가 완전히 명확하지는 않지만, 공식적인 계약 절차가 이런 결과에 영향을 미쳤을 가능성이 있다(De Menezes & Kelliher, 2016). 비공식적인 유연근무는 조직구성원과 관리자가 서로 이익이 되는 효과적인 근무 방법을 스스로 만드는 성숙한 근무 관계를 반영한다. 그러나 일부 직장에 존재하지 않을 특정한 조직문화(및 관리 역량)를 요구한다.

지금까지 논의를 통해 살펴본 것처럼 유연근무는 실제로 다양한 영역에서 활용되며 맥락에 따라 다르게 활용된다. 유연근무는 월요일부터 금요일까지(광범위하게) 오전 9시에서 오후 6시까지 일하는 전형적인 노동 형태인 표준모델과는 차이가 있다. 뒤에서 다루겠지만 이 차이점은 개인, 관리자, 조직 모두에게 새로운 과제를 제시한다.

유연근무의 수요와 이용가능성

최근 몇 년 동안 업계, 기관, 학계, 캠페인 조직에서 유연근무의 수요demand와 이용가능성availability에 대해 다양한 조사와 연구가 수행되었다. 연구 결과는 현재 유연근무에 대한 수요가 공급을 초과하고 있음을 보여준다. 유연근무에 관련된 현행 법률이 효과가 없거나 유연근무를 원하거나 필요로 하는 사람들에게 제도가 불충분하다는 사실을 알 수 있다. 고용주는 직원에게 유연근무 도입에 관한 시범운영 기간을 제안할 수 있다.

연구에 따르면, 유연근무는 현 직원과 잠재적 구직자가 금전적 보상보다 훨씬 더 중요하게 여기는 장점이다. 예를 들어, 인베스토스 인 피플Investors in People(IIP)의 설문조사는 직원들에게 3%의 급여 인상과 기타 혜택 중에서 선택하도록 질문했다. 3분의 1 이상이 근무 시간에 대한 보다 유연한 접근 방식을 선호했다(HR Magazine, 2013).

이것은 영국만의 트렌드가 아니다. 미국 직원의 35%는 유연근무 방식을 채택하는 것의 단점을 언급하면서도(Cooper & Hesketh, 2019), 유연근무제를 사용하기 위해 이직할 것이라고 말했다(Munsch, 2016).

현재 유연근무를 원하는 직원과 유연근무가 실제가능한 직원 사이에 상당한 격차가 있는 것으로 보인다. 이는 확실히 정책과 실행 단계 사이에서의 격차가 있는 것으로 보인다. 영국 정부 평등청Government Equalities Office은 많은 조직이 표면상 유연근무 정책을 운영한다고 공개하지만, 실제로는 이를 제공하지 않는다고 밝혔다(Nicks et al., 2019; Jones, 2019).

2019년 1월 공인인력개발협회CIPD는 영국과 글로벌 차원의 유연근무제에 초점을 맞춘 트렌드 보고서를 발표했다. 보고서는 유연근무의 가능성에 대한 믿음과 도입 속도에 대한 아쉬움이 뒤섞인 결과를 제시했다. 영국에서 가장 널리 사용되는 유연근무 형태는 시간제 근무다. 영국 직원의 약 4분의 1이 정규직이 아닌 형태로 일하며 대다수가 여성이다. 여성은 일과 돌봄 또는 가사 노동을 동시에 수행하기 때문에 유연근무가 필요할 가능성이 더 크다(CIPD, 2019a).

재택근무는 증가하고 있는 유연근무의 유형으로 직장에 원격 접근을 가능하게 하는 기술 향상의 결과가 빠른 보급 속도의 원인이라는 가설이 퍼지고 있다. 인터내셔널 워크플레이스 그룹International Workplace Group(IWG, 2019)에 따르면, 전 세계적으로 근로자의 3분의 2 이상이 적어도 일주일에 한 번은 사무실 밖에서 일하는 것으로 추정된다.

그러나 집약 근무 및 2주 9일 근무제와 같은 형태의 유연근무는 활용도가 훨씬 낮아 영국 근로자의 약 2%만이 이 근무 방식을 사용한다(Wheatley, 2017). 공공부문 근로자는 민간부문 근로자보다 유연근무제를 사용할 가능성이 더 크며, 대기업의 직원은 중소기업 직원보다 유연근무제를 더 폭넓게 사용할 수 있다. 전반적으로, 거의 모든 형태의 유연근무제 활용은 2007년과 2013년 사이에 크게 증가하지 않았다(CIPD, 2019a).

조직에서 유연근무 기회를 제공하더라도 모든 구성원이 실제로 원하거나 필요로 하는 특정 유형의 유연근무를 할 수 있는 것이 아니다. 한 설문조사에 따르면 직원의 36%는 원하는 특정 유형의 유연근무제를 현재 직무에서 사용할 수 없다고 응답했다(Working Families, 2018). 다른 연구에서는, 직원의 약 87%가 유연근무제를 정기적으로 활용할 수 있기를 바란다고 응답했다(Timewise, 2019). 공인인력개발협회CIPD에 따르면 직원의 32%가 현재 근무 방식을 변경하길 원하며, 대다수는 업무 시작 및 종료 시간의 변화, 주당 근무일수의 변경, 총 근무 시간단축을 원한다고 한다(CIPD, 2019a). 한 설문조사에서는TUC 약 400만 명 이상의 근로자가 가끔이라도 재택근무를 하고 싶어 하지만, 그럴 기회가 주어지지 않는다고 추정했다.

유연근무의 이용가능성은 사내 직급에 의해서 영향을 받는다. 공인인력개발협회CIPD 연구에 따르면, 관리 책임이 없는 직원은 시간제 근무로 일할 가능성이 가장 크지만 관리 역할을 맡은 직원보다 다른 형태의 유연근무를 할 가능성은 작아진다. 이에 비해 고위 관리자와 중간 관리자는 아래 직급 동료에 비해 정기적으로 집에서 일할 수 있다고 보고할 가능성이 더 크며(각각 31% 및 24%) 유연근무제를 사용할 가능성도 더 크다. 신입관리자의 경우 유연근무를 활용할 가능성이 가장 작다(CIPD, 2016).

유연근무의 유형이 다양하기 때문에, 조직마다 유연근무를 활용하는 방식에 상당한 차이가 있을 수 있다. 영국의 경우 75%의 직원이 직장에서 적어도 한 가지 형태의 유연근무 방식을 제공한다고 응답했다. 그러나 유연근무는 특정 조직에서 훨씬 더 일반적으로 사용되고, 이용자의 성별이 구분되며, 남성과 여성은 각기 다른 형태의 유연근무제를 사용하여 각

각 다른 결과를 얻는다(Wheatley, 2017). 따라서 유연근무가 증가하고 있다는 소식 이면에는 복잡한 관계가 있다. 모든 조직에서 유연근무를 당연하게 제공하거나 다양한 형태로 제공하는 것은 아니다.

현재 대부분의 영국 조직은 유연근무의 일부 형태를 제안하고 있으며, 고용주가 유연근무를 전혀 제공하지 않는다고 응답한 직원은 약 10%에 불과하다. 유연근무제를 이용할 수 없는 사람들 중 78%가 유연근무제를 원한다. 영국 노동자층의 절반 이상이 현재 직장에서 사용할 수 없는 적어도 한 가지 형태로 유연근무제가 도입되길 희망한다(CIPD, 2019c).

2019년 8월 한 여론조사 기관TUC에서 실시한 온라인 설문조사에 따르면, 유연근무 신청 3건 중 1건이 거절된 것으로 나타났다. 동 설문조사에 따르면, 직원 10명 중 3명은 유연성 향상에 대한 욕구가 이직 의도에 영향을 주는 요인 중 하나라고 말했다(TUC, 2019b).

유연근무 컨설팅 회사인 타임와이즈Timewise는 매년 영국의 300개 이상의 온라인 구직사이트에 공개된 600만개의 구인 공고를 검토해 플렉서블 워킹 잡 인덱스Flexible Working Jobs Index를 만들고 공개한다. 2019년 설문조사에 따르면, 15%가 넘는 일자리가 잠재적으로 유연근무에 적합하다고 광고했다고 한다. 이는 2015년 첫 번째 조사인 9.5%에서 증가한 수치다. 광고된 유연근무의 형태의 절반은 시간제 근무 또는 직무 공유제에 대한 것이었다. 같은 조사에 따르면, 유연근무의 이용가능성이 지속적으로 증가하고 있지만 증가폭 자체는 크지 않다. 타임와이즈의 지수는 임금수준에 따른 유연근무제의 영향을 깊이 있게 고려한다. 조사에 따르면, 급여가 연간 20,000 파운드 미만인 직장의 23%는 유연근무가 가능하다고 홍보했다. 이에 반해 20,000-34,000 파운드 사이인 구인 공고는 14%에 불과했다. 고임금의 경우, 연간 60,000 파운드의 임금을 초과하는 구직광고가 가장 빠른 속도로 유연근무의 이용가능성이 커지고 있다. 첫 지수 도입 이후 기간 동안 유연근무 가능 광고가 3배 이상이 증가했다. 또한 타임와이즈의 인덱스는 부문별 직무 유형 간의 상당한 차이가 있음을 강조한다(Timewise, 2019). 이를 통해 우리는 채용 시점에 조직이 유연근무제를 제공할 뿐만 아니라 적극적으로 추진하고 장려하고 있으며 모든 조직에 중요한 인재 확보 기회로 활용될 수 있다는 결론을 내릴 수 있다.

　연구 결과는 유연근무에 대한 수요와 유연근무 가능 직무의 공급 사이에 상당한 격차가 있음을 드러냈다. 유연근무제가 있다고 하더라도, 시간제 근무와 같은 몇 가지 제한된 형태의 제도만 가능한 경우가 많다. 따라서 유연근무에는 넓은 스펙트럼이 존재한다고 할 수 있다. 스펙트럼의 끝에서 유연근무는 부정적으로 묘사된다. 이 관점에서는 유연성에 대한 부정적인 피드백으로 인해 유연근무에 긍정적인 사람을 낙담시킬 수 있다. 스펙트럼의 중간에 위치한 사람들은 관용적이며, 유연근무를 조직 내에서 활용하지만 완전히 수용하지는 않는다. 유연근무제는 수면 아래에서 적절히 활용되는 정도면 된다. 스펙트럼의 다른 쪽 끝에서 유연근무는 적극적으로 권장하고 완전히 수용되어야 할 좋은 제도로 묘사된다.

　이 책을 읽는 독자는 자신의 조직이 현재 어느 정도의 유연성을 가지고 있고 앞으로 어떤 방향으로 가야하는지에 대해 판단해 보고 싶을 것이다.

핵심 요약

- 유연근무의 유형은 다양하며, 그 활용 정도도 다르다. 유연근무는 공식 계약 또는 비공식 관행을 통해 실행될 수 있다.
- 유연근무는 근무 시간(시간 유연성), 근무 장소(장소 유연성), 업무 방식의 변화를 통해 실현된다.
- 유연근무제가 전반적으로 늘어나고 있지만 증가세가 더디다. 현재 유연근무에 대한 수요가 공급을 초과하고 있다. 이것은 고용주가 유연근무를 더 적극적으로 받아들일 명분을 제공한다.
- 유연근무 수요 및 이용가능성에 대한 조사 결과는 고용주의 유연근무 활용 가능성을 높인다.
- 유연근무에 대한 영국의 법률은 수년에 걸쳐 발전했으며 조직이 요청을 합리적으로 고려할 수 있는 방법을 명시한 아카스 실행 강령 Acas Code of Practice에 의해 지원된다.
- 법적 틀은 최소한의 기준이다. 조직은 직원들에게 유연근무 기회를 제공하는 데 있어 이 기준을 넘어설 수 있고 종종 그렇게 한다.

참고문헌

Acas (2013) Code of Practice: Handling in a reasonable manner requests to work flexibly, archive.acas.org.uk/media/3977/Code-of-Practice-on-handling-in-a- reasonable-manner-requests-to-work-flexibly/pdf/ 11287_CoP5_Flexible_Working_v1_0_Accessible.pdf (archived at https://perma.cc/E9VX-R967)

CIPD (2013) *Zero-hours Contracts: Myth and reality*, research report, CIPD, London

CIPD (2016) *Employee Outlook, Employee Views on Working Life, focus on commuting and flexible working*, CIPD, London

CIPD (2019a) *Megatrends: Flexible working*, CIPD, London

CIPD (2019b) *Working Lives Survey*, Wheatley, D and Gifford, J, CIPD, London

CIPD (2019c) *Cross Sector Insights on Enabling Flexible Working*, CIPD, London, working-guide-2019-v2_tcm18-58713.pdf at https://perma.cc/676A-DYPS)

Cooper, C and Hesketh, I (2019) *Wellbeing at Work: How to design, implement and evaluate an effective strategy*, Kogan Page

De Menezes, LM and Kelliher, C (2016) Flexible working, individual performance employee attitudes: Comparing formal and informal arrangements, *Human Resource Management*, Wiley

HR Magazine (2013) A third of employees would prefer flexible working over a rise, www.hrmagazine.co.uk/article-details/34-of-employees-would-prefer- a-more-flexible-approach-to-working-hours-than-a-pay-rise (archived at https://perma.cc/YEB8-GD5L)

Hot Spots Movement (2019) What are slashie careers?, www.hotspotsmovement.com/uploads/newsletters/slashie-careers.html (archived at https://perma.cc/ 93W4-WB83)

International Workplace Group (2019) Global Workplace Survey (2019) *Welcome to Generation Flex: The employee power shift*

Jones, L (2019) *Women's Progression in the Workplace*, Government Equalities

Munsch, C (2016) *Flexible Work, Flexible Penalties: The effect of gender, childcare and type of request on flexibility bias*, Oxford University Press

Nicks, L, Burd, H and Barnes, J (2019) *Flexible Working Qualitative Analysis: Organizations' experiences of flexible working arrangements*, Government Office

Office for National Statistics (2017) Trends in self-employment in the UK, employmentandemployeetypes/articles/ trendsinselfemploymentintheuk/2018-02-07 (archived at https://perma.cc/ F9AH-S55U)

OECD (2019) *Part-Time Employment Rate (Indicator)*, doi:10.1787/f2ad596c-en, data.oecd.org/emp/part-time-employment-rate.htm (archived at https://perma.cc/ CDP5-NEU8)

Taylor, M (2017) *Good Work: The Taylor Review of Modern Working Practices*

Timewise (2019) *Flexible Jobs Index 2019*, timewise.co.uk/wp-content/uploads/ 2019/09/TW_Flexible_Jobs_Index_2019.pdf (archived at https://perma.cc/UX7-SZD3)

TUC (2019a) Homeworking up more than a quarter in last decade, TUC analysis www.tuc.org.uk/news/homeworking-more-quarter-last-decade-tuc- shows (archived at https://perma.cc/EJ6X-27PD)

TUC (2019b) One in three flexible working requests turned down, www.tuc.org.uk/ three-flexible-working-requests-turned-down-tuc-poll-reveals at https://perma.cc/7RFH-7J4X)

Wheatley, D (2017) Employee satisfaction and use of flexible working, *Work, Employment and Society*, University of Birmingham

Working Families (2018) *The Modern Families Index 2018*, London

02
유연근무의 이점과 과제

 유연근무는 조직과 개인 모두에게 많은 혜택을 줄 수 있는 잠재력을 가지고 있다. 유연근무제의 혜택은 맞벌이 부모를 넘어 모든 조직구성원에게 적용될 수 있다. 개별 직원의 관점에서 보면 좀 더 유연근무의 매력을 쉽게 이해할 수 있다. 유연근무를 통해 직원은 직장 생활에 대한 통제력을 높이고(일과 관련된 스트레스 및 일과 삶의 갈등위험 감소), 일과 삶의 균형을 강화하며, 돌봄 책임과 같은 일 가정 균형을 맞추고, 통근과 관련된 비용과 시간을 단축할 수 있다. 이런 요소들이 유연근무 수요 증가의 핵심이다.

 조직의 관점에서 유연근무는 직원 모집에 수월하고, 직원들에게 소속감을 주며, 이직을 방지하는 데 도움을 준다. 또 다방면의 비용 절감, 지속 가능한 지원, 다양성 및 포용성 향상, 인재 유치 및 유지, 생산성 향상 및 직원 복지 향상으로도 이어질 수 있다. 앞에 언급한 항목들은 많은 고용주의 관심 주제이다.

이 장에서는 고용 관계의 당사자별로 유연근무가 주는 이점에 대해 정리할 것이다. 또 직원과 조직이 유연근무 도입으로 직면할 수 있는 몇가지 잠재적인 문제를 이야기할 것이다. 2장 이후는 포용성inclusion과 웰빙wellbeing의 주제에 대해 각 부문과의 관계성을 더 깊이 탐구할 것이다.

2장과 이후 장에서 논의될 많은 잠재적 이점은 서로 연결되어 있다. 유연근무를 대규모로 수행하는 조직들은 종종 둘 이상의 이점이 함께 발생한다고 말한다. 살펴볼 조직 중 1980년대 첫 번째로 유연근무를 도입하여 유연근무 직장 문화를 선도해 온 BT가 있다. BT는 자체 진행한 연구에서 재택근무자의 생산성이 사무실에 근무하는 동료에 비해 15~31% 증가한 것으로 추정했다. BT는 또한 재택근무자들이 통근으로 인한 피로를 덜 느끼고 간접비용과 자산비용을 5억 파운드(약 8,000억 원)나 절감한다는 사실을 발견했다(Dwelly & Lake, 2008).

유연근무 관련 연구들

지난 몇 년 동안 학술 연구, 산업 보고서 및 유연근무자에 대한 설문 조사를 포함하여 유연근무와 관련된 대규모 연구가 수행되었다. 앞으로 살펴볼 내용은 해당 연구의 서문 중 일부를 요약했다.

- 공인인력개발협회CIPD 연구에 참여한 직원들에 따르면, 유연근무제의 3가지 이점은 다음과 같다. 스트레스와 압박감을 줄이는 데 도움이 된다(29%). 더 나은 일과 삶의 균형을 가능하게 한다(54%). 조직구

성원의 이직 의도를 낮춘다(28%)(CIPD, 2016). 워킹패밀리스Working Families와 크랜필드 대학교Cranfield University의 공동 연구에 따르면, 유연근무와 개인성과 사이에 긍정적인 관계가 있으며 팀의 성과와 팀 내 관계에도 좋은 영향을 미쳤다고 한다(Working Families, 2009).

- 연구에 따르면, 유연근무 제도를 이용할 수 있는 직원은 개인이 유연근무를 실제로 사용했는지 여부와 상관없이 표준근로모델을 이용하는 직원보다 직무 만족도가 더 높다고 보고한다(CIPD, 2019). 설문 응답자의 4분의 1은 유연하게 일할 수 있으면 직장에서 생산성이 높아지고 업무 외 취미나 기타 개인적인 관심사를 추구할 수 있다고 말했다(CIPD, 2016).
- 오전 9시부터 오후 6시까지, 월요일부터 금요일까지 근무하는 형태는 많은 근로자에게 그다지 인기가 없다. 실제로 유고브YouGov 여론조사에 따르면 근로자의 16%만이 선호하는 근무 방식을 정규직 표준모델이라고 답했다. 근로자의 58%는 근무 시작 시간을 더 일찍 변경하여 오전 7시부터 오후 3시 또는 오전 8시부터 오후 4시까지 일하는 방식을 더 선호한다(Personnel Today, 2018).
- 유연근무자는 유연근무를 하지 않는 조직구성원보다 직장 내 압박을 과도하다고 보고할 가능성이 작다(각각 29%, 42%, CIPD, 2016).
- 유연근무제는 직원의 결근을 줄일 수 있다(Smeaton et al., 2014).
- 2018년 엑스퍼트에이치알XpertHR은 고용주에게 유연근무를 활용할 때 주요 이점이 무엇이라고 생각하는지 물었다. 응답자들은 직원 유지 및 직원 결속감 개선을 가장 높게 평가했고, 다른 장점으로는 직원 결근 감소, 생산성 증가, 더 넓은 채용 풀, 더 나은 지원자의 질, 평등

- 한 기회 촉진 등이 있었다(XpertHR, 2018).
- 유연근무를 하는 직원은 일과 삶의 균형에 만족하며 개인의 업무 성과가 높아진다(CIPD, 2016; 2019).
- 알에스에이 행동연구센터RSA Action and Research Center 분석에 따르면, 유연근무 도입과 조직성과 사이에 직접적이고 통계적으로 유의미한 관계가 있다(RSA, 2013). 동 분석은 유연근무제 도입이 직원의 태도와 만족감에 긍정적인 영향을 주는 핵심 요인이라는 것을 포함한다.
- 산업관계서비스국Industrial Relations Services(IRS)이 111명의 고용주를 대상으로 실시한 설문 조사에서 유연근무의 잘 알려진 이점이 인재 유지라고 답했으며, 응답자의 74%는 유연근무의 적용 결과 조직이 개선되었다고 말했다(IRS, 2009).
- 2019년 전 세계 기업인 15,000명을 대상으로 한 설문 조사에서 응답자의 85%가 유연근무의 결과로 기업의 생산성이 향상되었다고 말했다(IWG, 2019).

모두 긍정적인 보고서들이다. 그러나 유연근무란 단어의 폭 넓은 정의와 '유연근무'의 다양한 유형으로 인해 면밀한 연구를 수행하기 어려웠을 것이다. 유연근무를 원하는 이유는 도입 결과에 따라 다르다. 예를 들어, 통근 시간을 줄이기 위해 재택근무를 하는 경우(정규 근무 시간을 유지하면서)와 직원이 돌봄을 위해 근무 시간을 줄이는 경우는 조직구성원에게 다른 결과를 가져올 수 있다. 나이와 성별을 변수로 고려할 때도 유연근무의 결과는 다르게 나타난다.

인재

1990년대에 잘 알려진 경영 컨설팅 회사는 조직이 필요한 인재를 고용하기 위해 미래에 적극적으로 경쟁해야 한다는 아이디어를 설명하기 위해 '인재 전쟁the war for talent'이라는 문구를 만들었다. 이 단어는 진부해졌지만 여전히 인재가 모든 조직에서 가장 중요한 이슈라는 사실은 분명하다. 모든 조직은 업무를 수행함에 있어 필요한 기술, 경험, 역량 및 지식을 갖춘 우수한 사람을 채용해야 한다.

인재는 다양한 유형이 있다. 무엇보다도 조직이 필요로 하는 인재, 즉, 필요한 기술과 경험을 갖추고 시기에 맞게 올바른 행동을 보여줄 수 있는 개인을 확보해야 한다. 최고경영자를 매력적으로 만드는 브랜딩은 채용 및 고용 절차에서 중요한 역할을 한다.

재능 있는 개인이 선발되면 동기 부여, 개발, 참여, 보상 및 효과적인 관리가 필요하다. 전략적 인적자원관리 계획을 수립하고 라인 관리자와 조직 모두에게 공유해야 한다. 마지막으로, 인재 선발과 불가분의 관계에 있는 것은 인재를 떠나지 않게 유지해야 하는 것이다. 유연근무는 모든 방면에서 인재에 영향을 미칠 수 있으며 이제 각각을 차례로 살펴보겠다.

직원 모집

유연근무는 유능한 인재를 유치하려는 조직의 핵심 전략이다. 이를 보여주는 연구들이 다양하게 있다. 다음은 여러 연구 및 설문조사의 핵심을

선별해 요약한 것이다:

- 2010년 조사에 따르면, 영국 여성의 88%와 남성의 81%가 일과 삶의 균형이 직업을 선택할 때 매우 중요한 요소라고 말했다(Chung, 2018).
- 2019년 인터내셔널 워크플레이스 그룹International Workplace Group의 연구에 따르면, 응답자 5명 중 4명은 유사한 일자리 두 개를 제안 받으면 유연근무를 제공하지 않는 일자리를 거절할 것이라고 응답했다(IWG, 2019).
- 약 20만 명의 직원을 대상으로 한 추가 글로벌 랜스타드Randstad의 설문조사에 따르면, 유연근무는 새로운 일자리를 찾을 때 가장 중요한 5가지 요소 중 하나다(Randstad, 2016).
- 87%의 사람들이 유연하게 일하고 싶다고 말한다. 그러나 15%의 일자리만이 유연근무제를 활용할 수 있다고 조사되었다(Timewise, 2019).

1장에서 논의한 내용을 상기해보자. 유연근무에 대한 수요는 높지만 이용가능성은 수요에 못 미치는 경우가 많다. 따라서 유연근무를 제공하면 유능한 인재 풀에 조직 자체를 알릴 수 있다. 현재 유연근무는 다양한 장점에도 불구하고 노동 시장에서 여전히 차별화 요소로 여겨진다. 경영자의 관점에서 유연근무로 도입 시 간과되는 또 다른 이점이 있는데, 유연근무의 제공은 구성원이 조직에 소속감을 느낄 수 있게 한다. 이는 다른 보상책과 비교할 때 재정적 측면에서 효율성이 높다.

워킹패밀리스는 영국에 기반을 둔 일과 삶의 균형을 위해 활동하는 단체이다. 이 단체는 채용 광고에 '유연근무제가 말하는 행복happy to talk flexible working'이라는 소제목을 직업별로 사용하도록 권장한다. 채용 조직은 유연근무의 효과에 대해 간단한 설명을 할 것인지, 아니면 각 직무별 고려할 수 있는 특정 형태의 유연근무에 대해 자세히 설명할 것인지 선택할 수 있다. 어떤 옵션을 선택하든, 유연근무를 광고하는 것은 후보자들이 채용에 지원하게 만드는 데 도움이 된다. 심지어 유연근무라는 단어가 없었다면 전혀 고려하지 않았을 직무 역할까지 지원하는 경우도 있다. 직무 소개 웹페이지careers web pages 또는 구인 공고에 유연근무에 대한 언급을 하면, 구직자가 채용 관리자와 대화를 시도하는 비율이 높아진다.

물론 광고 문구도 사내 현실과 맞아야 한다. 채용예정자가 입사 과정에서 들은 내용이 실제 입사 이후 이행되지 않았다고 공개되는 것을 쉽게 볼 수 있다.

유연근무에 대한 정보나 기회가 필요한 사람은 외부뿐만 아니라 내부에도 존재한다. 채용 시 고려해야 할 내부 후보자도 있다. 유연근무자는 조직에서 내부 이동 또는 승진 시 유연근무 계약도 자동승인이 되는 것이 아니라는 문제점을 지적한다. 유연근무를 자율적으로 도입할 수 없는 조직 구성원들이 언급한 문제에 노출된다. 내부 직원은 풍부한 경험과 조직 지식의 원천일 수 있다. 조직이 유연근무가 어려운 정규직 모집을 계속 광고한다면 내부 유연근무 활용 직원은 미개척 인재 풀로 남게 된다.

외부 채용에서 보았듯이 영국에서 대부분의 직무는 정규직 '표준standard' 근무 시간으로 광고되고 유연근무제 옵션은 거의 포함되지 않는다. 이로 인해 자격을 갖춘 직원이 특정 역할에 '고착stuck'되어 때로는 기술, 경험, 지식 요구 수준보다 낮은 단계에서 일하게 될 수 있다. 이 복잡한 요인의 결과로 출산 후 노동 시간을 줄이는 역할을 강요 받는 많은 여성에게 문제로 작용한다.

조직은 다양하고 간단한 조치로 이 장벽을 해결할 수 있다. '유연근무제가 말하는 행복' 또는 이에 상응하는 사내 캠페인 언어를 채택한다. 내부 부서 이동 신청 시 조직구성원이 기존 유연근무 방식에 그대로 활용할 수 있으며 가장 적합한 후보인 경우 테스트 기간을 포함한 적정한 근무 형태를 고려를 할 것이라고 명시한다. 이 접근 방식에는 관리자를 위한 유연근무 정보 및 대응지침이 수반되어야 한다. 관리자는 유연근무에 적합한 직무를 이해하고 관리 부담에 대한 우려를 해소해야 한다.

인재 유지

유연근무제는 인재를 확보하는 데 강점이 있는데, 인재 유지retention라는 측면에서도 살펴볼만하다. 유연근무 기회를 제공하지 못하는 것은 인재 유지에 위험 요소가 된다. 이를 위해 1장에서 논의한 바 있는 이용가능성 측면을 살펴볼 필요가 있다. 유연근무는 조직구성원의 이탈방지에 영향을 미치며, 이는 고용주가 조직 내 지식과 기술을 유지하는 데 큰 도움을 준다. 유연근무 수요는 근로자의 유형과 관련이 없다고 알고 있다. 성별, 연령, 직업 등 전반에 걸쳐 요구된다. 마찬가지로, 인재 유지는 일하는 여성이나 출산 휴가로부터 복귀한 여성을 조직에 남기는 것만을 의미하지 않는다.

컨설팅 회사 딜로이트Deloitte가 실시한 2019년 설문조사는 이 문제를 강조하는데, 특히 일하는 '밀레니얼millennial' 아버지들의 경험을 살펴보았다.

설문 응답자 중 3분의 1은 더 많은 유연근무 기회를 얻기 위해 직장을 옮겼고, 3분의 1은 이직을 고려하고 있다. 유연근무제는 고용주 브랜딩에 연관되어 강력한 인재 유치 도구가 될 수 있다. 기존의 직장에서 원하는 수준의 유연성 또는 일과 삶의 균형을 달성할 수 없는 구성원은 다른 곳에서 기회를 찾을 것임이 점점 더 분명해지고 있다.

조직구성원 이탈방지가 맞벌이 부모만의 문제는 아니지만, 유연근무는 출산 휴가 후 직장으로 복귀하는 여성을 유지하는 데 확실한 도움을 준다. 2,000명의 여성을 대상으로 한 설문조사에 따르면, 영국의 워킹맘 5명 중 1명(18%)이 유연근무 신청이 거절되어 직장을 떠나야 했다. 많은 조직구성원은 조직이 유연근무 요청을 진심으로 고려하지 않았다고 느꼈다(Workplace Insight, 2019). 여성 복귀자를 지원정책의 모범사례로 언급되는 대표 조직이 바로 BT다. BT의 여성직원은 97%의 산후 복귀율을 기록했고, 이는 재택근무가 가능하기 때문이었다(Dwelly & Lake, 2008).

구성원이 이탈하지 않을 때 조직도 지식과 기술을 유지할 수 있다. 또 채용 및 직원 이직과 관련된 잠재적으로 높은 비용을 피하게 된다. 간단히 말해 조직구성원에게 유연근무를 제공하지 않을 경우 구성원은 유연근무를 제공하는 다른 조직으로 이직을 고려할 수 있다. 본인이 선호하는 것이다. 유연근무가 가능하다면 직무에 더 몰입하고 만족하게 될 것이다.

직원 몰입

직원 몰입employee engagement은 1990년대에 등장해 현재는 인사 관리 전문가와 경영진에게 친숙한 용어다. 직원 몰입에 대한 아이디어는 빠르게 받아들여졌고(일부 학문적 비판의 대상이 되기도 함) 모든 조직에서 인적자원관리 전략의 표준이 되었다. 다방면에서 직원 몰입은 직원 동기부여와 직무 만족도에 대한 초창기 아이디어를 기반으로 하며, 두 가지면 모두 수십 년간 확립된 이론이 있다.

직원 몰입은 본질적으로 조직구성원과 경영진 간의 관계에 관한 것이다. 때로는 '심리적 계약psychological contract'이라고 한다. 직원 몰입을 설명하는 하나의 정의는 없지만 일반적으로 몰입도가 높은 직원은 조직에 대해 긍정적인 태도를 갖고 업무에 열정적인 사람으로 간주된다. 때때로 몰입engagement이라는 개념이 비판을 받기는 하지만, 조직 차원에서 의심할 여지없이 인기가 있다. 직원 몰입이 형성되는 기본 가정에 따르면, 몰입도 높은(또는 만족한) 직원은 더 생산적이고 소속 조직을 옹호할 가능성이 크다. 또 직원 몰입 수준이 높은 조직이 그렇지 않은 조직보다 재정적으로나 운영상으로 더 나은 성과를 낼 것이라고 종종 가정한다. 아쉬리지Ashridge의 에이미 암스트롱Amy Armstrong 박사는 구성원이 몰입하는 직장에 대한 정의를 '사람들이 직장에서 최선을 다하는 것을 선택하는 조직 분위기'라고 제안한다(Armstrong et al., 2018).

최근 몇 년간 조직에서 직원 몰입을 알아보기 위해 구성원을 정기적으로 조사하는 것이 일반적인 관행이 되었다. 몰입에 영향을 미치는 복잡한 요소들이 있다. 대부분 주관적인 문제다. 관계자들이 동의한 핵심 영역은 생산라인 관리자와 리더의 역할이 조직구성원의 몰입에 심대한 영향을 미친다는 것이다. 2009년 직원 몰입에 대한 맥레드MacLeod 보고서에서 관리자는 직원 몰입을 위한 4가지 중요한 요인 중 하나로 확인되었다. 좋은 관리자는 조직구성원을 통제하거나 제한하는 것과 반대로 행동한다. 그들은 조직구성원의 동기를 촉진시키고 권한을 부여하며 구성원을 감사하는 마음으로 대한다. 또 직원을 존중하고 개발하며 보상을 주기 위한 헌신을 보여준다(MacLeod & Clarke, 2009). 유연근무가 이 내러티브 속 적합한 위치를 찾는 것은 쉬운 일이다. 유연성은 궁극적으로 권한 부여에 관한 것이며 통제형 리더십의 정반대다. 실제로 유연근무가 정착되기 위해서는 상호 신뢰가 필요하며 조직구성원이 자신의 욕구 및 의무를 가진 개인으로 대우받아야 한다.

직원 몰입 이론이 조직구성원과 고용주의 관계를 중점적으로 보는 반면, 동기부여 이론motivation theories은 직원이 현 직무에 최선을 다하도록 유도하는 주요 요인에 대해 설명한다. 지난 세기 동안 동기부여에 대한 다양한 연구가 진행되었다. 동기부여 이론은 궁극적으로 조직에서 구체적으로 무언가를 하는 사람들이 왜 그렇게 행동하는지 설명하는 것을 목표로 한다. 동기부여에 관한 단일 통합 이론은 없으며 동기부여 원인에 대한 아이디어는 꾸준히 발전되어 왔다. 과학적 관리법과 같은 초기 이론은 돈과 같은 외재적 보상이 핵심 동기 요인이라는 생각에 초점을 맞췄다. 다만 연구가 진행되면서 오늘날에는 개인의 동기가 훨씬 더 복잡하게 결정된다는 것을 인정하고 있다. 직무 동기부여에 대한 이론에는 사회적, 생리적 필요에서 성취의 역할, 인정과 성장, 심지어 권력과 지위에 이르기까지 다양한 아이디어가 포함된다. 동기부여 이론 중 일부는 개인적 요구와 기대감에 초점을 맞추고 다른 일부는 사람들에게 동기를 부여하는 것 또는 동기부여의 결과가 무엇인지에 중점을 둔다. 직원의 의욕을 꺾거나 불만족스럽게 만드는 요소에 집중한 연구도 있다. 지각된 공정성 부족, 처벌 위협, 직업 불안정성, 열악한 업무 관계 또는 부적절한 급여 수준은 동기 부여와 만족도를 감소시킬 수 있다.

동기부여 이론 중 상호 합의된 영역이 있다. 많은 사람이 돈이나 기타 유사한 외적 요인이 아니라 책임, 성취, 흥미롭고 의미 있는 일, 도전 및 개인적 성장의 기회와 같은 내적 요인에 의해 동기가 부여된다는 것이다. 다니엘 핑크Daniel Pink의 『드라이브Drive』는 조직에서 지식근로자에게 동기를 유발하는 세 가지 요소를 설명한다. 핑크는 재정적 보상이 아니라 자율성, 숙달 및 목적을 정할 수 있는 기회가 동기부여에 중요하다고 말한다(Pink, 2018). 자율성은 선택에 관한 것이다. 내가 언제, 어디서, 어떻게 가장 잘 일할 수 있는 지 통제할 수 있는 능력을 말한다. 자율적인 통제를 할 수 없는 경우 직무 관련 스트레스가 발생한다는 것과 반대되는 이야기다. 이 주제는 웰빙에 관한 5장에서 다시 다룰 것이다.

유연근무가 조직구성원 삶뿐만 아니라 직업적 자아professional self, 그리고 조직의 성과에 얼마나 긍정적으로 기여할 수 있는지 살펴보려 한다. 서론에서 논의한 바와 같이 유연근무는 사람들에게 자신의 업무와 업무 수행 방식에 대한 선택권을 제공하며 자율성은 그 중심에 있다. 많은 학자도 이에 동의했다. 멘체스터 대학교University of Manchester의 2017년 연구에 따르면, 유연근무는 동기부여 요인으로 작용하며 유연근무자는 자발적으로 조직에 기여하려 한다(Clarke & Holdsworth, 2017). 모든 직원에게 한 번에 동기를 부여하는 방법은 없다. 개인은 서로 다른 인센티브에 반응한다. 한 사람에게 동기를 부여하는 것이 반드시 다른 사람에게 동기를 부여(또는 만족)하지는 않는다. 그러나 유연근무를 제공하는 것은 기여 요인 중 하나로 보인다. 이는 직무 충실화job enrichment, 다양성, 자율성 및 책임에 대한 아이디어와 밀접하게 일치하며 구성원이 개인의 상황에 맞게 직장 생활을 형성하는 데 도움이 될 수 있다.

동기부여 이론은 직무만족도를 높이는 요인이 무엇인지에 대해 언급한다. 직무만족도는 일반적으로 개별 직원이 자신의 업무에 만족하는 정도로 정의된다. 설문 조사에 따르면, 유연근무자는 유연근무를 하지 않는 직원보다 자신의 직무에 대해 '매우 만족'한다고 설명할 가능성이 크다. 흥미롭게도 직무만족도의 상승은 유연근무 방식을 사용하고 있지 않지만, 언제든 사용가능한 조직에서 일하는 직원에게도 발생한다. 따라서 조직이 유연성을 지원한다는 인식도 직무만족도와 조직 몰입 모두에 긍정적인 영향을 미칠 수 있다(De Menezes & Kelliher, 2011).

동기부여, 직무몰입, 만족도 중 어떤 것을 주요 척도로 하더라도 유연근무는 긍정적인 결과를 도출한다. 유연근무를 제공하는 것이 직원 몰입도와 직무 만족도를 높여 경영 성과에 도움을 준다는 연구 결과가 축적되고 있다. 그러나 유연근무 제도에 따른 만족도 상승 수준은 특정 형태의 유연근무에 영향을 받는 것으로 보이며 일부 형태의 유연근무는 더 나은 결과를 가져온다. 일부 유연근무 형태는 삶의 만족도에 긍정적인 영향을 미치지만, 성별의 영향을 많이 받는다. 휘틀리Wheatley에 따르면, 탄력 근무제는 여성 삶의 만족도를 낮추지만 남성 삶의 만족도는 높이는 것으로 나타났다(Wheatley, 2017). 여성은 돌봄 또는 방과 후 교육에 책임을 지는 유연근무를 수행할 가능성이 더 크다. 대조적으로 남성은 유연근무를 다른 활동과 반드시 함께할 필요가 없으며, 이는 만족도의 차별화 요소일 수 있다.

최근 유연근무에 상당한 관심을 보인 조직이 국민보건서비스National

Health Service(NHS)다. 국민보건서비스는 유연근무를 경영상 중요한 문제로 간주한다. 내부 조사에 따르면, 직원의 92%가 유연근무제가 자신에게 중요하다고 말했다(NHS Inspiring Leaders Network, 2019). 2011년 연구에서 조직구성원의 행복 수준에 대한 유연근무의 영향을 검토했다. 연구에 따르면 유연근무는 직원들이 즐겁고 유쾌하고 만족스럽고 차분한 느낌을 갖게 하는 것으로 나타났으며 일부 설문 응답자는 유연근무와 행복 사이의 연관성을 분명히 밝혔다. 행복감은 추가적인 재량 행동과 바람직한 성과라는 결과를 낳았다(Atkinson & Hall, 2011).

직원의 열의를 정의하고 측정하더라도 많은 조직의 직원 몰입도에 문제가 있다는 일반적 견해가 있다. 직업, 분야 및 국가에 따라 특정 몰입 패턴이 있고 직원들이 단순하게 몰입하진 않는다는 많은 연구 결과가 있다. 세계 최고 수준의 직원 몰입도 설문조사 제공업체인 갤럽Gallup은 전 세계 직원의 15%만이 자신의 업무나 직장에 대해 높은 몰입도와 열정을 갖고 있다고 추정한다. 변화를 갈망하는 신세대에 대한 조직의 저항, 새로운 기술이 만드는 혁신에 반응하지 못하는 것 등이 젊은 근로자가 조직에 대한 기대를 낮추는 사유다(Gallup, 2017). 이는 모든 조직에서 직원 몰입을 중요하게 고려해야 한다는 주장에 대한 근거를 제공한다. 직원 몰입을 높이기 위해서는 전통적 근무 방식과 유연근무가 조화롭게 운영될 수 있는 방안을 찾고, 직원들의 변화된 요구와 필요를 파악해 충족시켜야 하는 어려운 과제들이 놓인다. 이런 조치를 통해 직원 몰입 격차를 좁힐 수 있다.

요약하면, 유능한 개인의 몰입, 동기부여, 이탈방지를 포함하여 조직의 인재 관리 방식의 중요 부분으로 유연근무를 지원해야 한다. 이를 통해 직무 충실화 및 직무 만족도 수준을 높일 수 있다. 다음에 살펴보겠지만,

유연근무제를 잘 활용하면 재능 있는 직원이 생산성을 높이고 성과를 낼 수 있도록 지원할 수 있다.

성과

실제 성과에 부정적인 영향이 있을 것이라는 세간의 우려와 반대로, 성과performance 및 생산성productivity 측면에서 유연근무에 대한 긍정적인 사례가 구축되고 있다. 하단의 예시는 최근 연구 결과이다.

- 알에스에이RSA의 연구에 따르면, 유연근무는 혁신, 기술 활용, 동기부여, 생산성 등에서 조직성과의 강력한 동인이 될 수 있다. 특히, 혁신에 관해 유연성이 주는 영향은 경험할수록 높아진다. 관련한 인터뷰에서 일부 조직구성원은 유연근무가 전통적인 직장의 방해 요소에서 벗어나는 데 도움을 준다고 밝혔다. 그들은 유연근무가 업무 수행에 있어서 집중력, 창의력, 사고력을 높이는 데 큰 도움을 준다고 강조했다. 또 많은 근로자가 유연근무제 덕분에 더 짧은 시간에 더 많은 일을 할 수 있다고 보고했다(RSA, 2013).
- 인터내셔널 워크플레이스 그룹IWG의 글로벌 연구에 따르면, 80개국에서 설문 조사를 수행한 기업인의 85%가 유연근무가 생산성을 높인다고 말했다(IWG, 2019). 이것은 실제로 설득력 있는 통계이며 영국 외 많은 국가에 적용되고 있다는 근거는 상당하다.
- 2019년 영국 정부 평등청Government Equalities Office은 EU, 캐나다, 미국

의 유연근무에서 성과, 결근, 생산성, 이직률 및 비용 절감과 관련하여 지속적으로 긍정적인 결과가 도출되었다고 강조했다(Lyonette & Baldauf, 2019).

- 워킹패밀리스Working Families가 조직구성원을 대상으로 유연근무에 관한 2년에 걸친 연구를 진행했다. 그 연구에서는 특히 유연근무와 업무성과와의 관계를 집중적으로 검증했고, 유연근무자, 직속 관리자, 동료의 관점을 포함한 조직 내 위계와 상호관계를 고려한 연구를 진행했다. 유연근로자와 좀 더 전통적인 형태의 근로자를 비교할 때 전반적으로 유연근무와 개인의 성과 사이에 긍정적인 영향이 있음을 발견했다. 또한 이 연구는 다양한 관점에서 성과를 살펴보았다. 유연근무자의 직무성과를 작업량, 작업품질, 팀 기여도 등을 통해 검증했다. 추가로 유연근무자의 직무만족도, 조직헌신, 경력개발 등을 포함하여 직무성과에 대한 간접적인 영향도 살폈다. 조사 결과는 언급한 변수 중 하나만 제외하고 모든 부분에서 긍정적인 영향력이 있음을 확인했다. 작업품질에 대해 구체적으로 논의하면, 대다수의 응답자는 유연근무 도입으로 인해 작업품질이 큰 변동이 없다고 답했다. 5%가 채 되지 않는 소수만이 유연근무 도입이 작업품질에 부정적인 영향을 줄 수 있다고 응답했다. 또 이 연구는 개인의 성과에 간접적으로 영향을 미칠 수 있는 요소인 조직헌신, 직무 만족도, 일과 삶의 균형에 대한 긍정적인 영향을 발견했다. 연구를 통해 확인한 유연근무와 성과 사이에 부정적인 관계를 지닌 변수가 있었다. 유연근무를 하는 것이 경력관리에 부정적이라는 관리자와 동료의 한결같은 응답이 있었다. 이 주제는 나중에 다시 다루게 될 것이나, 슬프게도 매우 현실

적인 이야기다(Working Families, 2009).
- 2018년 워킹패밀리스working families의 보고서는 유연근무를 잘 활용하는 고용주에 대한 이야기를 담았다. 보고서에서 시간제 직원의 업무성과가 전일제 동료를 능가하는 것으로 나타났다. 시간제 근로자의 최고 성과 등급 비율은 34%로 전체 직원의 최고성과 등급 비율인 14%보다 높게 나타났다. 물론 모든 조직에게 이런 성과들이 적용되는 것은 아니지만, 동료가 유연근무와 전통적 근로방식을 비교하면서 성과와 생산성에 대해 의심할 때 활용가능한 충분히 설득력 있는 통계다.

성과 및 생산성과 관련해 축적된 증거 자료는 유연근무제 도입을 우려하는 임원진을 안심시킬 수 있다. 연구 데이터는 조직의 성과와 유연근무가 긍정적인 관계가 있음을 나타낸다. 조직에서 유연근무를 지원하는 것은 전반적으로 긍정적인 영향을 미친다. 앞서 언급한 다른 장점과 결합되면 유연근무 도입은 임원진들이 꿈꾸는 우수 경영사례의 하나로 자리매김할 것이다.

비용 절감

유연근무는 조직의 비용을 절감하는 데 도움을 준다. 예를 들어, 직무 스트레스, 직원 채용, 이직 비용을 들 수 있다.

유연근무는 사무 공간 비용을 줄이는 데 도움이 될 수 있다. 특히 원격근무를 포함하여 다양한 근무 방식을 활성화하면 필수 사무 공간을 줄이고 조직 내에서 새로운 업무 방식을 만들 수 있다. 2019년 인터내셔널 워크플레이스 그룹 설문조사에서 기업의 65%는 유연근무가 운영 지출을 줄이는 데 도움이 된다고 말했다(IWG, 2019).

유연근무를 통해 잠재적인 비용 절감이 가능하다. 다른 사내 정책과 비교했을 때 유연근무가 가진 장점 중 하나다. 고용주가 직원을 고용, 유지, 참여, 동기부여, 보상하기 위해 수행하는 사내 정책에는 필수적으로 재정이 지출된다. 직원 복리후생 패키지 제공, 학습 및 개발 제공, 보상 및 인정 제도, 웰빙 프로그램 및 커뮤니케이션 활동에는 상당한 비용이 수반된다. 그러나 유연근무는 실행을 위한 비용이 거의 또는 전혀 들지 않는다. 이 요소는 종종 간과되지만, 재정적 지출이 거의 없이 작원몰입도를 높이는 중요한 방법이 될 수 있다. 시간제 근무, 탄력 근무제, 재택근무와 같은 유연근무를 활용하면 조직에 큰 비용 부담없이 조직구성원과 조직에 이득을 줄 수 있다. 유연근무에 대한 사내 정책을 결정하는 사람들은 유연근무를 비용 효율적인 인사 관리 정책 중 하나로 생각하는 경우도 있다. 2019년 글로벌 설문조사에서 직원에게 가장 중요한 사내 복지정책이 무엇인지 질문했다. 약 41%가 '유연근무'라고 답한 반면, 직장 체육시설 설치를 선택한 응답이 6%, 직장에서 무료 식사를 제공하는 것 또한 6%, 직원 등록금 상환을 지원하는 정책이 2%를 기록했다(WorkHuman, 2019). 고용주가 제공하는 혜택의 대부분은 유연근무를 도입하는 것보다 훨씬 비용이 많이 든다.

지속가능성

최근 많은 기업이 기업의 사회적 책임social responsibility과 지속가능성 sustainability 문제에 일정한 관심을 보인다. 대체로 단순히 브랜드와 이미지 전략을 위해서인 경우가 많다. 일부 조직에서는 전반적인 기업 전략과 사업 운영의 중심이기도 하다. 지속가능성과 유연근무의 관계성에 대한 관심이 높아지고 있다. 재택근무는 조직구성원의 통근 환경을 개선하고 부동산 가격 하락과 유관된 제도라는 인식이 많았다. 하지만 최근에는 지속가능성을 높이는 새로운 친환경 근무 방식으로 주목받기 시작했다.

출퇴근 시간을 감소시키고 탄소 발자국을 줄여 환경에 중대한 영향을 미치는 새로운 아이디어는 주4일제다. 주4일제는 노동의 근본적인 미래를 이야기하기에 유연근무의 유형으로 보기는 어려울 수 있다. 20세기 초 운동가들이 주당 6일에서 5일로 노동시간 단축을 강력하게 주장했던 것과 거의 같은 방식으로, 이제는 모든 직원이 주 5일에서 4일로 전환해야 한다는 주장이 있다. 주4일제는 조직구성원에게 호감을 줄 것이다. 다만 주4일제가 계속해서 주목을 받을지 또는 경영진의 지지를 받을지는 두고 봐야 한다. 초기 연구는 주4일제 도입이 환경에 미치는 긍정적인 영향이 있다고 밝혔다. 한 설문 조사에서 응답자의 절반 이상이 자동차를 덜 운전할 것이라고 말했다. 더불어 주간 주행 거리가 10 ~ 19마일 줄었다. 이 결과를 영국 전체에 적용하면 주4일제로 출근하는 직원의 주행거리를 매주 5억 5,800만 마일, 최대 9%까지 줄일 수 있다. 당연히 연료 소비는 크게 감소한다(Nanda, 2019). 물론, 전체 근무 시간의 단축은 복지 및 일과 삶의 균형 측면에서 개인의 발전, 보육 및 통근 비용 감소와 같은 다른 혜택으로 이어질 수 있다.

　주4일제 같은 미래 담론 외에, 지속가능성을 지원하고 환경에 도움을 줄 수 있는 다른 방법이 있다. 재택근무는 통근량(주로 자동차 이용)을 줄일 뿐만 아니라 사무실 난방 및 조명의 필요성을 줄인다. 이 모든 것은 탄소 배출량을 줄이는 데 도움이 된다. 그러나 탄소배출 과정이 단지 집으로 이동하는 것일 수 있다. 탄소 배출량의 절감을 계산하는 데 있어 또 다른 문제는 '반동 효과rebound effect'라고 불리는 것이다. 출근이 줄어들면서 감소되는 탄소보다 조직구성원이 자동차로 여행을 가면서 발생하는 탄소가 많을 수 있다. 때론 직원이 자신의 거주지와 가까운 곳에 살 필요가 없는 다른(잠재적으로 더 외딴) 위치에 살기로 선택하면서 탄소배출이 늘어날 수 있다(Dwelly & Lake, 2008). 사람들은 통근 감소로 절약한 탄소 배출량 이상을 사용할 수 있다.

　일부 조직에서는 문제에 대한 자체 분석을 수행했다. 이 장의 앞부분에서 언급했듯이 비티BT는 유연근무, 특히 재택근무를 도입함으로써 많은 이점을 경험했다. 이 이점은 환경에도 적용된다. 그들은 통근 감소의 결과로 1,200만 리터에 해당하는 연료를 절약하고 약 9만 7,000톤의 CO^2 배출량을 줄인 것으로 추정한다(Dwelly & Lake, 2008).

　유연근무(특히 재택근무)가 이 분야에서 실질적인 변화를 가져올 것이라는 데 모든 사람이 동의하는 것은 아니다. 스미스 인스티튜트Smith Institute에 기고한 로얄 오토모빌 클럽Royal Automobile Club(RAC) 재단의 이사인 스테판 글라스터Stephen Glaister는 재택근무와 통근 사이의 관계는 복잡하다고 주장한다. 로얄 오토모빌 클럽RAC은 자동차 소유 및 도로 여행의 지속적인 증가를 예측하고 있으며, 유연근무를 통해 감소한 탄소배출량이 상쇄될 것이라고 예측한다(Dwelly & Lake, 2008). 이런 문제들이 우리에게 진정한 유연근무 혁명이 필요하다는 주장을 뒷받침한다. 재택근무하는 소수의 직원은 필요한만큼의 환경 변화를 만들지 못하지만 재택근무가 공식적이고 정기적으로 운영될 경우 새로운 변화가 발생할지 모른다.

지속가능성의 문제는 기술과 밀접하게 연결되어 있다. 환경에 긍정적인 영향을 만드는 방법이 통근을 줄이는 것(따라서 재택 및 원격근무 수준 증가)인 경우 원격근무를 가능하게 하는 적절한 기술 없이는 실현할 수 없다. 효과적인 재택근무는 화상 및 전화 회의, 온라인 공유 및 공동 작업 도구를 비롯한 관련 기술과 결합되어야 한다. 대면 회의와 의사소통에 대한 의존도를 줄여야만 재택근무의 잠재적인 환경적 이점을 얻을 수 있다.

지속가능성의 장점은 장기적으로 나타날 것이다. 직원들이 출근하는 사무실과 건물은 계속 다양한 자원소모가 있을 것이다. 재택근무로 인해 사무실에 사람이 더 적게 출근하더라도 사무실 건물자체의 탄소배출량이 정해져 있다. 시간이 지나고 근무 방식이 크게 변경되면 유연근무가 오피스 건물 건축에 영향을 미칠 수 있다. 그러므로 환경에 진정한 변화를 가져오려면 재택근무를 위한 경제로 완전히 전환되어야 한다.

이번 장은 고용 관계의 모든 당사자에게 유연근무의 이점이 명확하게 확립되어 있으며 관련 증거들이 계속 구축되고 있음을 보여준다. 유연근무제에 대한 수요와 관심이 지속적으로 증가함에 따라 향후 더 많은 연구가 필요한 영역이다.

입증된 이점이 이렇게 많다면 조직과 관리자는 새로운 근무 방식을 채택하는 데 왜 그렇게 많은 저항을 하고 있을까? 불행히도 유연근무 도입은 부정적인 태도, 저항하는 관리자, 구식 조직 모델로 인해 여전히 어려움을 겪고 있다. 또 유연근무와 관련된 오해가 널리 퍼져 있으며, 그 중 일부는 6장에서 살펴볼 것이다. 이런 문제에도 불구하고 다음 사례와 같이 유연하게 일하는 방식의 결과로 실질적인 혜택을 경험하고 있는 조직도 많이 있다.

사례 연구
앳킨스 그룹

앳킨스 그룹Atkins Group이 유연근무 도입에 적극적인 이유를 하나로 정리할 순 없을 것이다. 앳킨스 그룹은 유연근무를 통해 부동산 비용을 절감하고, 인재를 유치하고 유지하며, 직원 몰입도를 향상시키는 등 다양한 경영상의 이익을 얻는다고 생각한다. 앳킨스 그룹에게 유연근무 정책은 포용 전략의 핵심이다. 또한 그들은 유연근무가 직원을 위해 해야 할 올바른 방향이라고 생각한다. 사내 조사에 직원들이 남긴 의견을 모은 결과는 직원들이 스스로 권리가 있음을 자각하고 있다. 조사에 따르면, 조직구성원이 특정 조직을 선호하는 3가지 요인 중 하나로 유연근무를 꼽았다고 한다.

앳킨스는 다양한 형태의 유연근무를 지원하며 권위적인 모습을 보이지 않는다. 그들은 시간제 근무, 직무 공유제, 압축노동, 2주 9일제, 완전자율근무제를 포함하여 사용 가능한 거의 모든 형태의 유연근무 방식을 제공한다. 그들은 현재 조직의 선례가 없더라도 모든 형태의 요청에 대해 열린 마음을 갖는 것을 목표로 한다. 그들의 철학은 유연근무 요청에 '예'라고 말할 수 있는 방법을 찾는 것이다.

회사는 유연근무 도입으로 많은 성과를 얻었다. 원격근무를 장려해서 사옥 크기를 줄이는 동시에 협업을 위한 효과적인 허브를 제공할 수 있었다. 특히, 유연근무는 출산 휴가 후 여성 조직구성원의 유지율을 높였다. 여성 복귀자의 이탈률은 2013년 19%에서 최저 8%로 감소했으며 전년 대비 증가율도 보였다. 남성 시간제 근로자를 포함한 시간제 근로는 거의 10% 증가했다.

유연근무를 가능하게 하고 상려하기 위해 앳킨스는 체계적 단계를 거친다. 첫째로 채용 공고 시 모든 직무가 유연근무를 할 수 있다고 밝힌다. 둘째로 채용 단계에서 유연근무의 활용 가능성에 대해 대화를 나눈다. 앳킨스는 유연근무가 가능한 지를 검증하는 워킹 포워드 서약(직장을 가능한 한 포용적으로 만들기 위해 영국의 일부 주요 기업의 지원을 받는 전국적인 네트워크)에 서명했다. 법률 적용 대상을 간병인과 부모로 한정했을 때도 전체 직원이 유연근무를 신청할 수 있도록 했다.

앳킨스는 모든 직원에게 유연근무 기회가 있다는 것을 사전에 알렸다. 또 중간관리자도 유연근무 경영상 이점을 조직구성원이 이해할 수 있도록 도왔다. 회사는 유연근무가 가져올 영향에 대해 관리자가 가지는 우려를 줄이는 방안을 모색했다. 더불어 유연근무자를 관리하는 방법을 교육하는 정기 관리자 간담회를 운영했다. 유연근무는 사내 운영되는 다양성 네트워크 중 하나인 부모 네트워크의 지지를 받는다. 앳킨스는 이것이 부모만의 문제가 아님을 인정한다. 유연근무는 모든 조직구성원에게 이점을 줄 수 있다. 임원진의 역할 모델링도 유연근무 수용에 중요한 역할을 한다. 회사는 임원진이 유연근무를 사용하고 일과 가정의 균형에 대해 개방적 태도를 보이는 것에 대해 긍정적이다.

앳킨스에서 기술은 유연근무를 가능하게 하는 핵심 요소다. 제공된 IT 도구를 통해 직원은 사무실에 있는 것처럼 모든 위치에서 효율적으로 작업할 수 있고, 원격으로 작업할 수 있으므로 출장을 줄이고 지속가능성을 개선하는 데 도움이 된다.

앳킨스는 모든 직원이 유연하게 일하고 진정으로 최고의 유연근무 사업장이 되도록 권한을 부여하는 것을 목표로 한다.

조직 내 발생할 잠재적 문제와 비용 대비 유연근무의 이점을 극대화할 수 있는지는 조직의 태도에 달려있다. 유연근무가 제도적으로만 용인되거나 불신과 의심의 부정적인 문화적 맥락에서 운영되는 경우 실패할 수 있다. 포용하고 축하할 때 성공할 가능성이 더 커진다. 2부에서는 모든 형태의 유연근무가 번성할 수 있도록 하는 조직문화 및 접근 방식은 무엇이 있는지 살펴보겠다.

도전 과제

지금까지 유연근무에 대해 대체로 긍정적인 그림을 살펴보았다. 앞으로 포용성inclusion과 직원 웰빙employee wellbeing에 도움이 되는 유연근무의 가능성에 대해 계속해서 더 깊이 있게 살펴볼 것이다. 많은 이점이 있지만, 이것이 유연근무를 운영하는 데 어려움과 문제가 전혀 없다는 의미로 받아들여져서는 안 된다. 유연근무는 표준근로모델에 도전하며 모든 사람이 이에 동의하거나 그 의미를 받아들일 준비가 되어 있지 않다. 이 책의 뒷부분에서 살펴보겠지만 유연근무는 관리자, 조직, 유연 근로자에게도 도전 과제를 안겨준다. 다음은 유연근무 실행의 결과로 경험하는 몇 가지 주요 문제다.

승진

일부 사람들은 유연근무가 승진에 해를 끼칠 수 있다고 생각한다. 이런 두려움은 단지 상상의 결과가 아니라 현실에 근거한 것이다. 정Chung의 연구(Chung, 2018)에 따르면 유연근무제를 사용하거나 사용한 적이 있는 근로자 5명 중 1명은 지난 12개월 동안 어떤 형태로든 부정적인 경력 결과를 경험한 것으로 나타났다. 타임와이즈의 조사에 따르면, 유연근무자 중 68%가 지금 직장에 머물러 있는 이유가 유연근무 신청이 수락된 것에 감사하기 때문이라고 밝혔다(Timewise, 2018). 특히 시간제 근무는 승진 기회가 제한되어 경력 발전과 임금 상승 모두에 해로운 것으로 보이며, 시간제 근무 경력이 많을수록 승진 기회가 전혀 없을 가능성이 커진다(Jones, 2019).

워킹패밀리스(2017)에서 수행한 추가 연구에서 부모에게 왜 유연한 근무 계약을 요청하지 않았는지를 물었다. 남성 부모의 약 12%는 덜 헌신적인 사람으로 비춰지는 것이 두렵다고 밝혔으며 10%는 자신의 경력에 해가 될 것이라고 믿었다고 응답했다. 다른 2017년 설문조사에서는 7%의 여성 부모가 유연근무의 활용으로 자신의 경력을 보전하기 힘들다고 생각하는 것으로 나타났다(Workingmums, 2017).

유연근무의 유형에 따라 사람들의 평가나 인식이 달라진다. 정규 근무시간보다 적은 시간을 일하는 유연근무를 하는 사람들은 약 14배나 더 부정적인 경력 결과를 얻었다고 한다. 흥미롭게도, 원격근무의 경우 '직무 헌신 구조work devotion schema'에 이상적 근로자의 개념과 어울릴 수 있기에 부정적인 인식을 피할 수 있다(Chung, 2018). 결과적으로 우리는 일과 삶의 균형을 잡으려 하는 구성원보다 오래 일하고 일이나 조직에 전적으로 전념하는(또는 그렇게 보이는) 사람을 더 가치가 있다고 여긴다.

여성이 시간제 근무자의 대부분을 차지한다. 가사 노동과 육아는 여성의 책임이라는 젠더 규범의 결과일 것이다. 그렇기에 핵심 이슈로 관리할 필요가 있다. 여성은 시간 선택제로 일할 가능성, 부정적인 경력 경험을 할 가능성이 크다. 또 '이상적 노동자ideal worker'의 역할을 수행할 가능성이 작고, 관리자와 동료로부터 유연성 낙인에 직면할 가능성이 더 크다. 이런 문제는 조직문화와 관련 있다. 조직이 표준근로모델에 더 가치를 부여하고 보상을 줄 때 조직은 '출근presence'과 성과를 결합한다. 그 결과 조직 내에서 일하는 개인에게 한 문제가 더 커진다. 전체적으로 이것은 암울한 그림을 보여준다.

업무 강도

몇몇 연구에서는 유연근무제가 특정 상황에서 업무 강도를 높일 수 있다는 우려를 제기했다. 특히 시간 단축(시간 유연성)이나 원격(장소 유연성)으로 일하는 사람들의 경우 그렇다. 유연근무가 일과 삶의 균형을 개선할 것이라는 생각이 있는데, 이는 일부 사람들에게 (유연근무와 웰빙에 대한 5장에서 볼 수 있듯이) 사실에 가깝다. 하지만 모든 직원에게 상황에 관계없이 반드시 해당되는 것은 아니다. 이런 점이 유연근무의 영향, 장점, 문제점에 대한 일관된 관점을 찾고자 할 때 가장 어려운 지점이다. 다양한 형태의 유연성이 조직 내에 존재할 수 있으며, 실행되는 유연근무의 유형에 따라 다른 결과가 나타날 것이다. 일반적인 진술을 뽑아내는 것은 거의 불가능하다. 업무 강도 역시 한 예일 뿐이지만, 문제는 직원이 더 열심히 또는 더 오래 일함으로써 자신의 업무에 투입하는 노력을 증가시킬 때 발생한다(후자는 때때로 '연장extensification'이라고도 함). 직원들이 얼마나 열심히 또는 얼마나 오래 일하는지에 영향을 미치는 많은 요소가 있으며, 그 중심부는 조직 자체의 문화적인 요소다. 크랜필드 대학교의 켈리허Kelliher와 앤더슨Anderson는 유연근무가 업무 강도를 높일 수 있다고 보았다. 조직구성원은 유연근무를 정당화하기 위해 더 열심히 일하거나, 의무감을 통해 유연근무의 대가를 조직에 '반환give back'해야 한다고 느낄 수 있다. 직원이 근무 시간을 줄이면 업무량이 충분히 조정되지 않을 수 있다. 직장에서 멀어져 재택근무를 할 때 더 긴 시간을 일하기가 쉬워질 수 있다. 마지막으로, 더 적은 시간을 일하는 사람들은 덜 피곤하기 때문에 일반적으로 정규직으로 일하는 사람들보다 직장에 더 많은 에너지를 가져올 수 있다(Kelliher & Anderson, 2010).

유연근무 낙인

유연근무자는 유연근무 낙인으로 인해 조직 내에서 불이익을 경험하기도 한다. 이 낙인은 위에서 논의한 경력 정체 지점을 포함하여 비슷한 상황과 연결지점이 있다.

정(Chung, 2018)이 수행한 연구에서는 유연근무에 존재하는 낙인에 대해 자세히 조사했다. 그리하여 유연근무자가 표준모델로 일하는 사람보다 헌신도가 낮거나 생산성이 낮다는 인식을 깊이 탐색했다. 응답한 근로자의 35%는 유연근무자가 다른 직원들에게 업무를 떠넘긴다는 말에 동의했다. 32%는 유연근무자는 승진 기회를 더 적게 얻는 것이 당연하다고 믿었다. 이 결과는 성별의 영향이 매우 높았다. 더 많은 남성이 유연근무자를 차별할 가능성이 컸고 더 많은 여성(특히 어머니)이 이를 경험할 가능성이 있었다. 미국에서 진행된 연구에서도 낙인과 관련된 유사한 문제를 발견했다. 낙인이 성별에 따라 다양하게 나타난다는 것을 밝혔다. 이 연구에서 유연근무를 요청한 직원이 그렇지 않은 직원보다 전반적으로 더 부정적으로 인식되었다. 장소 유연성(예: 원격 또는 재택근무가 가능한 능력)을 요청한 직원이 그렇지 않은 직원보다 더 부정적인 평가를 받는 것으로 나타났다. 시간 유연성을 활용한 유연근무자의 경우 출근을 해서 '존재'하고, 더 눈에 띄기 때문일 것으로 추정한다(Munsch, 2016). 흥미롭게도, 동일한 연구에서 육아를 위해 유연성을 요청한 직원이 다른 이유로(예: 일과 삶의 균형) 유연성을 요청한 직원보다 덜 부정적으로 평가된다는 사실을 발견했다. 또 요청자의 성별과 관련하여 우려스러운 결과도 발견했다. 유연근무를 요청한 남성은 같은 요청을 한 여성보다 더 호감이 가고 존중받고 헌신적이라고 인식되었다. 이것은 남성이 육아와 가사 일을 도우면서 지위를 부여받는다는 잘못된 성 고정관념에 기인한다. 이 연구에서 우리는 많은 조직 내에서 낙인이 얼마나 널리 퍼져 있는지 알 수 있다. 유연근무자가 유연근무를 하지 않는 구성원과 비교해 조직에 덜 헌신적이지 않을 것이라는 입증되지 않는 우려를 유발할 수 있다. 경우에 따라 정반대의 입장을 입증하는 증거가 존재하기도 한다. 그런데도 유연근무 낙인은 해당자에게 매우 현실적인 문제다.

지금까지 살펴본 문제와 앞으로 살펴볼 문제를 보면, 유연근무는 수많은 도전과 함께한다. 논의된 연구가 유연근무에 대해 다양한 결과를 보여주었듯이, 유연근무 연구는 쉽지 않다. 유연근무 제도의 유형, 대상, 이유는 모두 서로 다른 결과를 가져오는 변수이기 때문이다. 이들 중 일부는 내부 편견뿐만 아니라, 깊이 뿌리내린 문화와 관련이 있다. 간단하고 빠르게 해결할 순 없겠지만, 모두 극복가능한 문제다.

> ### 핵심 요약
>
> 유연근무는 조직, 관리자, 직원 모두에게 많은 이점을 줄 수 있다. 유연근무 도입은 조직구성원 개개인만을 위해서 하는 것은 아니다.
>
> - 유연근무는 조직 성과와 직원 참여, 지속가능성, 직원 웰빙, 비용 절감에 긍정적인 영향을 미친다.
> - 유연근무 방식의 이점을 일관되게 지지하는 연구 및 조사들이 많이 있다.
> - 유연근무는 조직, 관리자, 유연근무자에게 여러 문제를 안긴다. 유연근무의 일부 난관은 잘못된 속설과 장벽으로 존재한다. 또 다른 난관은 조직문화 및 더 넓은 사회적 규범과 관련이 있다. 그러나 일반적으로 장점이 문제점보다 많다.
> - 유연근무의 도전 과제는 유연근무자에게 중요한 암시를 준다. 조

직 내 담당자는 유연근무 전략과 접근 방안을 유연근무 문제 극복을 위한 계획 수립에 적극 활용해야 한다.
- 유연근무가 궁극적으로 조직구성원에게 혜택을 주는지 여부는 유연근무 유형과 실행 조직문화에 따라 달라질 수 있다.
- 모든 조직은 인재 관리를 진지하게 받아들여야 한다. 인재 관리에는 인재 유치, 유지, 동기 부여, 보상 및 참여 방식이 포함된다.
- 유연근무는 넓은 범위의 인재 중심 정책, 인재 확보, 직원 참여, 동기 부여 및 직원 유지를 위한 도구로 사용할 수 있다.
- 노동 시장에는 여전히 유연근무를 할 수 있는 일자리가 부족하다. 따라서 유연근무는 구직자를 유치하는 강력한 지렛대 역할을 할 수 있다.
- 유연근무는 CEO 브랜딩과 관련이 깊다. 바람직한 고용주라는 포지셔닝 전략이다.

참고문헌

Armstrong, A, Oliver, S and Wilkinson, S (2018) *Shades of Grey: An exploratory study of engagement in work teams*, Ashridge Executive Education

Atkinson, C and Hall, L (2011) Flexible working and happiness in the NHS, *Employee Relations*, Emerald Group Publishing

Chung, H (2018) Gender, flexibility stigma and the perceived negative consequences of flexible working in the UK, *Social Indicators Research*

CIPD (2016) *Employee Outlook, Employee Views on Working Life, focus on commuting and flexible working*, CIPD, London

CIPD (2019) *Megatrends: Flexible Working*, CIPD, London

Clarke, S and Holdsworth, L (2017) *Flexibility in the Workplace: Implications of flexible working arrangements for individuals, teams and organizations*, Acas

Deloitte (2019) *The Millennial Dad at Work*, in association with Daddilife, www.daddilife.com/wp-content/uploads/2019/05/The-Millenial-Dad-at-Work- Report-2019.pdf (archived at https://perma.cc/K8MV-NSSH)

De Menezes, L and Kelliher, C (2011) Flexible Working and Performance: A systematic review of the evidence for a business case, *International Journal of Management Reviews*

Dwelly, T and Lake, A (ed) (2008) *Can homeworking save the planet? How homes can become workspace in a low carbo economy'*, The Smith Institute

Gallup (2017) *State of the Global Workplace*, Gallup

International Workplace Group (2019) *Global Workplace Survey – Welcome to generation flex: the employee power shift*

IRS (2009) *Flexible working survey 2009, availability, take up and impact*, www.xperthr.co.uk/survey-analysis/irs-flexible-working-survey-2009- availability-take-up-and-impact/93627/ (archived at https://perma.cc/ 2HFU-6QN4)

Jones, L (2019) Women's Progression in the Workplace, Government Equalities Office, assets.publishing.service.gov.uk/government/uploads/system/uploads/ attachment_data/file/840404/KCL_Main_Report.pdf (archived at https://perma.cc/ 8AJN-PTSS)

Kelliher, C and Anderson, D (2010) *Doing More With Less? Flexible working practices and the intensification of work*, The Tavistock Institute

Lyonette, C and Baldauf, B (2019) *Family Friendly Working Policies and Practices: Motivations, influences and impacts for employers*, Government Equalities Office

MacLeod, D and Clarke, N (2009) *Engaging for Success*, Department for Business, Innovation and Skills

Munsch, C (2016) *Flexible Work, Flexible Penalties: The effect of gender, childcare and type of request on flexibility bias*, Oxford University Press

Nanda, A (2019) *Work less to save the planet? How to make sure a four-day week actually cuts emissions*, The Conversation

NHS Inspiring Leaders Network (2019) *A National Survey of Healthcare Staff on Flexible Working*, The Inspiring Leaders Network and Yorkshire and The Humber Leadership Academy

Personnel Today (2018) New polls confirm desire for flexible working as 9 to 5 declines, www.personneltoday.com/hr/new-polls-confirm-desire-for-flexible- working-as-9-to-5-declines/ (archived at https://perma.cc/2NKS-VBDQ)

Pink, D (2018) *Drive: The surprising truth about what motivates us*, Canongate Books

Randstad (2016) *Employer branding: perception is reality*, International report

RSA (2013) *The Flex Factor: Realising the value of flexible working*, www.thersa.org/globalassets/pdfs/blogs/rsa_flex_report_15072013.pdf (archived at https://perma.cc/V4SA-MLMT)

Smeaton, D, Ray, K and Knight, G (2014) *Costs and Benefits to Businesses of Adopting Work Life Balance Practices: A literature review*, Department for Business, Innovation and Skills

Timewise (2018) *Part time work: the exclusion zone*, timewise.co.uk/wp-content/uploads/2018/09/Part-Time_Work_Exclusion_Zone.pdf (archived at https://perma.cc/8NGL-YNVG)

Timewise (2019) *Flexible Working: A talent imperative*, timewise.co.uk/wp-content/uploads/2019/06/Flexible_working_Talent_Imperative.pdf (archived at https://perma.cc/M6W2-7EWG)

Wheatley, D (2017) Employee satisfaction and use of flexible working arrangements, *Work, Employment and Society*, University of Birmingham Families/Cranfield School of Management

Working Families/Cranfield School of Management (2009) *Flexible Working and Performance, Summary of Research*, Working Families

Working Families (2017) *Modern Families Index*, workingfamilies.org.uk/wp-content/uploads/2017/01/MFI_2017_Report_UK_FINAL_web-1.pdf (archived at https://perma.cc/74X4-HW4X)

Working Families (2018) *Top employers for working families benchmark report 2018*, Working Families

WorkHuman (2019) *The Future of Work is Human: International employee survey report 2019*, Workhuman Analytics and Research Institute

Workingmums (2017) *Annual Survey 2017*, www.workingmums.co.uk/workingmums-annual-survey-2017/ (archived at https://perma.cc/8J7C-N2JG)

Workplace Insight (2019) *Working Mums Call For More Flexible Work Options*, mums-call-for-more-flexible-work-options/ at https://perma.cc/XE37-QKEF)

XpertHR (2018) */Flexible Working Policies and Practice Survey 2018*, XpertHR

03
유연근무와 근무유형의 미래

서론에서 논의한 바와 같이 유연근무제는 다양한 관점을 통해 이해될 수 있다. 유연근무가 유연근무자에게만 혜택을 주는 방식이라며 '개인주의자'로 유형화하고 국한시키려는 관점도 있다. 이는 매우 편협한 관점이다. 2장에서 제안한 데이터들을 봤다면, 유연근무의 장점들을 무시할 수 없다는 것을 알 수 있을 것이다.

유연근무는 오늘날 우리가 일하는 방식에 대한 변화뿐만 아니라 근무유형의 미래에 대한 예측에 훨씬 더 영향을 미친다. 실제로 미래에는 유연근무가 예외가 아니라 표준이 될 것이다(Chung & van der Lippe, 2018). 이 예측이 유효한지는 두고 봐야 한다. 그렇게 하려면 현재의 태도와 업무 관행에 상당한 변화가 필요하다.

이 장에서는 현재 근로 동향과 근무유형의 미래에 대해 예측하고 탐구한다. 유연근무에 대한 선도적 연구자의 관점들을 안내하고, 근무유형의 미래라는 맥락에서 유연근무를 조명한다. 근무유형의 미래에 영향을 미치는 요인은 많다. 이는 상호 연관되어 있으며 장기적으로 예측하기 어렵다. 최근 수십 년, 심지어 수백 년을 되돌아보면 노동 형태가 끊임없이 변화하고 발전해왔다. 과거와 현재의 주요 차이점은 그 진행 속도가 얼마나 빨라졌는가 이다.

새롭게 시작될 미래를 예측하기 전에 잠시 과거의 역사를 살펴보자. 18세기 후반과 19세기에는 선진국의 많은 지역에서 상당한 경제적, 사회적 변화가 있었다. 노동의 본질 자체가 근본적으로 바뀐 시대였다. 산업혁명 이전에는 많은 사람이 집 또는 집 근처에서 일했다. 이 방식이 바뀌는 데에는 전반적 변화가 필요했다. 새로운 생산 방식, 더 나은 통근 방식, 기계의 혁신, 새로운 의사소통 방식은 산업혁명으로 알고 있는 급속한 변화의 시기를 가능하게 한 변동의 일부일 뿐이다.

산업혁명은 대규모 공장의 성장, 도시화, 기계화의 증가로 요약된다. 사람들은 기회를 찾기 위해 도시로 이동했고, 마을 또는 집에서 수공업으로 생산한 전통적인 방식을 넘어섰다. 산업혁명 과정에서 많은 노동자가 열악한 근로 및 생활환경으로 피해를 입기도 했다. 노동 형태가 가내수공업에서 기계화된 공장 생산으로 전환되면서 많은 근로자가 자율성을 포기하게 되었다. 동시에 표준근로모델이 탄생했다.

기계화와 기술의 발전은 빠르게 계속되었고 개인과 사회 경제에 미치는 영향도 커져갔다. 시침을 현재로 빠르게 옮기면 지난 수십 년 동안의 직장 생활은 심각한 혼란의 그림이었다는 것을 알 수 있다. 노동의 세계에서 현상 유지와 같은 것은 없다(아마도 없었을 것이다). 불과 30년 전만 해도 영국 경제는 제조업과 탄광, 자동차 생산, 제철과 같은 산업이 지배했다. 노동조합 가입률은 높았고 '평생직업'은 일상이었으며 대부분의 사람들은 65세에 은퇴했다. 현재는 어떠한가. 오늘날을 보면 완전히 다른 세상이 왔음을 알 수 있다. 대부분의 굴뚝 산업은 쇠퇴하고 있으며, 제조업은 급격히 감소 중이다. 직장의 인구 통계는 크게 바뀌었으며 노동조합의 회원도 계속 감소하고 있다. 서비스 산업이 지배적이며 근무 기간은 그 어느 때보다 짧아졌다. 기술이 많은 직업을 대체했고 새로운 직업이 그 자리를 차지한 것이다.

직장이 기술로 채워지고 있다. 점점 더 많은 세계가 모바일 장치로 연결되고 소셜 미디어가 어디에나 존재하며 인구의 상당 부분이 스마트폰을 보유하고 있다. 우리는 인공 지능, 인지 보조 장치 및 가상현실의 영향력과 잠재력을 보기 시작했다. 이 여정이 시작 단계에 있다는 것은 매우 분명하다. 변화는 지속적이며 유연근무는 진화의 한 부분일 뿐이다. 이는 아마도 또 다른 렌즈를 통해 유연근무를 평가할 수 있다는 것을 의미한다. 여기서 말하는 렌즈는 산업혁명의 전환기에 시작된 오래된 방식에 대한 거부의 관점, 먼 과거의 자율성으로의 회귀와 같은 관점을 말한다.

우리가 근무유형의 미래를 보는 것을 선택하더라도 모든 조직과 조직원이 유연근무에 적응해야 한다는 것에는 의문의 여지가 없다.

거대한 트렌드

근무유형의 미래와 노동의 진화할지에 다양한 연구가 진행되었다. 많은 이론과 관점이 제안되었다. 미래를 예측하는 것은 쉬운 일이 아니며 너무 많은 예측을 하는 것에 주의해야 한다. 그러나 다양한 이론과 관점에서 나타나는 몇 가지 공통된 주제가 있다. 이 주제는 증가하는 기술 역량, 자동화, 인구 통계 변화, 세계화 및 기업의 사회적 책임과 환경에 대한 관심 증가의 필요성이 포함된다. 유연근무는 이 주제를 관통한다. 이 과제를 해결하기 위해 조직은 미래에 집중하고 새로운 트렌드에 주의하며 비즈니스의 수행 방식을 민첩하게 만들어야 한다.

인구구조 변화와 새로운 세대

노동 인구의 통계적 변화는 앞으로도 계속될 것이다. 인구의 통계학적 변화는 직업을 갖는 여성의 수가 증가할 것이라고 말한다. 사람들이 더 오래 살게 되고, 이에 따라 고령에도 일을 하는 사람의 수가 증가하고 있다. 어느 때보다 노동 인구에 다양한 세대가 존재한다. 세대 차이를 통해 나타난 갈등이 심화되어 최근 세대(Y세대, X세대 또는 밀레니얼 세대라고 함)에 대해 많은 연구가 등장했다. 이 연구의 대부분은 매우 일반화되어 있지만, 조직구성원들은 유연근무를 포함하여 일과 업무 방식에 있어 부모 세대와 다른 방향을 찾고 있다(Hot Spot Movement, 2012).

불과 수십 년 전만 해도 사람들은 평균적으로 정년 연령까지 살지 못했다. 지금은 많은 사람이 자신이 70~80세까지 살 것이라 예측하며, 실제로 100세까지 사는 것이 보편화되었다. 사실 통계에 따르면, 오늘날 영국에서 태어난 아기 3명 중 1명은 100세 생일까지 살 것이다(ONS, 2016). 기대 수명연장은 개인, 사회, 조직에 중요한 의미를 갖는다. 미래학자들은 이것이 우리가 살아가는 방식과 일하는 방식에 근본적인 변화를 가져올 것이라고 예측한다.

　기대수명의 변화가 가져올 실제적인 함의가 있다. 조직구성원이 표준근로모델처럼 반드시 60대 중반에 은퇴하기를 원하지 않을 것이라는 점이다. 은퇴를 미루거나 은퇴 후 길어질 삶에 대비하기 위한 자금을 모은다. 이렇게 하면 잠재적 비즈니스 이점이 있다. 고령의 근로자를 유지하면 조직이 귀중한 지식, 경험, 기술을 더 오래 유지하고 인력의 다양성을 높일 수 있다.

　유연근무는 퇴직에 대한 현실적인 대안이 될 수 있으며 특히 고령 근로자가 원한다는 분명한 증거가 있다. 사람들은 유연근무가 육아를 위해 필요하다고 생각한다. 하지만 유연근무 욕구는 모든 연령대에 걸쳐 나타난다. 2019년 설문 조사에 따르면, 젊은 사람들(18-34세)은 92%로 유연하게 일하기를 원할 가능성이 가장 크게 나타났다. 정규직 근로자 중 35~54세의 88%와 55세 이상의 72%가 유연하게 일하기를 원한다(Timewise, 2019). 따라서 유연근무는 근로자(및 젊은 근로자도 포함)를 유치하기 위한 해결책의 일부다.

　100년의 수명은 직업 계약에 있어 다른 의미를 갖는다. 특히 표준근로모델에 대해 더욱 그렇다. 경영 미래학자 린다 그래톤Lynda Gratton은 수명이 길어지면 우리가 일하고 생활하는 방식이 크게 바뀔 것이라는 하나의 이론을 만들었다. 오늘날 많은 사람이 정규 교육, 직장 생활 및 퇴직으로 구성된 친숙한 3단계 삶을 경험한다. 이 과정을 보통 생애주기 모델이라 부른다. 예를 들어, 누군가에게 평범한 학부생을 생각하라고 하면 대부분의 사람들은 중년보다는 10대 후반이나 20대 초반으로 생각할 것이다. 그래톤은 과거의 생애주기 모델이 붕괴될 것이라 믿는다. 그녀는 사람들이

50년 동안 한 직업에서 정규직으로 일하기를 원하지 않을 것이라고 생각한다. 우리는 이 책의 주요 초점인 유연근무제를 넘어서는 근무 방식이 나타나는 것을 보게 될 것이다. 대신 우리는 다양한 경력, 정기적인 경력 단절 또는 직장에서 시간을 보내는 사람들과 같은 완전히 새로운 경향이 나타나는 것을 볼 수 있다(Gratton & Scott, 2017).

유연근무의 역할이 여기에도 있다. 50년 이상 일할 직원은 오전 9시 출근해 오후 6시에 퇴근하는 표준근로모델에 묶이고 싶지 않을 수 있다. 유연근무는 다양한 삶의 시기에 유용하다. 사람들이 재교육을 받거나 돌봄 노동이 필요할 때 활용할 수 있다.

이 책의 서문은 가장 넓은 의미의 유연근무에 대해 '우리가 일하는 방식을 근본적으로 재고하고 사람들이 가장 잘 일하는 방법, 장소, 시간에 권한을 부여하는 것'이라고 주장했다. 더 긴 직장 생활은 그 어느 때보다 더 많은 사람이 우리가 지난 수십 년 동안 해왔던 방식과 다르게 일하도록 부추길 수 있다.

기술

최근 수십 년간 기술의 놀라운 도약이 있었다. 이는 우리가 살고 일하는 방식과 관련된 큰 변화의 원동력이 되었다. 또 비즈니스, 소비자, 인재 모두를 위한 완전히 새로운 시장을 여는 데 도움이 되었다. 그 결과 새로운 제품과 서비스가 등장했다. 우버Uber, 딜리버루Deliveroo, 틴더Tinder, 트립어드바이저TripAdvisor, 넷플릭스Netflix, 에어비앤비Airbnb 등 말이다. 각각은 불과

몇 년 전만 해도 존재하지도 않았을 뿐 아니라 불가능했던 서비스를 제공한다. 우리는 주머니에 있는 스마트 장치를 통해 신체 활동을 추적하고, 도시를 탐색하며, 은행 업무와 쇼핑을 하고 음악을 듣는다. 또 네트워크를 형성하고, 사진을 공유하고, 제품과 서비스를 평가하며 학습을 수행하는 등 기술을 통해 끊임없이 연결되어 있다. 기술은 소셜미디어를 지속적으로 활성화했고, 이를 통해 사람들은 좀 더 저렴하고 빠른 방법으로 상호 의사소통할 수 있게 되었다. 클라우드 기술cloud technology은 이제 흔하며 전 세계적으로 수백만 명의 사람들이 모바일 장치를 통해 연결되어 있다.

기술 자체가 유연근무를 가능하게 하는 핵심 요소임에는 의심의 여지가 없다. 기술은 우리를 전 세계의 동료 및 고객과 쉽고 저렴하게 연결할 수 있게 만들었다. 오늘날 많은 근로자는 언제 어디서나 무선네트워크 연결을 통해 효과적으로 일한다. 따라서 원하지 않는 경우라도 표준근로모델 방식으로 일하고자 하는 직원 수는 점점 적어질 것이다. 조직이 기술을 기반으로 글로벌 시장에 서비스를 제공할 때, 10년 전에는 완전히 불가능했을 작업 형태가 최근엔 가능해졌다. 물론, 이것은 직원들이 그렇게 하는 데 필요한 소프트웨어와 하드웨어에 모두 액세스할 수 있다는 것을 전제로 한다. 로열 소사이어티 오브 아트Royal Society of Arts에 따르면, 직원의 절반 이상이 여전히 고용주가 제공한 데스크톱에서 대부분의 작업을 하고 있다. 조직구성원은 자신의 장치로 그 격차를 채울 준비가 되어 있지 않으며 유연근무를 위한 장소 지정 능력도 없다(RSA, 2013). 조직이 유연근무의 이점 중 일부를 실현하려면 가능한 필요한 기술 인프라에도 투자해야 한다.

많은 직장은 불행히도 이미 사용가능한 기술을 잘 활용하지 않는다. 기술에 기반한 새로운 시도와 실험보단 '우리가 항상 해왔던 방식'을 선호한다. 많은 조직의 임원진은 현재 우리가 당연하게 여기는 기술의 상당 부분이 사회 전체에 퍼지기 전에 입사했다. 그들은 수십 년 동안 같은 방식으로 일했다. 현재 우리에게 익숙한 표준모델을 만든 것은 현세대의 임원진과 그 이전 세대이다. 표면적으로는 직장에 새로운 기술이 도입된 것처럼 보일 수 있지만, 실제로는 기술을 최대한 활용하기 위한 업무 방식이 업데이트되지 않았다. 대신 기존의 업무 방식에 기술을 단순히 통합했다. 대학 강의를 예로 들어보자. 교수법은 전문가가 자신의 지식과 학습을 다른 사람들과 공유한다는 생각에 기초한다. 강사는 과제를 디자인하고 토론과 성찰을 통해 학생들이 학습을 확장하도록 돕고 강의를 하고 세미나를 개최한다. 많은 강사(및 모든 교육 수준의 교사)가 기술을 사용하기 시작했다. 그들 중 일부는 아이패드를 사용하여 가르치고, 온라인 토론을 통합하고, 평가 방법으로 에세이 대신 블로그를 활용한다. 그러나 콘텐츠 전달의 기본 형식은 대면방식을 기본으로 유지하고 큰 틀에서 변경된 점이 없다. 모든 조직구성원이 회의실 앞에 모여 전문가를 기다리는 식의 과거 업무 프로세스는 여전하다.

유연근무(특히 원격근무)를 지원하는 기술이 많다. 그 중 일부는 완전히 무료로 사용할 수 있다. 간단한 화상 회의 또는 웹 회의를 위해 직원들이 일하는 곳 어디에서나 가상 회의를 할 수 있다. 스카이프Skype, 줌Zoom, 고투미팅GoToMeeting과 같은 앱이 그에 해당된다. 기업 네트워크를 위한 회사별 온라인 소셜미디어 앱도 각광받고 있다. 야머Yammer 및 워크플레이스Workplace가 있다. 슬랙Slack 또는 마이크로소프트 팀즈Microsoft Teams와 같은 협업 플랫폼을 사용하면 동료가 정보를 공유하고, 파일을 업로드

하고, 토론을 구성할 수 있다. 이메일 트래픽을 줄이는 추가 보너스도 있다. 파일을 클라우드에 저장하여 언제 어디서나 액세스할 수 있고 쉐어포인트SharePoint 및 드랍박스Dropbox와 같은 애플리케이션을 통해 다른 사람과 쉽게 공유할 수 있다. 다른 응용 프로그램에서는 인스턴트 메시징instant messaging, 화면 공유, 화상 채팅, 원격 회의, 회의 예약 및 전화 통화를 어디서나 전달할 수 있다.

조직은 이미 보유하고 있는 IT 리소스의 전체 기능을 사용하지 않는다. 이는 단순히 유연근무가 미치는 영향보다 훨씬 더 큰 문제다. 미래는 예측하기 어렵지만 우리가 아는 것은 기술이 계속해서 영향력을 키울 것이라는 점이다. 기술의 발전은 우리가 살고, 일하고, 교류하고, 사업을 하는 방식을 변화시킬 잠재력을 확대할 것인 반면, 이로 인한 두려움은 개인 수준, 사회적 수준, 조직적 수준에서 커져간다. 기술의 변화가 나에게 어떤 의미인가, 로봇이 내 일자리를 대체할 것인가와 같은 질문에 대응 방안이 필요하다. 쉬운 답변이나 빠른 답변은 아마 존재하지 않을 것이다.

이 책의 목적을 위해 2부에서는 다시 기술 문제로 돌아가 기술을 이해하고 성공적인 유연근무를 가능하게 하는 데 사용할 수 있도록 실질적인 방안을 논의한다.

우리가 확신할 수 있는 한 가지가 있다. 기술은 계속해서 발전하고 가속화되고 우리 삶의 모든 측면과 통합될 것이다.

세계화

세상은 작아지고 있는 것이 아니다. 하지만 때때로 그렇게 느껴지기도 한다. 과거의 대다수 사람들에게 해외여행은 불가능했고 절대로 값싼 선택이 아니었다. 전 세계적으로 직접 의사소통하는 것은 어려웠고, 비용도 많이 들었다. 하지만 오늘날 그것은 일상이 되었다.

지난 30년 동안 글로벌 무역은 우리가 방금 논의한 기술에 의해 크게 활성화되었고 빠른 수준으로 증가했다. 인터넷, 이메일, 모바일 장치, 소셜 미디어는 기존의 많은 장벽을 제거했다. 이는 기업이 전 세계를 대상으로 연중무휴로 운영할 수 있도록 돕는다. 기술과 세계화는 서로 연결되어 있다. 새로운 업무, 의사 소통, 비즈니스 방식을 형성한 것은 기술이며, 세계화의 확대가 더 나은 기술에 대한 요구를 키운다. 다시 한 번, 우리는 유연근무를 가능하게 하는 동시에 동인으로 일하는 미래의 경향을 보게 된다.

가상 시장에 서비스를 제공하기 위해 팀이 재배치되고 가상 세계에 익숙해지면, 유연근무는 좋은 것을 넘어 필수 요구사항이 된다. 우리가 어디에서나 일할 수 있다면, 어디에서나 살 수 있다. 글로벌 조직의 경우, 유연근무를 사용해 조직구성원이 다양한 장소와 시간대에서 일할 수 있게 한다. 그 결과 기업은 새로운 시장과 고객에게 서비스를 제공할 수 있다. 인재 확보도 세계화의 영향을 받는다. 지리적 제약에 얽매이고 본사로 통근하도록 묶여 있는 조직은 더는 있을 수 없다. 조직구성원이 업무 수행에 필요한 기술을 접근할 수 있는 한 어디에서나 인재를 찾고 수용할 수 있다. 노동 시장이 진정한 세계화로 접어든다. 물론 조직에서 직원이 표준근로모델 밖에서 일해야 하는 이유가 세계화 때문만은 아니다. 소비자는 오전 9시부터 오후 6시까지 영업하는 비즈니스에 참여하고 구매하는 데 만족하지 않는다. 우리는 진정으로 24시간 운영되는 사회에 살고 있다.

   많은 사람이 사무 환경과 관계없이 자신의 일정에 따라 일할 수 있는 권한을 완전히 부여받은 직장에서 일하길 원한다. 하지만 그런 직장에서 일하는 현실은 운이 좋은 소수의 전유물이자 꿈나라 이야기일 수 있다. 블로깅 플랫폼 워드프레스WordPress 및 텀블러Tumblr의 소유자 오토매틱Automatic에서는 가능하다. 부동산도 없고 사무실도 없다. 직원들은 전 세계 어디에서나 근무할 수 있으며 일정이 고정되어 있지 않는다. 종종 동일한 국가나 시간대를 벗어나 완전히 분산된 팀으로 작업한다. 사람들은 직접 만나지 않고 거의 전적으로 기술을 통해 의사소통한다(Berkun, 2013). 이것이 유연성의 궁극적인 형태다. 직원들은 조직의 목표를 달성하면서 자신에게 가장 적합한 방식으로 일할 수 있는 권한을 완전히 부여받는다. 그러나 여전히 많은 조직에서 같은 근무 방식을 요청할 경우 수용되지 않을 것이다. 요청자에게 그런 유연근무 방식이 적합하지 않은 이유가 계속해서 제시될 것이다. 이 모델은 모든 조직에서 작동하지 않지만 오토매틱의 경우처럼 특정 맥락에 적합하다.

   오늘날 유연근무 요청은 무조건적이 아니라, 사례별로 해결되는 경우가 많다. 조직 구성의 요청은 조직 내 운영상황에 따라 사안별로 분류되어 처리된다. 조직에서 유연근무 신청이 수용될 수 있는 상황이거나 검토 결과 수용하는 것이 필요하면 신청자에 이를 알리고 시행한다. 이 방식은 어느 수용선까지만 지속가능하다. 설문 조사에서 알 수 있듯이, 유연근무에 대한 조직구성원들의 요청을 중요하게 생각한다면, 조직은 훨씬 더 폭

넓은 변화가 필요하다. 이 장에서 논의된 아이디어 중 일부는 아직 주류가 아니다. 근무유형의 미래는 조직 내 유연근무가 어떻게 수용되는지와 밀접하게 연결된다. 가까운 미래에 유연성은 사회 변화의 중심축이자 노동과 직장의 미래를 관통하는 중심화제가 될 것이다.

미래에 대해 고려할 때는 매우 근본적인 문제를 이야기해야 한다. 바로 기후변화 문제이다. 지구가 처한 위험은 현실이다. 이에 대해 많은 근거가 있다. 환경 문제는 개인, 정부, 조직 등 우리 모두의 책임이다. 2장에서 이미 지속가능성 문제에 대해 논의했다. 우리가 직면한 문제에 대한 쉽고 단일한 해결책은 없다. 전 영역에 걸친 공동 행동이 해법일 수 있다. 기업의 사회적 책임은 계속해서 기후위기를 의제화 할 것이다. 유연근무는 이 중대한 도전에 어떤 식으로든 기여할 수 있는 작은 단계일 수 있다. 직원과 소비자는 자신과 관계된 조직을 선택하는 데 있어 요구사항과 분별력이 높아졌다. 이 수요를 충족하기 위한 비즈니스 사례를 만들고 퍼뜨릴 것이다.

미래 기술 동향, 세계화 및 인구 통계학적 변화가 결합될 때 매우 다르고 유연한 미래에 도달할 수 있다. 유연근무는 이 모든 것을 관통하는 황금오리이다. 다음은 비즈니스 목표를 달성하기 위해 유연성을 활용하는 한 글로벌 조직의 예를 소개하려 한다.

사례 연구
탈레스

글로벌 기업 탈레스Thales는 운송, 국방, 보안, 항공 우주를 포함한 다양한 산업 분야에서 사업을 수행한다. 탈레스는 영국에서 6,500명 이상의 직원을 고용한다. 경영진은 직원들에 대한 체계적인 연구 조사와 피드백을 통해 몇 가지 결론을 도출했다. 첫째로 탈레스는 유연근무제를 강력하게 지지한다. 2019년 설문조사에서 조직구성원은 일과 삶의 균형에 대한 질문을 받았다. 응답자의 95%는 일과 삶의 균형을 묻는 질문에 '나의 근무 방식은 개인적인 필요를 충족할 만큼 충분히 유연하다'라고 답했으며 전반적으로 91%가 호의적인 답을 남겼다.

탈레스는 비공식적 탄력근무제, 2주 9일 근무제, 집약 근무, 단계적 퇴직, 주4일제(정액 급여 포함)를 포함한 다양한 유연근무 옵션을 제공한다. 이사 직급을 포함하여 조직 전체에서 2주 9일 근무제가 특히 증가했다. 임원진은 눈에 띄게 유연하게 일한다. 직원들은 비공식적으로 재택근무를 할 수도 있다. 직원은 자신과 자신의 업무 및 생활환경에 적합한 방식으로 업무를 수행할 수 있다. 육아를 담당하는 직원부터 취미를 추구하는 직원까지 다양하다.

탈레스가 유연근무제를 도입한 경영상의 이유는 인재정책과 관련이 깊다. 유연근무는 치열해지는 인재경쟁(이미 더 유연한 환경을 제공하는 경쟁사와의 인재경쟁을 포함)을 해결하는 방안으로 효과적이라 평가된다. 탈레스는 직원의 건의 및 개선사항을 수용하는 데에도 중점을 두었다. 직원들은 유연근무를 요구했고, 탈레스는 이런 기대에 부응하기 위해 최선을 다했다.

유연근무의 결과 탈레스는 구성원의 유지율, 직원 만족도, 생산성이 향상되었다. 또 직원들로부터 유연근무가 탈레스와 함께 일하기로 선택한 이유라는 내러티브 증거를 획득했다. 내부 설문 조사를 통해 직원들은 자신이 조직으로부터 신뢰받고 있다고 느끼며, 탈레스가 구성원의 일과 삶의 균형을 지원하는 데 진정으로 전념하고 있다고 말했다. 많은 직원은 업무 시간을 프로젝트 기록에 사용한다. 업무 시간의 활용도와 생산성 사이에 관계가 있고 비즈니스의 결과가 유연근무와의 연결을 명확하게 보여줄 수 있다. 이 증거는 초기에 유연근무에 회의적이었던 사람들을 설득하는 데 핵심이 되었다.

탈레스는 직원들이 장소에 구애받지 않고 일할 수 있도록 노트북 등의 기기를 활용하여 원격근무를 수행할 수 있도록 지원했다. 탈레스는 글로벌 기업이기에 직원들의 시차를 고려하여, 국제회의를 진행한다. 차후에 대체휴일처럼 직원들이 필요한 때에 시차를 고려한 초과근무 시간을 휴가로 활용할 수 있다. 탈레스의 사례를 보면, 직원의 유연근무를 돕는 기술적 지원이 굉장히 중요하다.

유연근무에 대한 공식 정책이 있지만 실제로 발생하는 대부분의 일은 비공식적이며 팀 수준에서 발생한다. 팀 내 지침인 스마트SMART 헌장은 글로벌 기준에 맞게 각 팀들을 조율하는 방법을 제시한다. 이 헌장에는 회의 시간, 장소, 정보 공유 방법 등도 포함되어 있다. 탈레스는 유연성 제공을 통해 근무유형의 미래를 수용한 조직의 한 예다.

핵심 요약

- 근무유형의 미래에 영향을 미치는 거대한 트렌드는 기술 향상, 세계화, 인구 구조 변화, 기업의 사회적 책임, 윤리적 비즈니스 모델을 포함한다.
- 유연근무는 미래형 조직의 핵심 의제다. 미래지향적 조직은 유연근무제 도입에 호의적이며 조직구성원에게 유연근무제를 알리는 것을 자연스럽게 생각한다.
- 모든 조직은 현재 및 미래 추세에 대응해야 한다. 경쟁자에게 뒤처지거나 인재가 이탈할 위험이 있기 때문이다.
- 유연근무는 신청에 따라 사례별로 고려할 수 있지만 조직은 미래의 업무에 대한 영향을 고려하여 전략적 접근 방식을 채택할 때 유연근무의 이점을 얻을 수 있다.
- 미래의 일에 적응하는 것은 조직의 책임만은 아니다. 직원 스스로의 대응, 특히 자신의 능력 개발과 성장 계획을 함께 고민해야 한다.
- 미래는 불확실하고 직장의 세계는 계속해서 변화하고 발전할 것이다. 따라서 진정한 유연성에는 지속적으로 적응할 수 있는 능력이 포함되므로 유연근무에 대한 조직의 접근 방식이 필요하다.

참고문헌

Berkun, S (2013) *The Year Without Pants: WordPress and the future of work*, John Wiley and Sons. 『바지 벗고 일하면 안 되나요?: 워드프레스닷컴과 미래의 노동』 제이펍, 2014 역간.

Chung, H and van der Lippe, T (2018) Flexible working: Work life balance and gender equality, *Social Indicators Research*, doi.org/10.1007/s11205-018- 2025-x(archived at https://perma.cc/78H2-YT94)

Gratton, L and Scott, A (2017) *The 100-Year Life: Living and working in an age of longevity*, Bloomsbury Business, London. 『100세 인생: 전혀 다른 시대를 준비하는 새로운 인생 설계 전략』 클, 2020 역간.

Hot Spot Movement (2012) *The Benefits of Flexible Working Arrangements: A future of work report*, The Future of Work Institute, www.bc.edu/content/ dam/files/centers/cwf/individuals/pdf/benefitsCEOFlex.pdf (archived at https://perma.cc/NP4X-BG5U)

ONS (2016) *What are your chances of living to 100?*, Office for National Statistics, www.ons.gov.uk/peoplepopulationandcommunity/birthsdeathsandmarriages/ lifeexpectancies/articles/whatareyourchancesoflivingto100/2016-01-14(archived at https://perma.cc/QH6W-2F8X)

RSA (2013) *The Flex Factor: Realizing the value of flexible working*, www.thersa.org/globalassets/pdfs/blogs/rsa_flex_report_15072013.pdf (archived at https://perma.cc/V4SA-MLMT)

Timewise (2019) *Flexible Working: A talent imperative*, timewise.co.uk/ wp-content/uploads/2019/06/Flexible_working_Talent_Imperative.pdf (archived at https://perma.cc/M6W2-7EWG)

04
유연근무와 포용성

조직 내에서 유연근무의 도입 근거는 맞벌이 부모로부터 시작되는 경우가 많다. 맞벌이 부모는 의심할 여지없이 유연근무제 활용으로 상당한 혜택을 볼 수 있다. 캠페인 그룹 프레그난트 덴 스크루드Pregnant then Screwed의 2019년 설문 조사에 따르면, 육아부담으로 인해 맞벌이 부모의 20%는 부부 중 한 명이 일을 그만둔다. 같은 이유로 육아 가구의 84%가 불안을 겪고 있다(Workingmums, 2019). 직장 내 유연성에 초점을 맞추면, 평등, 다양성, 포용성이라는 유연근무제의 장점이 보이기 시작한다. 많은 사람이 다양한 이유로 월요일부터 금요일, 9시에서 6시까지로 정해진 표준근로모델에 참여할 수 없다. 이로 인해 노동 시장에서 배제된다. 유연근무제 도입으로 언급한 문제를 해결할 수 있다. 다만 일부 직원에겐 세부적인 문제가 있을 수 있다.

평등equality, 다양성diversity, 포용성inclusion은 유사한 개념이라고 생각하는 경우도 있지만, 면밀히 살펴보면 각각의 개념이 서로 다른 의미를 갖는다. 평등은 주로 개인이 (법적맥락에서) 다르게 대우받거나 차별이 없도록 하는 것이다. 또 규정 준수를 우선시하는 접근 방식이다. 다양성은 다름을 인식하면서도 조직 성과를 위해 차이를 부각시키지는 않는다. 포용성은 훨씬 더 광범위하게 사용되는 용어다.

공인인력개발협회CIPD에 따르면, 포용성은 다름을 장점으로 활용하는 접근법이다. 또 포용성은 다양한 관점과 차이점을 공유하여 더 나은 결정이 내려지게 하는 방법이기도 하다. 포용적 근무 환경에서 모든 사람은 자신이 가치 있는 사람이라고 생각한다. 배경, 정체성, 환경에 관계없이 나의 기여가 중요하며, 자신의 잠재력을 최대한 발휘할 수 있게 만든다. 포용적 직장은 다양한 사람들이 효과적으로 함께 일할 수 있도록 한다(CIPD, 2019a). 직원, 조직, 사회 전반에 걸쳐 모두가 포용성의 혜택을 받는다.

이 장에서는 조직에서 유연근무제를 수용하는 이유가 단순히 맞벌이 부모 때문이 아니라는 것을 강조한다. 유연근무제가 평등성, 다양성, 포용성에 대해 미치는 구체적이고 긍정적인 영향을 이야기할 것이다.

젠더

젠더와 유연근무는 매우 깊숙히 연결되어 있다. 유연근무는 영국의 모든 직원에게 법적으로 허용되지만, 젠더 중립적이라고 설명하기에는 쉽지 않다. 남성과 여성은 유연하게 일할 때 다른 결과를 경험하고 다른 성별 규범이 적용된다. 연구자들은(Chung & van der Lippe, 2018) 젠더의 중요성과 성별 유연근무제 활용 방식의 차이를 고려하지 않는다면, 유연근무제의 결과를 진정으로 이해할 수 없다고 주장한다.

누구나 보편적으로 유연근무제를 선호한다는 증거는 많다. 그런데도 여성이 아이를 가진 경우 또는 출산 휴가를 사용한 후 유연근무를 원한다고 잘못 가정하는 경우가 많다. 우리가 이미 논의한 바와 같이, 일부 형태의 유연근무(예: 시간제 근로)제를 활용하는 비율은 여성이 압도적으로 높다. 영국은 전 세계에서 여성 노동 인구 중 시간제 근로자의 비율이 가장 높은 국가 중 하나다. 그러나 이것이 여성이 시간제 근무를 원하기 때문이 아니다. 광범위한 사회적 요인이 복합적으로 결합되어 있다. 핵가족 구성원 중 한 사람이 유연근무를 해야 하는 상황이 오면, 여성이 유연근무를 하는 경우가 대다수다. 성별 임금 격차의 결과로 남성 파트너보다 적은 수입을 올린다. 그러면 그 여성은 종종 자신이 수입이 적거나 경력이 부족하다는 것을 알게 되는데, 이에 격차는 더욱 지속한다. 여성이 시간제 근무를 선택하는 또 다른 이유는 보육 문제와 맞닿아 있다. 마지막으로 표준근로모델과 아이들의 등교 시간이 겹치는 것도 문제다. 출근시간과 등교시간은 대부분 9시까지로 정해져 있다. 유연성이 부족한 조직의 부모(특히 여성)는 시간제 근무 또는 고가의 임시 돌봄 중에서 선택해야 하는 상황에 처한다.

시간제 근무는 여성의 임금인상 중단과 관련이 있다. 이것이 성별 임금 격차가 존재하고 지속되는 주요 이유다. 비단 영국만의 문제가 아니다. 유럽 전역에서 유사한 문제가 지적되고 있다. 여성이 대다수인 직장은 임금이 낮을 뿐만 아니라 근로조건도 열악한 경우가 많다(Chung, 2019a).

시간제 근무는 유연근무의 한 형태이다. 이 책은 유연성을 옹호하지만 또한 자율적인 선택을 중요시한다. 유연성 자체는 좋은 것이지만, 강요된 유연근무(가족에게 유용하고 실용적이나 유연근무자에게 나쁜 결과를 가져온다는 의미에서)는 그렇지 않다. 일부 사람들은 유연근무를 생각할 때 시간제 근무 형태만 생각한다. 더불어 시간제 근무가 개인에게 부정적인 결과를 초래할 수 있음을 알고 있다.

유연근무제 중 젠더 문제를 발생시키는 것은 시간제 근무만이 아니다. 2장에서 논의한 바와 같이 육아에 대한 책임을 다하기 위해 유연하게 일하는 여성은 경력 정체와 다양한 형태의 낙인을 모두 경험한다. 여성 노동자들은 '모성 처벌motherhood penalty'을 겪는다. 자녀가 있는 여성은 성별 임금격차를 포함하여 다양한 방식으로 체계적인 차별을 겪는다(Munsch, 2016).

이것은 여성인 개인들의 문제를 넘어 사회 문제이기도 하다. 여성 인력을 충분히 활용하지 않으면 영국 경제가 매년 GDP의 1.3~2%에 달하는 손실을 입는다는 예측된다(Women & Equalities Committee, 2016).

영국 정부 평등청Government Equalities Office에 따르면, 유연근무제를 쉽게 활용할 수 있다는 것이 주는 세 가지 효과가 있다. 유연근무제는 여성구성원의 이직을 막고 경력개발에 이점을 준다. 유연근무제는 또한 사회 전체의 젠더평등 달성의 열쇠가 될 수 있다(Jones, 2019). 예를 들어, 유연근무는 여성이 출산 후 노동시간 단축을 선택할 가능성을 줄인다. 게다가 유연근무는 여성이 첫 아이를 낳은 후에 고용 상태를 유지하는 데 도움을 준다(Chung & van der Horst, 2017). 유연근무자의 증가는 직장에서 성평등 목표를 달성하기 위한 잠재적인 해결책으로 보기도 한다. 다만 젠더불평등을 초래하는 요인의 범위와 복잡성으로 인해 쉬운 해결책이 없을 것이라는 견해도 있다. 유연근무를 통해 해결할 수 있는 일이 많지만,

연관된 위험요소 또한 존재한다.

　유연근무제가 성역할론과 젠더불평등을 강화한다는 반론도 있다. 유연근무제의 의도하지 않은 결과로 남성은 더 오래 일하고, 여성은 돌봄노동에 종사하게 되는 현상이 발생하기도 한다(Chung, 2019b). 여성이 육아를 비롯한 돌봄노동을 수행하고, 남성은 가구의 주 수입원으로 더 오랜 시간 일하게 된다는 생각은 젠더에 대한 고정관념에 딱 맞는다(Fagan et al., 2006). 따라서 유연근무제가 사회와 젠더 규범의 변화를 주도하기보다는 오히려 현재를 더 강화하기도 한다. 이 고정관념은 더 많은 남성이 유연근무를 할 때 도전을 받는다. 이는 많은 남성이 원하는 것이다.

　유연근무의 결과에 관해서는 착한 형식과 나쁜 형식이 있다. 여기에도 젠더 문제가 영향을 미친다. '착한' 유연성은 주로 조직에 혜택을 주는 유연성이다. 예를 들어, 더 오래 일하고, 업무와 쉼이 분리되지 않는 재택근무는 조직에게 유리하다. 휴가 중에도 업무를 지속하는 '리비즘'도 다른 예시일 수 있다. '나쁜' 유연성은 여성 부모나 간병인에게 발생한다. 업무와 무관한 활동을 하거나 노동시간을 단축하는 경우가 대표적이다. 실제 조직과 조직구성원에게 상당한 이점을 제공하는 유연근무제 도입이 의도하지 않은 부정적인 결과의 한 예시다. 관리자는 실행된 유연근무 방식을 관찰하여 조직구성원 중 누가 업무와 조직에 헌신하는지 판단하는 결정을 내리기도 한다(Leslie et al., 2012).

성별 임금격차

성별 임금격차gender pay gap는 남성과 여성 근로자의 평균시급(중위소득 기준)의 차이를 측정한 것이다. 남성과 여성이 수행한 동일 노동에 대해 같은 임금을 받는지를 고려하는 동일 임금과는 다른 개념이다. 2018년부터 직원이 250명 이상인 영국 기업은 법에 따라 매년 성별 임금격차를 공개해야 한다. 이 법안은 성별 임금격차를 줄이기 위한 일련의 조치의 일부다. 성별 임금격차의 원인은 복잡하고 상호 연관되어 있다. 그렇기에 문제의 원인을 적절하게 설명하지 못할 수 있다.

영국의 현재 정규직 직원의 성별 임금격차는 급여의 8.9%다. 전체 취업자를 고려하면 격차는 17.3%에 이른다. 정규직과 전 취업자의 차이는 여성이 정규직보다 시급 중앙값이 낮은 경향이 있는 시간제 근무를 훨씬 더 많이 하는 것에 기인한다(ONS, 2019). 여성이 주로 시간제 근무를 한다. 여성이 과도한 무급돌봄노동을 수행하고 있기 때문이다(Women & Equalities Committee, 2016). 이 수치는 전년도에 비해 소폭 감소한 것으로 보이지만, 전반적으로 성별 임금격차를 확 줄이지는 못하고 있다. 영국 정부의 데이터를 통해 우리가 알기 어려운 것들이 있다. 필요성 또는 자발적 선택으로 시간제 근무를 하는 여성의 비율은 파악할 수 없다. 시간제 근무가 찾을 수 있는 유일한 일자리이기 때문에 하고 있는 여성의 수 역시 추산하기 어렵다.

성별 임금격차는 여성이 부모가 되면서 벌어지기 시작한다. 그 전까지 남녀의 임금격차는 미미하다. 첫째 아이를 낳은 후 남성의 근무 방식에는 거의 차이가 없다. 반면, 여성은 (종종) 시간제 근무로 전환하고 그 결과 상당한 영향을 받는다. 여성은 출산휴가 기간부터 노동시장에서 멀어진다. 이런 시간이 여성의 경력을 후퇴시키고 남성 경쟁자와 비교해서 뒤처지게 만든다. 때때로 여성은 시간제 근무를 하는 것 외에 선택의 여지가 없다고 느낀다. 여성은 저렴하고 이용가능한 보육 시설의 부족으로 인해 시간제 근무를 선택하기도 한다.

여성평등위원회Women and Equalities Committee는 시간제 근무를 '경력사망career death'이라 부른다. 그 이유는 '시간제 근무 임금 불이익parttime pay penalty'으로 불리는 낮은 급여를 받기 때문이다. 그러나 저임금은 시간제 근무뿐만이 아니다. 전통적으로 여성이 주도하는 노동(예: 돌봄 노동)은 저임금 노동인 경우가 많았다. 남성이 대다수를 차지하는 직업보다 부가가치가 낮기 때문이다. 또한 여성평등위원회는 성별 교육 기회와 교육 선택, '하향취업자downgrading'(유연근무 또는 하거나 시간제 고위직 및 경력 경로의 부족으로 인해 저임금 직업에서 자신의 능력 이하로 일하는 여성), 그리고 마지막으로 직간접 차별을 중요한 문제로 지적했다(Women & Equalities Committee, 2016).

최근 몇 년 동안 영국 정부는 성별 임금격차를 줄이기 위한 여러 조치를 취했다. 더 많은 여성의 이사진 진출을 장려했다. 무상 보육의 규모를 키우고 여성을 위한 경력개발 컨설팅을 운영했다. 서론에서 논의된 바와 같이 2014년에 26주 이상 근무한 모든 직원에게 유연근무를 확장한 것도 영국의 성별 임금격차를 줄이기 위한 조치 중 하나였다(Women & Equalities Committee, 2016).

유연근무제는 분명히 성별 임금격차를 줄이는 역할을 한다. 예를 들어, 시간제 근무와 직업공유제의 기회가 임원진에게도 부여된다면, 여성들은 더 높은 임금을 받을 수 있고 경력정체가 줄어들 것이다. 유연근무제는 시간제 근무 외에 다양한 유형이 있다. 집약근무, 재택근무, 시차출퇴근제(현재 영국에서는 다소 덜 인기 있는) 등과 같은 유연근무제는 여성의 일과 가정 책임 사이에 균형을 얻을 수 있게 돕는다.

더 많은 아버지가 유연근무의 기회를 갖도록 장려하는 것도 성별 임금격차를 줄이는 데 중요한 역할을 한다. 이는 육아휴직에서 시작된다(Chung, 2018). 현행 영국 법률에 따르면, 아버지는 자녀가 태어나거나 입양된 후 2주의 유급육아휴직(해당 고용주가 금액을 늘리기로 선택하지 않는 한 법정 요율)을 사용할 수 있다. 또한 5세 미만 자녀를 둔 모든 부모는 자녀 1인당 연간 최대 4주의 무급 휴가를 받을 수 있다. 부모가 자녀를 낳은 후 1년 동안의 휴가를 공유할 수 있는 육아휴직공유제Share Parental Leave는 2014년에 영국에서 도입되었다. 이 권리 중 일부는 특정 기간의 서비스가 필요하며 자영업자는 사용할 수 없다. 노동자. 육아휴직공유제SPL의 채택율 또한 매우 낮다. 아버지가 휴가의 일부를 사용하려면 어머니는 일부 휴가를 포기해야 한다. 모든 여성이 육아휴직공유제를 원하는 것은 아니다. 아버지가 배우자의 휴가 자격과는 완전히 별개로 90일 동안의 휴가권을 갖는 스웨덴Sweden의 방식과 비교할 수 있다.사회 전반에 걸쳐 더 많은 남성이 육아에 참여하고 유연하게 일할 때, 성별 임금격차를 줄이는 데 도움이 될 것이다. 게다가 유연근무의 낙인, 특히 '모성mother'이라는 틀에 도전하는 데에도 도움이 될 것이다.

젠더와 임금에 관련한 다른 유형의 격차인 '성별 통근격차gender commuting gap'도 있다. 이는 남녀 근로자의 평균 출퇴근 거리에 존재하는 격차를 의미한다. 영국 통계청Office for National Statistics의 최근 연구에 따르면, 남성은 여성보다 통근 시간이 더 길다. 성별 임금격차와 마찬가지로 이 성별 통근 격차는 첫 아이를 낳은 후 확대되기 시작하며 이후 10년 동안 계속 증가한다(2018b). 남성의 66% 이상이 통근에 1시간 이상 소요하고 기차를 활용한다. 대조적으로, 여성은 직장에서 가까운 곳에 거주할 가능성이 더 크다(ONS, 2018b). 이 데이터에서 우리는 개인의 선택과 근무가능성이 얼마나 관련되어 있는지 알 수 없다. 또 성별 임금격차의 원인이 되는 결정 및 사회적 요인과의 관련성 또한 밝혀내기 어렵다. 여성은 대부분의 가사 책임(예: 학교 하교 또는 픽업) 및 이를 용이하게 수행하기 위해 집에서 가까운 곳에서 일해야 한다. 지금까지 성별과 임금에 영향을 미치는 많은 요인이 얼마나 상호 연관되어 있는지, 그리고 유연근무제가 얼마나 긍정적인 영향을 미칠 수 있는지를 강조했다. 재택근무와 시차출퇴근제 등의 유연근무 형태가 이용가능하고 수용가능하다면, 가족을 위해 포기하거나 추가로 결정해야할 사항이 줄어들 것이다.

직장인 아버지

유연근무제 도입은 맞벌이 부모를 위한 지원정책을 뛰어넘는 의미가 있다. 하지만 남성의 육아기여에 관한 포용성 문제는 짚고 넘어갈 필요가 있다. 앞서 대부분의 가정에서 출산 후 육아와 가사 노동을 여성이 떠맡는다는 사실을 여러 번 언급했다. 그 결과로 여성이 출산 후에 시간제 근무로 전환하는 경우가 빈번하다. 이것을 '1.5 가사 노동 모델[1.5 household work model]'로 맞벌이 부부 중 남성은 정규직으로 여성은 시간제 근무를 하게 된다(Fagan et al., 2006). 1.5 가사노동모델이 '표준'처럼 보일 수 있으나, 아버지들도 변화를 갈망한다. 워킹패밀리스Working Families에 따르면, 전일제로 일하는 아버지의 82%가 가족과 더 많은 시간을 보내고 싶다고 응답했다(Working Families, 2011). 2014년 영국에서 육아휴직공유제 SPL가 도입되면서 변화의 조짐이 보이기 시작했다. 아버지들도 가족과 함께하는 시간이 증가했고 보다 적극적으로 돌봄 및 가사노동을 수행할 수 있게 되었다. 하지만 앞서 논의한 것처럼, 육아휴직공유제를 활용하는 남성이 많지는 않다. 많은 고용주가 출산 휴가제를 권장하고 개선하고 있다. 그러나 모든 고용주가 법적 최소 의무를 뛰어넘는 수준의 사내 정책 도입을 선택하지는 않을 것이다.

2019년 딜로이트Deloitte는 밀레니얼 직장인 아버지들의 경험millennial father and his experiences of being a working parent에 대한 설문조사를 실시했다. 이 설문조사를 통해 다음과 같은 사실을 밝혔다.

- 조사에 응한 직장인 아버지의 3분의 1은 자녀와 더 많은 시간을 보낼 수 있는 직장을 이미 떠났다고 응답했다.
- 직장인 아버지의 3분의 1은 현 직장을 유지하려 한다.
- 유연근무제를 신청한 직장인의 20%만 요청이 승인되었다.
- 직장인 아버지의 1/3은 개인 약속을 위해서 또는 질병으로 인해 휴가를 요청할 때 심리적으로 경직된다.
- 휴가 신청 시 직장인 아버지가 느끼는 긴장감은 조직 뿐만 아니라 동료에게도 발생한다.
- 직장인 아버지의 약 37%는 일과 생활 균형을 유지하는 것에 어려움

을 느끼며, 그로 인한 정신적 스트레스를 경험했다.
- 죄책감^{guilt}은 직장인 아버지를 대표하는 감정어다. 여기서 말하는 죄책감은 직속 상사, 배우자, 자녀, 동료들에 대한 것이다(Deloitte, 2019).

언급한 내용 중 일부는 워킹맘들에겐 매우 친숙할 것이다. 일부 남성은 남성이 생계를 책임지는 전통에서 벗어나 돌봄 책임을 지기도 한다. 이때 남성도 '여성성 낙인^{femininity stigma}'을 경험할 수 있다(Chung, 2018).

더 많은 아버지가 유연하게 일할 수 있도록 장려해야 한다. 육아휴직공유제^{SPL}와 유사한 제도를 활용하면 다양한 혜택을 얻을 수 있다. 육아휴직공유제^{SPL}는 아버지가 자녀와 더 많은 시간을 함께할 수 있게 한다. 게다가 성별 임금격차를 줄이는 데도 도움을 준다. 다시 여성의 사례로 돌아가서, 여성 근로자가 겪는 유연근무로 인한 낙인과 업무 관련 차별에 관해서는 여러 번 살폈다. 일부 사업주는 출산휴가 등으로 발생할 비용이 우려되는 여성 채용을 꺼리고 승진에서 누락시키기도 한다. 이런 고용주들은 유연근무 도입도 환영하지 않을 것이다. 그러나 남성이 육아휴직을 사용하거나 일과 생활의 균형을 유지하는 방식으로 근무한다면, 여성이 겪는 차별과 고정관념의 원인이 근본적으로 해결된다. 전통적인 성역할론에 대한 변화의 바람이 불고 있다. 바람이 확산되려면 장시간 노동과 프레젠티즘^{presenteeism}이 인정받는 조직문화를 개선해야 한다. 직장인 아버지는 일과 삶의 균형을 높이고 자녀와 더 많은 시간을 보내는 경험을 할 수 있게 된다. 유연근무와 보육 참여를 젠더중립적인 것으로 인식하면 남성, 여성, 아동 및 사회 모두에게 혜택이 공유된다.

장애인

장애가 있는 직원employees with disabilities은 직장에서 그리고 구직 기간 중 셀 수 없는 불이익을 경험한다. 16세에서 64세 사이의 영국 인구 중 5분의 1이 장애인이다. 2018년에 16세에서 64세 사이의 장애인 중 50.9%가 고용되었다. 반면 비장애인은 80.7%가 직장에 다니고 있다. 장애인은 일반적으로 비장애인 동료보다 임금수준이 낮다. 2018년 기준 이 둘의 임금격차는 12%를 조금 넘었는데, 지난 5년 동안 거의 변동이 없는 수치다(ONS, 2018a). 장애인에 대한 고정관념과 편견은 만연하다. 일부 고용주는 장애인을 고용하는 것이 비용이 많이 드는 일이라고 우려한다. 장애인을 고용하면 병가 사용이 잦을 것이라는 잘못된 견해를 가진 경우도 많다.

현실적으로 출퇴근 자체가 신체장애인에게는 도전으로 다가올 수 있다. 일부 장애가 있는 직원은 직장으로 통근하는 것이 어려울 수 있다. 또 많은 사람이 이용하는 러시아워 시간이 아닌 다른 시간에 출퇴근을 할 수 있게 하기도 한다. 이런 제약은 함께 업무를 수행하는 데 구체적인 장벽으로 다가온다. 직장 내의 상황이나 장애정도를 고려해 일부 장애인은 전일제 근무를 못할 수 있다. 따라서 유연근무제가 현실적인 문제를 해결하는 방안이 될 수 있다. 장애인을 포용하는 것은 구조적이고 체계적인 변화가 필요하다.

장애인은 2010년에 제정된 평등법Equality Act에 따라 보호된다. 이 법률에 따라 고용주는 장애가 있는 직원(또는 잠재적 직원)을 합리적으로 대우해야 하는 법적 의무를 지닌다. 평등법은 장애를 정상적인 일상 활동을 수행함에 있어 개인의 능력에 실질적이고 장기적인 영향을 미치는 신체적 또는 정신적 건강상태로 정의한다. 장애가 있는 직원의 업무수행을 위해 직장에서 운영하는 사내 정책은 상황에 따라 다르다. 조직의 규모 및 보유자원에 따라 지원 정책이 구성이 달라질 수 있다. 유연근무제의 활용은 특정 상황에서 법률에 성안된 합리적인 조정에 해당할 수 있다. 1장에서 논의한 유연근무제의 유형을 참고하여 사내 장애인 직원을 지원할 수 있다. 유연근무제를 잘 활용하면 장애인들이 기존에 접근할 수 없었던 노동시장에 참여하여 근무할 수 있게 된다. 재택근무는 통근의 필요성을 줄이는 방안으로 적합하다. 유연근무와 연관된 장애인 사내 정책으로는 시간제 근무, 시차출퇴근제가 유용할 수 있다.

 암cancer처럼 비일상적이지만 개인의 삶에 큰 영향을 미치는 경우도 영국 평등법에서 '장애'로 분류한다. 암 발병자를 위해 고용주는 합리적인 사내 정책을 만들고 갈등 발생 시 조정프로세스를 거쳐야 한다. 그러나 암과 같은 상황에서는 유연근무를 포함한 모든 사내 조정은 일시적으로 필요한 경우가 많을 것이다. 예를 들면, 치료가 진행 중이거나 회복 중인 시기를 위한 근무방식의 조정이 필요할 수 있다. 이 경우 고용 조건에 대한 영구적인 변경은 필요하지 않다.

 1장에서 논의한 유연근무제에 관한 법률 외에도 별도의 법률이 복합적으로 작용될 수 있다는 점을 유의해야 한다. 직원은 조직의 사내 정책에 따라 필요한 요청을 할 수 있지만, 고용주는 법적 근거와 절차에 의거하여 결정을 내리는 것 외에 다른 법률에 따른 의무도 함께 고려해야 한다. 그렇게 하지 않으면 장애인 차별에 해당할 수 있다. 의학적으로 적절한 조언은 사례별로 특정 상황에 대해 취해져야 할 수 있다.

돌봄노동자

케어러 유케이Carers UK의 통계에 따르면, 전 노동력의 7분의 1이 노인, 중병, 장애가 있는 사람을 돌보고 있다. 돌봄노동자의 약 58%는 여성이다. 가족 내 돌봄이 필요한 상황 때문에, 직장인 6명 중 1명은 근무 시간을 줄이거나 직장을 그만둔다. 일별로 약 600명의 사람들이 직장을 그만두며 직업 능력과 기술을 상실한다. 자녀와 고령자를 동시에 돌보는 '샌드위치 돌봄노동자sandwich carer'로 분류된 사람도 증가하고 있다. 일반적으로 사람들은 45세에서 64세 사이에 돌봄노동자가 될 가능성이 가장 크다. 인구 고령화는 이 상황이 앞으로 몇 년 동안 증가할 가능성이 있다고 추정한다. 유연근무제가 도입되지 않는다면, 돌봄 부담으로 인해 직장을 그만두는 사람이 늘어날 것이다.

영국의 돌봄노동자는 근로자의 권리를 누리기 어렵다. 부양가족을 위한 공식적인 휴가제도는 거의 없으며 사용이 제한되어 있다. 돌봄노동자 3명 중 1명은 고용주로부터 어떠한 지원도 받지 못한다고 보고한다 (Carers UK, 2019).

이전 장에서 논의한 유연한 직장의 요소 중 하나로 모든 형태의 유연근무가 이용가능해야 함을 역설했다. 돌봄노동자가 요구하는 유연성은 이 주장을 뒷받침한다. 일부 돌봄노동자는 간병 책임으로 인해 시간제 근무처럼 보다 전통적인 형태의 유연근무를 원하거나 필요로 할 수 있다. 그러나 돌봄노동자 별로 간병 요구사항은 크게 다를 수 있다. 즉, 공식적이고 정기적인 유연근무 요청으로는 돌봄노동자가 필요한 시기에 적절한 유연근무 활용을 하기 어려울 것이다. 예를 들어, 돌봄노동자는 병원 예약을 위해 환자와 동행해야 할 수 있으며, 그 시간과 기간의 변화를 통제할 수 없다. 심각한 질병을 앓고 있는 사람을 돌보는 경우 증상과 필요 사항이 매우 빠르게 변할 수 있다. 또한 치료를 제공할 수 있는 유연성이 아마도 의학적 치료 후와 같이 단기간에만 필요한 경우가 있을 수 있다. 이러한 상황에서 유연근무가 필요한 돌봄노동자에게 긴 법적 절차를 완료하도록 요구하는 것은 무의미하다.

유연근무를 지지하는 고용주는 돌봄노동자가 직장을 계속 다닐 수 있을지를 판가름하는 핵심 요소가 될 수 있다. 돌봄노동자를 위한 맞춤형 유연근무가 나오기 위해서 창의적인 예시나 대안이 필요하다. 간병이 필요한 사람처럼 상황이 빠르게 변화할 때, 유연근무 제도를 어떻게 운영할 수 있을 지를 시험해 볼 수 있어야 한다. 유연성이 허용되지 않는다면 기술, 지식, 경험이 최고에 달할 수천 명의 근로자가 노동 시장에서 배제되고 기업은 잠재적인 인재를 잃게 될 수 있다. 이는 고용주가 사례별로 해결하는 것이 아니라 유연근무에 대한 전반적인 사고방식을 바꿔야 한다는 아이디어를 뒷받침하는 추가 증거다.

고령 근로자

사람들은 그 어느 때보다 더 오래 일하고 더 오래 살고 있다. 그리고 3장에서 논의한 바와 같이 이것은 미래 노동지형에 영향을 미친다. 지난 2세기 동안 기대 수명은 10년마다 약 3년씩 증가했다. 영국 정부에 따르면, 근로자의 퇴직 연령은 높아지고 있다. 2019년 영국 정부는 2035년까지 퇴직 연령을 75세로 높이는 것을 검토 중이라고 밝혔다. 현재 영국의 65세 이상 근로자 수는 100만 명 이상이며, 이 수치는 10년 넘게 계속 증가해 왔다. 연령차별 법안age discrimination legislation이 도입된 후 영국에서는 더는 기본퇴직 연령이 존재하지 않는다. 연금의 성격도 수익성이 있는 확정급여형 제도defined-benefit schemes를 제공하고 퇴직 저축의 책임을 개인에게 이전하는 조직이 점점 줄어들면서 크게 바뀌었다.

영국 통계청에 따르면, 65세 이상 고연령 취업자는 계속 늘어나고 있다. 2016년 5월부터 7월까지 65세 이상 인구 중 취업자는 119만 명으로 10.4%에 해당한다. 10년 전만 해도 65세 이상 인구 중 약 61만 명인 6.6%만이 직업이 있었다. 2016년 기준으로 고령 근로자는 74만 2,000명의 남성과 44만 8,000명의 여성으로 구성된다. 장기적으로 현행 연금수급 연령이 변하지 않는다면, 영국의 국가연금 수급 인구는 크게 증가할 것이다. 한 연구는 국가연금 수급 인구가 2015년 1,240만 명에서 2039년 중반까지 1,650만 명으로 32.5% 증가할 것으로 예상된다(ONS, 2016). 이런 추세를 본다면, 고령 근로자가 미래의 주요노동력이 될 것이라는 예측이 가능하다. 또 퇴직연령 이후에도 계속 일하기를 원하는 고령자가 지속적으로 생길 것이라는 의미이기도 하다. 유연근무제는 퇴직하려는 고령근무자에게 매력적인 대안이 될 수 있다.

누군가가 현재의 퇴직 연령 이후에 일하기를 원하는 데는 여러 가지 이유가 있을 수 있다. 계속 일하는 것은 재정적인 이유로 인한 결정일 수도 있고 단순히 생활 방식의 선택일 수 있다. 일부 고령 근로자는 가족 돌봄을 병행하기를 원하거나 다른 여가 활동에 참여하기를 원할 수 있다. 평생을 표준근로모델에서 일했던 근로자의 입장에서 유연근무제의 형식이 당황스러울 수 있다. 유연근무는 조직이 고령 근로자의 귀중한 기술, 지식, 경험을 유지하는 동시에 개인에게 더 많은 선택권을 제공하는 데 도움을 준다. 단계적 퇴직은 유연근무의 한 형태로, 특히 고령 근로자를 대상으로 하며, 이 기간 동안 근로자는 일반적으로 합의된 기간(때로는 수 개월 또는 수년) 동안 근무 시간을 단축하여 일정 시점이 되면 완전 퇴직한다. 이 제도는 때때로 직무 전환과도 결합된다. 고령 근로자에게 직무상 책임이 적은 역할을 맡기는 경우도 있다. 다만 단계적 퇴직제는 하나의 옵션일 뿐이며 개인의 궁극적인 목표는 노동시장에서 완전히 떠나는 것이라는 점을 잊어선 안 된다. 1장에서 논의된 모든 형태의 유연근무는 더 큰 유연성을 원하는 고령 근로자에게 적용 가능하다.

폐경기

직원들에게 유연근무가 필요한 시기로 폐경기menopause를 살펴볼 필요가 있다. 최근 몇 년 동안 폐경기를 사내 정책으로 고려할 필요가 있다는 의견이 주목을 받고 있다. 일부 회사에서는 폐경기에 관한 정책을 만들었으며, 인사관리자 교육 프로그램에 필수로 포함하기도 한다. 이 생애 시기를 보내는 여성을 지원하는 데 적극적인 자세를 취하는 조직을 찾는 것은 이제 드문 일이 아니다. 여성은 영국 노동력의 약 절반(47%)을 차지한다. 50세 이상 취업자 중 45%가 여성이며 약 350만 명의 근로자로 종사하고 있다. 실제로 50세 이상의 여성은 노동 시장에서 가장 빠르게 필요성이 높아지고 있다.(CIPD, 2019b). 따라서 오늘날의 많은 여성 노동자는 폐경을 겪고 있거나 직장에서 관련 증상을 관리하면서 일하게 될 것이다. 폐경의 증상은 매우 다양할 수 있으며 일부 여성은 심각한 증상과 삶의 영향을 경험한다. 연구에 따르면, 일부 여성은 폐경이 직장에서 자신의 능력에 대한 관리자 및 동료의 인식에 부정적인 영향을 미친다는 믿음을 포함하여 폐경이 직무 수행에 부정적인 영향을 미쳤다고 느꼈다(CIPD, 2019b). 직장에서 증상을 관리하는 것도 스트레스 수준을 높일 수 있다.

폐경기와 관련된 다양한 증상은 유연근무를 통해 지원될 수 있다. 예를 들어, 직원이 피곤할 때 휴식을 취하고 나중에 근무 시간을 보충할 수 있도록 허용할 수 있다. 증상이 심한 직원에게 재택근무를 허용하면 도움이 될 것이다. 폐경기를 경험하는 일부 여성은 하루 중 통증이 오는 시간이 정해져 있다는 것을 알게 된다. 이를 고려하여 근무 시작 및 종료 시간을 조정할 수 있다. 예를 들어 수면 패턴이 불안정한 여성은 근무 시작 시간이 늦을수록 생산성이 더 높다는 것을 알 수 있다. 휴식 및 쉬는 시간에 대한 유연성은 직원이 혜택을 받을 수 있는 좋은 방안이다. 2019년 공인 인력개발협회는 미래 지향적인 고용주의 사례와 정책을 발표했다. 발표 내용에는 폐경기에 관한 사내 정책 지침이 있었다. 지침에서 폐경기 지원 정책으로 유연근무제 활용을 강조한다.

핵심 요약

- 유연근무제는 직장내 평등, 다양성, 포용성 개선에 도움을 준다. 하지만 필요한 문화적 변화가 동시에 일어나는 경우에만 가능하다.
- 유연근무는 양질의 시간제 근무 기회를 늘리고 유연근무자에 대한 고정관념에 도전함으로써 성별 임금격차를 해소하는 조직에 도움을 준다.
- 유연근무는 맞벌이 부모를 지원할 뿐만 아니라 장애가 있는 직원, 고령 근로자, 간병인과 같이 표준근로모델에서 제외될 수 있는(또는 수행하고 싶지 않은) 인재 풀을 노동 시장에 진입시키는 데 도움을 준다.
- 조직은 유연근무제 활용 제안을 다양한 잠재적 구직자를 대상으로 사용할 수 있으며, 공정하고 유연한 고용주로서의 브랜딩과 평판을 높이는 데도 도움이 된다.
- 유연근무는 사회의 전통적인 성역할에 도전하는 데 도움이 될 수 있다. 그러나 의도하지 않은 결과로 오히려 성역할 강화를 초래할 수도 있다. 이런 가능성을 줄이려면 실행 시 주의를 기울여야 한다.
- 유연근무만으로는 구조적이고 시스템적 문제를 해결할 수 없다. 그러나 직장에서 포용성을 높이기 위한 방안 중 하나로 각광 받을 수 있다.

참고문헌

Carers UK (2019) *Facts about carers*, www.carersuk.org/images/Facts_about_ Carers_2019.pdf (archived at https://perma.cc/ZS6M-J4CQ)

Chung, H (2018) Gender, flexibility stigma and the perceived negative consequences of flexible working in the UK, *Social Indicators Research*, doi. org/10.1007/s11205-018-2036-7 (archived at https://perma.cc/X2SU-VXBG)

Chung, H (2019a) 'Women's work penalty' in access to flexible working arrangements across Europe, *European Journal of Industrial Relations*, vol 25, Issue 1, doi. org/10.1177/0959680117752829 (archived at https://perma.cc/ ZV3U-XW79)

Chung, H (2019b) *Flexible Working Can Reinforce Gender Stereotypes*, The Conversation, theconversation.com/flexible-working-can-reinforce-gender- stereotypes-109158 (archived at https://perma.cc/GEV5-68W3)

Chung, H and van der Horst, M (2017) Women's employment patterns after childbirth and the perceived access to and use of flexi time and teleworking, *Human Relations*, vol 71, Issue 1, pp 47-72, journals.sagepub.com/doi/ full/10.1177/0018726717713828 (archived at https:// perma.cc/2G3Q-EC39)

Chung, H and van der Lippe, T (2018) Flexible working, work-life balance and gender equality: Introduction, *Social Indicators Research*, doi.org/10.1007/ s11205-018-2025-x (archived at https://perma.cc/78H2-YT94)

CIPD (2019a) *Diversity and Inclusion in the Workplace*, www.cipd.co.uk/ knowledge/fundamentals/relations/diversity/factsheet#6424 (archived at https://perma.cc/73F5-VSLC)

CIPD (2019b) *The Menopause At Work: A practical guide for managers*, CIPD, Londo www.cipd.co.uk/Images/menopause-guide-for-people-managers_tcm18- 55548.pdf (archived at https://perma.cc/Z744-5VE4)

Deloitte (2019) *The Millennial Dad at Work Report*, in association with Daddilife, www.daddilife.com/wp-content/uploads/2019/05/The-Millenial-Dad-at-Work- Report-2019.pdf (archived at https://perma.cc/K8MV-NSSH)

Fagan, C, Hegewisch, A and Pillinger, J (2006) *Out of Time - Why Britain needs a new approach to working time flexibility*, Trades Union Congress

Jones, L (2019) *Women's Progression in the Workplace*, Government Equalities Office, assets.publishing.service.gov.uk/government/uploads/system/uploads/ attachment_data/file/840404/KCL_Main_Report.pdf (archived at https://perma.cc/ 8AJN-PTSS)

Leslie, L, Park, T and Mehng, S (2012) Flexible working practices: A source of career premiums or penalties? *Academy of Management Journal*, vol 55, No 6, pp 1407-428

Munsch, C (2016) Flexible work, flexible penalties: The effect of gender, childcare and type of request on flexibility bias, *Social Forces*, vol 94, pp 1567-591

Office for National Statistics (2016) *Five Facts About Older People At Work*, employmentandemployeetypes/articles/fivefactsaboutolderpeopleatwork/ 2016-10-01 (archived at https://perma.cc/GN6L-VCQB)

Office for National Statistics (2018a) *Disability Pay Gaps in the UK 2018*, www.ons.gov.uk/peoplepopulationandcommunity/healthandsocialcare/ disability/articles/disabilitypaygapsintheuk/2018 (archived at https://perma.cc/ HX4X-BUKN)

Office for National Statistics (2018b) *The Commuting Gap: Men account for 65% of commutes lasting more than an hour*, www.ons.gov.uk/ employmentandlabourmarket/peopleinwork/employmentandemployeetypes/ articles/thecommutinggapmenaccountfor65ofcommuteslastingmorethananhour/ 2018-11-07 (archived at https://perma.cc/S4MG-V7BW)

Office for National Statistics (2019) *Gender Pay Gap in the UK 2019*, www.ons. gov.uk/employmentandlabourmarket/peopleinwork/earningsandworkinghours/ bulletins/genderpaygapintheuk/2019 (archived at https://perma.cc/57U2-QAT3)

Women and Equalities Committee (2016) *Gender Pay Gap: Second report of session 2015-16*, House of Commons, publications.parliament.uk/pa/cm201516/cmselect/cmwomeq/584/584.pdf (archived at https://perma.cc/6TAU- X4KQ)

Working Families (2011) *Working and Fathers: Combining family life and work*, www.workingfamilies.org.uk/wp-content/uploads/2014/09/WF_ WorkingAndFathers-Report-FINAL.pdf (archived at https://perma.cc/ ZHY6-NLYA)

Workingmums (2019) *A fifth of parents leaving jobs due to childcare costs*, www.workingmums.co.uk/a-fifth-of-parents-leaving-jobs-due-to-childcare-costs/ (archived at https://perma.cc/5LRY-QMWC)

05
유연근무와 웰빙

조직 내 정신 건강의 문제가 날이 갈수록 심각해지는 것을 고려하면, 조직구성원의 웰빙의 중요성이 점차 커지고 있다. 직원들의 스트레스 수준은 해마다 상승하며, 장시간 노동이 점차 표준이 되고 있다(Cooper & Hesketh, 2019).

특히 영국은 일과 삶의 균형에 관한 문제점이 많다. 국제 기준에 따르면 영국 근로자의 일과 삶의 균형은 25개 비교 국가 중 25위를 차지했다(CIPD, 2019). 많은 직원이 계약된 시간보다 더 오래 근무한다고 보고한다. 이 보고서에 따르면 직원의 24%가 업무 때문에 퇴근 후 휴식을 취하기 어렵다. 기술 발전으로 인해 업무 활동을 가정에서도 할 수 있게 되었다. 부정적인 조직구성원 웰빙의 원인이 되는 최악의 조합이 만들어지고 있다. 합리적인 사업주라면 무시할 수 없는 수준이다.

5장에서는 조직원 웰빙의 맥락에서 유연근무제를 살펴볼 것이다. 첫째로, 관련 연구에 기초하여 유연근무가 웰빙을 어떻게 향상시킬 수 있는지 이해한다. 유연근무 도입 후 조직구성원에게 영향을 미치는 잠재적인 웰빙 이슈를 논의한다. 유연근무제의 도입은 필요하다. 재택근무는 통근 시간의 부담을 줄이고, 시차출퇴근제는 러시아워를 피할 수 있어 조직구성원에게 만족감을 준다. 또한 유연근무를 통해 일부 조직구성원에게 스트레스와 불안감을 주는 통근 비용의 부담을 줄일 수 있다. 유연근무는 직원이 일과 돌봄 책임을 모두 수행할 수 있게 한다. 다만 연구에 따라 유연근무가 조직구성원의 웰빙에 만병통치약이 아님을 알 수 있다. 유연근무제 도입의 장점을 살리고 부정적인 결과를 피하려면 실행 시 주의를 기울여야 한다.

웰빙이란 무엇인가?

웰빙을 어떻게 정의해야 할까? 역사적으로 웰빙에 대한 두 가지 관점이 있다. 바로 행복론과 쾌락론이다. 행복론적 접근은 삶의 목적과 각자의 잠재력을 최대한 발휘할 수 있는 능력에 기반하여 전반적인 삶의 만족도를 살핀다. 대조적으로, 쾌락에 기초한 접근법은 주관적 웰빙, 행복에 중점을 둔다(Cooper & Hesketh, 2019). 세계보건기구WHO는 웰빙에 대한 또 다른 정의를 제시한다. 세계보건기구에 따르면 웰빙은 '각 개인이 자신의 잠재력을 깨닫고 일상적인 삶의 스트레스에 대처할 수 있으며 생산적이고 유익하게 일할 수 있고 지역사회에 기여할 수 있는 상태'로 정의한다.

웰빙은 학계에서 사용하는 용어이면서 일상적으로도 사용된다. 종종 행복, 번성, 번창 및 삶의 만족도에 대한 다양한 아이디어와 연관된다. 뉴

이코노믹스파운데이션New Economics Foundation은 웰빙을 단순히 '기분이 좋고 잘 기능하는 것'으로 설명한다(NEF, 2008). 직장 내 웰빙으로 화제를 전환하면, 공인인력개발협회CIPD는 웰빙을 '사람들이 발전하고 잠재력을 발휘할 수 있도록 돕는 건강한 직장'으로 정의한다.

따라서 웰빙은 한 용례를 참고하여 정의하면 안 되는 용어이며, 가정과 직장에서 사람들마다 다른 의미를 가질 것이다. 이는 구성원 웰빙을 유연근무라는 틀 안에서 이해하려고 할 때 특히 어려운 문제다.

웰빙의 이점

공인인력개발협회CIPD는 2019년 직장에서의 건강 및 웰빙 설문조사를 발표하여 고용주가 구성원 웰빙에 대한 관심을 높일 때 얻을 수 있는 세 가지 주요 이점을 발표했다.

- 직원의 사기와 직무 몰입도 향상
- 더 건강하고 포용적인 문화
- 낮은 질병 결석

웰빙 프로그램을 가진 조직은 세 가지 장점 외에도 업무 관련 스트레스 수준 감소, 고용주 브랜드 강화, 직원 유지 및 생산성 향상 등 다양한 이점을 보고한다(CIPD, 2019). 따라서 많은 조직이 현재 구성원 웰빙에 대한 관심을 높이고 있으며 유연근무는 조직에서 웰빙 전략의 하나로 수행할 수 있는 정책이다.

긍정적이든 부정적이든 구성원 웰빙에 영향을 줄 수 있는 많은 요소가 있다. 이는 상황적 요인(예: 직무 또는 조직과 관련된 요인) 또는 개인 자신과 관련된 요인(예: 전반적인 건강 또는 개인적 태도)으로 나뉜다. 상황적 요인에는 직무, 작업량, 근무 시간, 일과 삶의 균형, 통제, 사용 가능한 지원 및 자원, 조직문화가 포함된다(Arnold & Randall, 2010).

일반적으로 조직에서 수행하는 웰빙 프로그램에는 세 가지 유형이 있다.

- 첫 번째 방식은 조직문화와 구조를 포함한 조직 전반의 문제를 해결하는 것을 목표로 하며 업무와 관련된 질병이 발생하는 것을 방지하기 위한 것이다.
- 두 번째 방식은 직원이 업무 관련 스트레스에 대처할 수 있도록 돕는 개별 수준의 프로그램으로 회복력 훈련, 스트레스 워크숍, 마음챙김, 운동 수업이 포함될 수 있다.
- 세 번째 방식은 이미 질병(업무 관련 또는 기타)을 앓고 있는 직원을 지원하는 데 도움이 되는 직업 건강, 구성원 지원 프로그램, 상담을 포함한다.

연구에 따르면 1차 방식이 2차보다 더 효과적이며 2차 방식이 3차보다 더 효과적이라고 한다. 구성원 웰빙을 높이는 최적의 방안은 세 가지 각 방식의 장점을 이해하고 필요한 방식을 적절히 조합해 사용하는 것이다(Arnold & Randall, 2010). 그러나 많은 조직의 웰빙 프로그램 운영은 주로 2차 및 3차 방식으로 운영된다. 그 원인은 아마 도입이 더 쉽고 빠르기 때문일 것이다. 이로 인해 웰빙에 대한 조직 내 인식이 구조적 원인을 다루기보다는 직장 내 건강 악화 증상에 초점을 맞춘다는 비판이 이어진다. 그런데도 직장 내 웰빙은 생산성, 비용, 몰입, 사기에 미치는 영향 측면이 크다는 점에서 다양한 조직에서 여전히 중요한 고려 사항이다.

스트레스와 정신건강

스트레스와 정신건강은 결근의 중요한 원인이다. 조직에서 반드시 관리해야 할 중요 이슈다. 영국에서는 직원이 병가를 사용하는 주된 이유로 분석된다. 2018년과 이듬해까지 정신건강과 관련된 질병으로 인해 1,280만 근로일이 손실되었다(HSE, 2019). 이미 상당한 숫자이지만 실제로 보고된 것보다 훨씬 더 높을 가능성이 있다. 낙인이 우려되는 일부 직원은 정신 건강으로 인한 결근 사유를 고의로 거짓 보고한다. 마인드Mind가 조사한 바에 따르면 직원의 약 3분의 1이 '스트레스를 받으면 직속 상사와 솔직하게 이야기할 수 있을 것 같다'는 말에 동의하지 않는 것으로 나타났다(Mind, 2019).

   통계를 살펴보면 정신 건강을 지원하고 업무 관련 스트레스를 해결하는 것이 구성원 웰빙 전략 및 개입에 주요 초점인 이유가 분명하다.

   영국 보건안전 중역UK Health and Safety Executive은 직장 내 스트레스의 주요 원인을 다루는 기준을 다음과 같이 발표했다.

- 직무 요구 사항work demands – 업무량 및 근무방식

- 통제control – 일하는 방식에 대한 타인의 관여 정도
- 지원support – 직속상사 및 동료의 지원 정도
- 관계relationships – 부적절한 행동을 징계하고 갈등을 해결
- 역할role – 자신의 역할과 업무특성의 이해 여부
- 변화change – 조직 변화를 관리하고 전달하는 방법

구성원의 스트레스를 유발하는 한 요인은 업무통제권이다. 통제권이 없으면 더 높은 스트레스를, 통제권이 있으면 낮은 스트레스 수준을 기록하는 것으로 나타났다. 유연근무자는 일반적으로 표준근로모델을 따르는 직원보다 근무 시간과 장소를 더 잘 통제할 수 있다. 이와 관련된 연구는 자율성과 통제권을 준 입장을 지지한다. 유연근무는 일과 삶의 갈등, 통근 스트레스를 줄인다. 또한 유연근무는 업무 관련 스트레스를 감소시키고 구성원에게 행복을 준다(Clarke & Holdsworth, 2017). 그러나 파리고등경제학교HSE의 연구는 신중한 관리가 없다면, 유연근무가 오히려 스트레스 수준을 올릴 수 있다고 주장한다. 예를 들어, 관리자가 유연근무자를 지원하지 않거나 단축된 근무 시간에 걸맞은 업무 조정이 일어나지 않는 경우다. 이는 유연근무의 도입을 위해 효과적인 생산 관리자 교육 및 지원 메커니즘이 필요하다는 주장을 뒷받침한다.

개별적이고 주관적인 웰빙의 특성이 다양한 형태의 유연근무와 결합되어 스트레스와 정신건강과 관련한 결과를 만든다. 크랜필드 대학교University of Cranfield의 연구에 따르면, 근무 시간이 단축된 일부 직원은 유연근무를 하지 않는 직원보다 스트레스 수준이 더 낮다. 설문 조사에 응답한 일부 응답자는 쉬는 시간이 압력 밸브 역할을 하여 정신건강에 도움이

된다고 말했다. 반대로, 다른 응답자들은 단축된 시간에 근무하는 것이 더 짧은 시간 안에 일을 완료해야 한다는 압박감을 느끼기 때문에 실제로 스트레스의 원인이라고 말했다(Kelliher & Anderson, 2010).

직장 내 웰빙 프로그램에 따르면, 주관적인 웰빙의 특성으로 인해 구성원 모두에게 좋은 영향을 주는 웰빙 프로그램은 없을 것이라 진단한다. 한 사람의 웰빙을 개선하는 데 도움이 되는 프로그램이 다른 사람에게 반드시 효과가 있는 것은 아니다. 일부 직원의 경우 유연근무가 전반적인 스트레스 수준에 긍정적인 영향을 미칠 수 있다. 다른 직원들에게는 전혀 영향을 미치지 않거나 추가 스트레스의 원인이 될 수 있다. 이 책의 서문에서 유연근무는 직장에서 조직과 직원의 관계를 성인 대 성인 관계로 전환하는 것으로, 그로 인해 구성원들이 자신에게 가장 적합한 방식으로 일할 수 있다고 주장했다. 이는 유연근무와 웰빙의 관계에도 적용된다. 권한부여란 직원이 어떤 형태로든 스트레스를 가장 적게 유발하는 근무 방식을 선택하는 것을 의미한다.

통근

일부 직원에게 출퇴근은 그 자체로 스트레스와 불안의 원인이 된다. 근로자 5명 중 2명은 통근시간을 하루 중 최악의 시간으로 정의한다(International Working Group, 2019). 통계에 따르면, 통근 소요시간도 점점 길어지고 있다. 2018년 오엔에스^{ONS} 데이터에 따르면, 출근하기 위해 1시간 이상 통근하는 사람들의 수가 2011년 이후 31% 증가했다.

2019년 유고브YouGov와 영국 로이드 은행Lloyds Bank UK에서 진행한 설문조사에 따르면, 직원들은 연간 10일 이상(251시간)을 통근에 사용하는 것으로 나타났다. 통근자 5명 중 1명은 지난 5년 간 통근이 더 어려워졌으며, 3분의 1은 더 혼잡해졌다고 응답했다. 이 수치는 많은 통근자에게 놀라운 일이 아닐 것이다.

영국 통계청의 연구(2014)는 통근이 웰빙에 미치는 4가지 영향을 측정했다. 전반적 삶의 만족도, 자신의 삶이 가치있다는 느낌, 전날의 행복과 불안의 수준과 같은 요인들이다. 개인의 웰빙과 앞서 언급한 변수는 모두 통계적으로 유의했다. 다른 요인을 일정하게 유지한 후, 삶의 만족도, 자신의 활동이 가치가 있다는 감각, 행복은 통근시간이 1분 줄어들 때마다 높아졌다. 한편, 평균 불안 수준은 통근 시간이 1분 추가될 때마다 증가했다. 평균 행복감은 이동 시간의 첫 15분 이후에 떨어지기 시작한다. 15분 이후부터 불안감이 증가하기 시작하며 통근에 의해 일상적인 감정이 영향을 받는다는 것을 암시했다. 개인 웰빙과 통근시간의 관계에서 가장 부정적인 영향은 출퇴근시간이 61분에서 90분 사이인 직장인으로 나타났다.

또한 이 연구는 출퇴근 수단이 웰빙에 미치는 영향을 고려했다. 기차를 타고 출근하는 사람들(인구의 약 5%)이 자차로 출근하는 사람보다 평균적으로 더 높은 불안 수준을 가지고 있다. 버스로 출퇴근하는 사람들은 전반적인 삶의 만족도와 일상 활동이 가치있다고 느끼는 정도가 낮은 것으로 나타났다.

연구 결과는 (아마도 당연하게도) 일반적으로 더 긴 통근 시간이 짧은 통근시간보다 개인웰빙에 부정적인 영향을 미친다는 것을 보여주었다. 이 부정적인 영향은 소득 수준으로 상쇄되지 않는 것으로 나타났다

(Office for National Statistics, 2014). 안타깝게도, 일정 수준의 소득 증가는 웰빙 수준의 향상과는 무관하다.

대중교통을 이용하면 직원이 출퇴근 시간을 통제할 수 있는 권한이 줄어들 수 있다. 파리고등경제사범학교HSE의 연구에서 보았듯이 통제력 부족은 업무 관련 스트레스의 원인이다. 대부분의 대중교통은 신뢰할 수 없고 혼잡하다. 최근 몇 년간 영국의 대중교통 인프라의 사용비 상승과 더불어 세간의 이목을 끄는 많은 문제가 발생했다. 대중교통을 이용한 출퇴근이 개인의 웰빙 수준에 부정적인 영향을 미친다는 강력한 증거가 있다.

재택근무나 원격근무는 출퇴근의 잠재적인 대안이 될 수 있다. 탄력 근무제 또는 시차 근무와 같은 다른 형태의 유연근무도 직원들이 러시아워에 통근으로 인한 스트레스 요인을 줄이는 데 도움이 될 수 있다. 마지막으로, 출퇴근 사용시간의 전반적인 감소는 구성원들에게 일과 삶의 균형을 맞추기 위해 유용하다. 재택근무로 출퇴근 시간을 줄이면 직원들이 통근으로 지친 직장에 도착하지 않고 더 효율적이고 하루를 위해 더 많은 에너지를 가질 수 있다는 것을 의미한다.

그러나 모든 연구가 완전히 긍정적인 그림을 제시하는 것은 아니다. 원격으로 일하는 직원을 지원하는 것에 주의를 기울일 필요가 있다. 2017년 유로파운드Eurofound와 세계노동기구ILO 보고서에 따르면, 원격근무자의 41%가 높은 스트레스 수준을 보고한 반면 출퇴근 근로자의 경우 25%에 불과했다. 일부 원격근무자 또는 재택근무자는 고립되고, 외롭고, 일과 가정의 분리가 안 되며, 사회적 관계가 부족하다고 말한다(Russell, 2019). 위 결과는 원격근무 일수에 따라 다를 수 있다. 연구 결과는 그 자체로 재택근무 또는 원격근무가 구성원 웰빙에 부정적인 영향을 미친다는 것을 의미하지는 않는다. 하지만 유연근무에 대한 효과적인 정책, 절차, 접근 방식의 필요성은 논의되어야 한다. 조직구성원이 아무런 지원 없이 새로운 업무 방식에 적응할 수 있다고 단순 가정하면 안 된다.

일과 삶의 균형

일과 삶의 균형은 정의하기 어려운 개념이며 사람마다 이해정도가 다르다. 일반적으론 가족, 가정 및 취미와 같은 삶의 비업무 측면과 업무 사이에서 개인이 찾은 균형을 의미한다. 정의와 별개로, 많은 구성원이 그들이 원하거나 필요로 하는 균형을 얻는 데 어려움을 느낀다.

영국의 조직구성원은 장시간 근무 문화로 인해 일과 삶의 적절한 관계를 설정하는 일에 어려움을 겪는다. 그 결과 일과 삶의 갈등으로 이어진다. 예를 들어, 조직구성원의 약 1/3은 업무로 인해 파트너 또는 가족과 충분한 시간을 보낼 수 없다고 말한다(Fagan et al., 2011). 장시간 노동은 높은 수준의 스트레스와도 관련이 있다(Chandola et al., 2019). 위에 언급한 직장의 전형적인 특징은 가족, 개인의 삶, 개인의 건강과 웰빙에 부정적인 영향을 미친다(Fagan et al., 2006). 유연근무제는 언급된 이슈의 해답처럼 보일 수 있다. 하지만 연구에 따르면, 원격근무자는 종종 사무실에 근무하는 동료보다 더 오래 일한다(Cooper & Hesketh, 2019). 반대로, 시간제 근무를 포함한 일부 형태의 유연근무는 정규직 동료와 비교할 때 직원의 만성 스트레스를 줄이는 데 도움을 준다(Chandola et al., 2019). 두 연구를 보면 유연근무와 웰빙의 관계를 이해하는 것은 복잡한 이슈임을 알 수 있다.

일과 삶의 균형이 깨지면 개인의 직무성과와 조직성과에 부정적인 영향을 미칠 수 있다(Fagan et al., 2011). 유연근무는 직원들의 일과 삶의 균형을 강화하고 일-가정 갈등을 줄이는 데 도움된다는 연구 결과가 있다. 공인인력개발협회의 한 설문조사에 따르면, 유연근무자의 65%는 일과 삶의 균형에 만족하거나 매우 만족하는 반면, 유연근무를 하지 않는 직원의 경우 47%를 기록했다(CIPD, 2016). 이것은 상당한 차이다. 유연근무와 일과 삶의 갈등 사이의 연관성에 대한 주요 메타 분석 연구에 따르면 유연성이 높을수록 갈등 수준이 낮아진다(Allen et al., 2013).

웰빙의 다른 측면과 마찬가지로 일과 삶의 균형은 본질적으로 주관적이다. 한 개인에게 균형으로 느껴지는 지점이 다른 배경을 지닌 사람에게 반드시 효과가 있는 것은 아니다. 일과 삶의 균형은 직원의 입장에서만 노력해야할 문제가 아니다. 고용주 측에서 다양한 사내 정책을 운영할 수 있고, 일과 삶의 균형을 이루기 위해 상당한 영향력을 행사할 수 있다.

웰빙에 대한 결론

유연근무, 웰빙, 일과 삶의 균형에 관한 연구 결과는 꽤 긍정적이다. 그런데도 유연근무제의 다양한 유형과 유연근무자라는 변수에 따라 상호 관계가 복잡해질 수 있다. 개인에 대한 다차원적 웰빙 측정 결과는 다음을 지적한다. 여성에게 일부 형태의 유연근무는 업무 강도를 강화하거나 가사 부담을 증가시키거나 또는 둘 다라는 결과를 가져온다. '선물 교환gift exchange'이라는 위험도 있다. 직원들이 고용주로부터 유연근무라는 선물을 받았다고 느끼기 때문에 대가로 받은 것보다 더 열심히 일해야 한다는 생각을 갖게 된다(Chung & van der Lippe, 2018).

재택근무와 관련하여 염두에 두어야 할 다른 문제가 있다. 재택근무는 돌봄 준비를 쉽게 하거나 통근 시간을 단축함으로써 직원들이 더 나은 일과 삶의 균형을 달성하도록 만든다. 그러나 2017년 국제노동기구ILO 보고서에 따르면, 원격근무자의 41%가 높은 스트레스 수준을 보고한 반면 사무실에 출근하는 근로자의 경우 25%에 불과했다(Eurofound/ILO, 2017). 하버드 비즈니스 리뷰Harvard Business Review는 정규직 재택근무자가 동료와 물리적으로 같은 장소에 있지 않기 때문에 종종 소외감을 느끼고 업무 관계에 부정적인 영향을 경험할 수 있음을 강조했다(Harvard Business Review, 2017). 재택근무는 직장과 가정 사이의 경계를 흐릿하게 만들 수 있다. 또한 일을 가정 영역으로 '과도하게 쏟아 붇는' 상황을 만들기도 한다. 그 결과 웰빙과 일과 삶의 균형에 잠재적 도전이 될 수 있다. 고립감과 중요한 사회적 관계의 기회 감소가 유연근무와 웰빙 사이에 부정적인 영향을 미치지 않도록 주의를 기울여야 한다. 유연근무제에 대한 전반적인 접근 방식을 개선하는 것은 직원, 관리자 및 조직 간의 공동 책임이 될 것이다.

유연근무제를 도입할 때 업무 집중화 가능성을 피하기 위해 주의를 기울여야 한다. 업무량과 노동 시간의 증가는 2장에서 처음 논의했던 주제다. 첫째, 더 열심히 또는 더 오래 일하기 쉽게 만드는 몇 가지 형태의 유연근무가 있다. 예를 들어, 직원이 집에서 일할 때 사무실과 같은 전통적인 환경에서보다 주의가 산만해지거나 휴식을 취하는 횟수가 줄어들 수 있다. 어떤 사람들은 직장에 출퇴근할 때와 같은 시간에 작업을 시작하거나 끝내는 것으로 보고하여 하루의 업무 시간이 늘어난다. 시간제 근로자(또는 시간 유연성이 있는 근로자)는 표준근로모델보다 자신에게 더 잘 맞는 시간에 일하기 때문에 더 많이 또는 더 열심히 일할 수 있다. 직원들도 보답의 차원에서 더 열심히 해야 한다고 느끼며, 이에 따라 다양한 희생을 하거나 노력을 더하게 된다. 마지막으로 유연근무자는 자신의 유연성에 대한 부정적인 인식을 두려워하여 관리자와 동료의 기대에 부응하기 위해 더 열심히 일해야 한다고 느낄 수 있다(Kelliher & Anderson, 2010). 이 연구는 업무 강도가 근무 시간 단축 근무자와 원격근무자 모두에게 매우 실질적인 문제라는 것을 발견했다. 하지만 흥미롭게도 업무 강도 강화를 보고한 직원은 유연근무를 하지 않는 직원보다 직무만족도와 조직몰입도에 대해 더 긍정적인 점수를 보고했다. 이는 웰빙과 유연근무에 관한 전반적인 그림이 일직선적인 관계와 거리가 멀다는 지적을 뒷받침한다.

재택근무자를 염두에 두고 설계된 효과적인 의사소통, 관리자 교육, 웰빙 정책은 단점을 최소화한다. 유연근무제가 웰빙에 미치는 영향을 분석해 유리한 방정식을 만들 수 있다. 조직은 유연근무 실행 시 유연근무자에 대한 일과 삶의 균형 지원을 포함해야 한다. 간단히 말해서, 일부 직원에게 유연근무가 언제 어디서나 일할 수 있다는 것을 의미하지만, 반드시 그렇게 해야 한다는 의미는 아님을 이해하는 데 도움이 필요할 것이다.

유연근무는 직원의 이익을 위해 조직에서 제공하는 다양한 웰빙 개입의 일부라는 사실을 기억하는 것이 중요하다. 웰빙의 주관적인 특성을 감안할 때 모든 직원에게 적합한 하나의 웰빙 솔루션은 없다. 좋은 웰빙 프로그램은 직원들에게 자신의 특정한 필요를 충족시키는 방식의 선택과 자율성을 제공한다. 유연근무의 핵심은 바로 이것이다. 즉, 직원 선택권과 통제력을 향상시킨다.

유연근무는 직원 웰빙을 위한 만능열쇠가 아니다. 웰빙의 주관적이고 개별적인 특성과 다양한 유형의 근무 형태로 인해 웰빙에 부정적인 영향을 미치는 구조와 시스템의 문제를 해결하지 못할 수 있다. 유연근무 자체가 개인의 웰빙 향상을 가져올 수 있는지 여부는 유연근무의 특정 유형에 따라 다르다. 다른 웰빙 항목과 마찬가지로 일부 사람들은 유연근무의 혜택을 받는 반면, 다른 사람들은 그렇지 않을 수 있다. 물론 일과 삶의 균형이 향상되는 혜택을 받는 것은 직원뿐만이 아니다. 더 건강하고 행복한 노동력, 생산성 향상, 결근 감소 측면에서 고용주에게도 혜택이 있다(Fagan et al., 2011).

조직 내 유연근무가 예외가 아니라 규범이 된 경우, 직원이 일과 삶의 균형을 개선하기 위해 유연 제도를 사용하는 것이 훨씬 더 쉽다(Chung & van der Lippe, 2018). 유연근무가 사회와 조직에 확산됨에 따라 여기에서 논의된 잠재적인 부정적인 결과 중 일부가 줄어들 것이다. 이것이 사실인지 아닌지 여부는 시간이 말해줄 것이다.

핵심 요약

- 조직 내 웰빙에 대한 관심이 증가하고 있으며, 많은 조직에서 직원을 지원하기 위해 웰빙 프로그램을 구현하고 있다.
- 유연근무는 통근 스트레스에서 일과 삶의 균형에 이르기까지 다양한 웰빙 관련 문제를 해결하는 데 도움이 될 수 있다. 유연근무제는 웰빙 프로그램의 일부로 구성될 수 있다.
- 유연근무를 통해 일과 삶의 균형을 지원할 수 있다. 다만 일과 삶의 균형을 높이는 변수는 근로자의 개인 상황과 유연근무 유형 등 다양한 요인에 따라 달라진다.
- 근로자가 작업 스케줄에 대한 자율성이 높은 유연근무제를 할 경우 통근으로 인한 스트레스 요인을 줄이고 효과적인 일과 삶의 균형을 찾는 데 도움이 될 수 있다.
- 유연근무가 제대로 관리되지 않는다면, 웰빙에 부정적인 영향을 미칠 수 있다. 예를 들어, 직장과 가정 사이의 경계가 모호해진 재택근무자, 업무 강도가 더 높아진 시간제 근로자의 경우다. 조직은 이런 부정적인 영향이 발생하지 않도록 주의해야 한다. 조직 관리자는 부정적인 영향이 발생하지 않도록 하는 것이 특히 중요할 수 있다.
- 고용주는 유연근무가 자동으로 직원 웰빙에 좋을 것이라고 가정해서는 안 된다. 웰빙의 개인적인 특성으로 인해 일부 구성원의 웰빙을 향상시키는 것이 반드시 다른 사람에게 적용되지 않는다.

참고문헌

Allen, T, Johnson, R, Kiburz, K and Shockley, K (2013) Work-family conflict and flexible work arrangements: deconstructing flexibility, *Personnel Psychology*, vol 66, Issue 2, onlinelibrary.wiley.com/doi/abs/10.1111/peps.12012 (archived at https://perma.cc/R2VZ-GWYY)

Arnold, J and Randall, R (2010) *Work Psychology: Understanding human behaviour in the workplace*, 5th edn, Financial Times/ Prentice Hall

Chandola, T, Booker, C, Kumari, M and Benzeval, M (2019) Are flexible working arrangements associated with lower levels of stress related biomarkers? A study of 6,025 employers in the UK, Longitudinal Study, *Sociology*, vol 53, Issue 4, pp 779–99

Chung, H and van der Lippe, T (2018) Flexible working: work life balance and gender equality, *Social Indicators Research*, doi.org/10.1007/s11205-018-2025-x (archived at https://perma.cc/78H2-YT94)

CIPD (2016) *Employee Outlook, Employee Views on Working Life: Focus on commuting and flexible working*, CIPD, London

CIPD (2019) *Health and Wellbeing at Work Report 2019*, CIPD, www.cipd.co.uk/ Images/health-and-well-being-at-work-2019.v1_tcm18-55881.pdf (archived at https://perma.cc/4NRU-GZGX)

Clarke, S and Holdsworth, L (2017) *Flexibility in the Workplace: Implications of flexible working arrangements for individuals, teams and organizations*, Acas, archive.acas.org.uk/media/4901/Flexibility-in-the-Workplace-Implications-of- flexible-work-arrangements-for-individuals-teams-and-organizations/pdf/ Flexibility-in-the-Workplace.pdf (archived at https://perma.cc/52XB-KTJ7)

Cooper, C and Hesketh, I (2019) *Wellbeing at Work: How to design, implement and evaluate an effective strategy*, Kogan Page, London

Eurofound/International Labour Office (2017) *Working Anytime, Anywhere: The effects on the world of work*, Publications Office of the European Union, Luxembourg, and the International Labour Office, Geneva, www.eurofound. europa.eu/publications/report/2017/working-anytime-anywhere-the-effects-on- the-world-of-work (archived at https://perma.cc/8W7W-3DQ5)

Fagan, C, Hegewisch, A and Pillinger, J (2006) *Out of Time: Why Britain needs a new approach to working-time flexibility*, Trades Union Congress, www.researchgate.net/publication/286447808_Out_of_Time_-_why_Britain_ needs_a_new_approach_to_working-time_flexibility (archived at https://perma.cc/ B87P-XQRV)

Fagan, C, Lynonette, C, Smith, M and Saldana-Tejeda, A (2011) *The Influence of Working Time Arrangements on Work-Life Integration or 'Balance': A review of the international evidence*, Conditions of Work and Employment Series No.32, International Labour Office, www.ilo.org/wcmsp5/groups/public/---ed_protect/---protrav/---travail/documents/publication/wcms_187306.pdf (archived at https://perma.cc/R4DK-8ANK)

Harvard Business Review (2017) A study of 1,100 employees found that remote workers feel shunned and left out, *Harvard Business Review*, hbr.org/2017/11/ a-study-of-1100-employees-found-that-remote-workers-feel-shunned-and-left- out (archived at https://perma.cc/VJ3H-5Q85)

HSE (2019) *Work-Related Stress, Anxiety or Depression Statistics in Great Britain 2019*, Health and Safety Executive, www.hse.gov.uk/statistics/causdis/stress.pdf (archived at https://perma.cc/2AFV-Y5EJ)

HSE (nd) What are the management standards?, www.hse.gov.uk/stress/standards/ (archived at https://perma.cc/9LQQ-YR5W)

International Working Group (2019) *Welcome to Generation Flex: The employee power shift*, assets.regus.com/pdfs/iwg-workplace-survey/iwg-workplace- survey-2019.pdf (archived at https://perma.cc/PR9P-84RE)

Kelliher, C and Anderson, D (2010) Doing more with less? Flexible working practices and the intensification of work, *Human Relations*, vol 63, doi: 10.1177/0018726709349199

Mind (2019) Taking care of your staff, www.mind.org.uk/workplace/mental- health-at-work/taking-care-of-your-staff/ (archived at https://perma.cc/ 94VG-P7XC)

New Economics Foundation (2008) *Five Ways to Wellbeing*, neweconomics.org/ uploads/files/8984c5089d5c2285ee_t4m6bhqq5.pdf (archived at https://perma.cc/ 44DE-5H7Z)

Office for National Statistics (2014) *Commuting and Personal Wellbeing Survey*, webarchive.nationalarchives.gov.uk/20160131203938/ (archived at https://perma.cc/W3VW-N3ZV) http://www.ons.gov.uk/ons/rel/wellbeing/ measuring-national-well-being/commuting-and-personal-well-being--2014/ art-commuting-and-personal-well-being.html#tab-2--Key-Points (archived at https://perma.cc/HH9H-NBAN)

Russell, S (2019) *How Remote Working Can Increase Stress and Reduce Well-Being*, The Conversation, theconversation.com/how-remote-working-can-increase-stress-and-reduce-well-being-125021?utm_medium=email&utm_campaign=Latest%20from%20The%20Conversation%20for%20October%2014%202019%20-%201433913578&utm_content=Latest%20from%20The%20Conversation%20for%20October%2014%202019%20-%201433913578+CID_6f83680f2a20c2e64e7e6ffe1e5702ef&utm_source=campaign_monitor_uk&utm_term=increase%20stress (archived at https://perma.cc/7GC4-9BGS)

YouGov/Lloyds Bank (2019) www.yourmoney.com/household-bills/british-workers-spend-492-days-of-their-lives-travelling-to-work/ (archived at https://perma.cc/ZW7E-4S5B)

06
유연근무에 대한 오해와 진실

유연근무의 장점은 체계적인 연구와 현실 사례를 통해 증명되고 있다. 그런데도 유연근무에 대한 잘못된 속설myths이 널리 퍼져있다. 6장에서는 유연근무에 대한 잘못된 속설을 이야기하려 한다. 근거 없이 널리 퍼진 통념들로 인해 유연근무를 하는 개인, 도입하려는 조직이 피해를 입을 수 있다. 때로 유연근무에 관한 편견과 오해가 조직 내부의 변화를 막는 장벽이 될 수 있다.

  유연근무에 대한 잘못된 믿음은 만연해있다. 유연근무제의 수요자는 누구인지, 언제 유연근무가 필요한지, 유연근무자에 대한 태도까지 사람들이 생각하는 유연근무에 대한 잘못된 믿음은 다양하다. 유연근무에 대한 오해와 편견은 서로 연결되어 있다. 유연근무에 대한 인식은 조직 내 유연근무제의 활용 가능성과 도입 여부에 매우 실질적인 영향을 미친다. 또한 일부 직원의 경력에 중요한 영향을 미칠 수 있다. 잘못된 믿음의 일부는 간단한 설명이나 데이터로 쉽게 개선된다. 하지만 다른 일부는 훨씬 더 깊은 차원의 문제를 내포한다. 조직 전체의 문화적 측면과 개별 직원의 편견과도 연결되어 있다. 사회문화적 측면과 관련된 잘못된 믿음은 깨뜨리기가 훨씬 어렵다.

이 장에서는 유연근무제에 대한 대중의 오해를 반박하는 증거를 제시할 것이다. 대중에게 만연한 오해는 두 가지 중요하고 근본적인 믿음에서 기인한다. 표준근로모델과 '이상적인 노동자ideal worker'라는 미신이다. 두 개념은 종종 함께 작용한다. 유연근무의 장점에 대한 증거가 있음에도 불구하고 유연근무가 아직 모든 조직에서 널리 수용되지 않으면서 유연근무를 선택하는 개인에게 책임이 묻는 이유는 여기에 있다.

이상적인 노동자

이상적인 노동자는 다른 모든 것보다 업무를 우선한다. 그는 연중무휴 일한다. 조직에 헌신하고 높은 동기부여 수준과 업무 참여도를 보인다. 자발적으로 노력하고 업무와 관련 없는 약속을 잡지 않는다. 이상적인 노동자는 병가 사용 비율이 낮으며, 기대 이상의 일을 해낸다. 근면성실하며 장기근속 포상을 받는 경우가 많다. 휴가를 보낼 때나 주말에 쉴 때도 업무를 생각한다. 유연근무 역시 조직에 도움이 되는 방식이 아닌 한 선호하지 않는다. 이상적인 노동자가 선호하는 유연근무제는 가족이나 돌봄을 위한 제도가 아니다. 이상적인 노동자는 유연근무제가 아닌 다른 형태의 보상을 원한다(Chung & van der Lippe, 2018). 이런 맥락에서 남성은 이상적인 노동자일 가능성이 훨씬 크다(Chung, 2018).

유연근무는 '이상적인 노동자'와 다른 삶의 방식을 제시한다. 조직구성원은 업무 외에 다른 우선순위와 더 선호하는 욕망을 가질 수 있다. 그런데도 일부 조직에서 유연근무제를 사용하고자 하는 사람은 '이상적인 노동자' 규범에서 벗어나는 '타인other'이 된다. 이상적인 노동자와 비교하면, 유연근무자는 모범적이고 바람직한 직원의 모습은 아니다. 이들은 경력소외와 유연근무 낙인을 경험한다. 이상적인 노동자라는 잘못된 믿음이 프레젠티즘과 과로가 정당한 것으로 느껴지게 만든다.

'이상적인 노동자'는 미신이다. 그들은 현실에 존재하지 않는다. 개개인의 조직구성원은 어디에서 일하고 어떤 직업을 가지고 있든 자신의 업무와 관련이 없는 우선순위priorities, 욕망desires, 필요needs를 가진다. 다른 모든 것을 배제하고 자신의 일에 평생을 바치는 데 만족하는 사람은 거의 없다. 이런 현실에도 불구하고 우리는 여전히 직장에서 모범이 되고자 하고 모범이 되지 못하는 사람들을 판단한다. 환상 속 누군가를 선발하고 대안을 거의 용인하지 않는다. 유연근무자들이 겪는 낙인의 근원은 바로 여기에 있다. '이상적인 노동자'는 함정이다. 사람들이 '이상적인 노동자'라는 환상을 좇을 때 다른 근무형태로 다양한 재능을 발휘할 수 있는 사람들은 잊혀진다. 또 조직에서 새로운 근무 형태를 고민할 여지가 낮아진다.

표준근로모델

이 책 전체를 관통하는 근무 형태는 '표준근로모델'이다. 전통적인 직장의 근무방식이다. 표준근로모델은 산업혁명까지 역사를 거슬러 올라간다. 주요 업무 공간이 집과 마을에서 공장과 사무실로 처음 변경된 시기다.

주 5일 근무와 주말 휴식은 세계 대부분의 지역에서 관행이다. 하루(또는 며칠) 휴식은 사실 종교적 준수와 관련이 있다. 문화권이나 국가별로 차이가 있지만, 대부분의 국가의 주당 근무 시간은 주당 40시간 또는 하루 8시간이다. 하루 8시간 근무도 역사적 기원이 있다. 산업혁명 후 장시간 노동이 새로운 표준이 되었다. 많은 근로자가 하루에 12시간 이상을 일했다. 일 8시간 노동 캠페인은 웨일스Welsh의 섬유 공장 소유주 로버트 오웬Robert Owen이 주도했다. 1817년 오웬은 노동자들을 위한 '8시간 노동, 8시간 여가, 8시간 휴식eight hours' work, eight hours' recreation and eight hours' rest'을 천명했다(TUC, 2019). 그런데도 선진산업국가에서 하루 8시간 근무가 법률로 노동 시간 제한을 설정하는 표준이 되기까지 수십 년이 걸렸다.

1900년대 초반, 특히 제조업에서는 주 6일 근무가 일반적이었다. 헨리 포드Henry Ford는 변화의 주도자였다. 포드가 1926년에 주 5일 근무제를 도입한 최초의 사업주가 되었을 때 다른 많은 조직도 그의 뒤를 따랐다. 포드와 동시대 사람들에게 이 변화의 결과는 생산성 향상이었다. 노동시간 단축으로 생산량이 줄어들지 않고 오히려 늘어났다. 포드 후 거의 100년이 지난 2019년에 주4일근무제로 전환하기 위한 캠페인이 시작되었고, 표준 근무 시간을 훨씬 더 줄일 수 있는 잠재적 이득에 대해 포드와 동일한 주장을 펼쳤다. 주4일제는 새로운 트렌드로 자리 잡을 수 있다.

근무 방식의 역사는 현재 방법이 의도적으로 설계된 것이 아니라 일반적인 상황에 따라 진화했을 뿐이라고 말한다. 1926년 이후로 많은 것이 변했지만 그대로인 것도 있다. 직장에서 표준근로모델을 유지해야 한다는 것은 잘못된 믿음이다. 변화를 선택하면, 다르게 일할 수 있다.

표준근로모델과 이상적인 노동자라는 잘못된 믿음이 결합되어 유연근무제의 수용과 확산에 대한 실질적 난관이 발생하고 있다. 과거 오웬과 포드의 아이디어는 혁명적이었다. 그들은 오늘날 유연근무제가 추구하는 목표처럼 현상유지 시스템에 도전했다. 하지만 근무유형를 진정으로 혁신하기 전에 먼저 깨야 할 잘못된 믿음이 존재한다.

유연근무에 대한 편견

유연근무제는 나와 무관하다

이 믿음은 특히 위험하다. 유연근무제에만 국한된 것이 아니다. 조직 내 주요의사결정 과정에 영향을 미칠 수 있다. 원래 인류는 현상 유지를 선호한다. 그렇기에 미래를 어떻게 대응할지에 대한 선택은 우리의 몫이다. 지금까지 존재하지 않았던 새로운 기준에 대해 사람들은 달리 반응한다. 어떤 사람들은 더 빠르고 능동적으로 새로운 기준을 받아들인다. 다른 일부는 새로운 기준을 경계하고 무시한다. 그렇기에 '나에게는 적용되지 않을 것이다'라는 근거 없는 믿음이 자연스럽게 퍼져있는 경우가 많다. 유연근무제를 거부하는 사람들에겐 아주 좋은 빌미가 되기도 한다. 하지만 근무형태의 유연성은 시대적 화두다. 이미 온 미래를 무시할 수 있는 조직은 거의 없다.

유연근무자는 조직에 헌신하지 않는다

유연근무자들은 직장보다 내가 중요하고, 경력의 발전보다는 본인의 삶에 집중한다는 오해가 있다. 이 오해는 다양한 증거로 반박할 수 있는 잘못된 믿음이다. 학계의 연구는 시간제근로를 하는 직원이 오히려 직장에 대한 애정과 몰입도가 높아졌다는 사례를 제시한다(Kelliher & Anderson, 2010).

불편한 선례를 만들면 안 된다

관리자들에게 널리 퍼진 잘못된 속설이 있다. 한 직원의 유연근무 요청을 수락하면, 그 이후에는 모든 직원의 유연근무 요청을 받아들여야 한다는 것이다.

고용관계에 대해 법적 분쟁이 발생한 경우 사업주가 합리적인 사내 정책을 운영했는지가 주요 쟁점이 된다. 이때 고용주가 같은 사안에 대해 일관성 있는 접근 방식을 취했는지가 중요하다. 그런데도 단일 유연근무 요청에 동의한다고 해서 구속력이 있는 내부 선례가 설정되지는 않는다. 관리자는 신청이 접수된 순서와 신청 당시 상황에 따라 요청을 고려할 수 있다. 따라서 한 개인에게는 '예yes'라고 대답하고 수용할 수 없는 다른 유사한 요청은 거부할 수 있다. 그러나 이런 상황은 매우 신중하게 관리되어야 한다. 또한 유연근무 요청을 받아들일 수 없는 경우, 직원에게 명확한 이유를 제시해 불만이나 사기 저하를 방지해야 한다.

일부 직원이 유연근무를 하기 시작하면 유연근무제에 대한 인식이 높아져 추가 요청이 접수될 수 있다. 이것을 문제로 볼 필요가 없으며 오히려 잠재적인 기회로 봐야 한다. 추가 신청이 있는 경우 각 요청은 개별적으로 공정하게 처리해야 한다. 유연근무 신청은 걱정할 필요가 없는 일이다. 생각을 전환하고 상황을 유용하게 재구성할 수 있는 방법이 있다. 추가 유연근무 요청은 기존 직원의 동기를 부여할 수 있는 새로운 기회라고 인식하는 것이다.

유연근무자는 불성실하다

관리자들은 유연근무제에 대해 가지고 있는 편견을 때로 공개적으로 표현한다. 때로는 내재된 행동을 통해 암시하기도 한다. 재택근무자나 자율시간근무제를 활용하는 직원이 팀 내 다른 구성원과 의사소통에 문제가 생길까봐 우려하는 관리자들이 많이 있다. 관리자들의 불안은 모든 구성원이 같은 장소에서 일하고 대면해야만 직성이 풀리는 표준근로모델과 관련이 있다. 인적자원관리 자격을 공부한 독자는 조직 내 동기 부여에 대한 전통적인 이론을 기억할 것이다. 잘 알려진 이론 중 하나는 더글라스 맥그리거Douglas McGregor의 X이론과 Y이론이다(Mullins, 2016). Y이론은 노동자를 신뢰할 수 있고, 스스로 동기를 부여하고, 책임감을 가지며, 주도적으로 일할 수 있다고 가정한다. 이에 반해 X이론은 노동자를 신뢰하지 않는다. 노동자는 게으른 존재로 지속적인 감독과 지시가 필요하며, 그렇지 않으면 자신의 이익을 위해 일한다. 이것은 종종 '명령 및 제어command and control' 유형 관리로 알려져 있다. 맥그리기의 이론은 수십 년 전의 일이지만 현재의 많은 직장 관행은 여전히 이러한 세계관에 기반하고 있다. 그의 이론은 인사 관리와 동기 부여에 대한 이분법적 관점에 기반한다. 눈앞에 직원이 없으면 신뢰할 수 없다는 태도는 종종 조직문화 내 깊이 뿌리를 둔 X이론에서 확고하게 파생된다. 물론 일부 유연근무자가 업무를 완수하지 못하거나 사적 업무를 위해 근무 시간을 활용하는 것은 충분히 예상 가능하다. 그러나 이는 유연근무제가 없었던 전통적인 직장에서도 마찬가지로 발생했다. 개인의 성과를 지속적으로 모니터링할 수 있는 작업장은 거의 없으며, 지식 노동의 성과평가는 거의 불가능하다. 유연근무자에 대한 전통적인 인식을 지닌 관리자는 문제 발생 시 해결 방안이 마련되길 원한다.

많은 조직의 표준 업무처리 지침에 따르면 토론이나 협업이 필요할 때 대면회의를 진행한다. 기술발전이 실행 가능한 대안을 제공했지만, 아직까지 대면 회의가 '표준'이다. 누구도 대면 회의를 위해 발생하는 비용에 대해서는 심각하게 고려하지 않는다. 실제로 온라인이나 가상 회의 제안은 잘 받아들여지지 않는다. 유연근무 초기 도입 단계에 있는 회사를 가정해보자. 이 단계의 조직이 가상 회의를 진행하면 계속 참여를 독려하는 전화를 걸고 있는 누군가와 멈춰버린 회의 화면이 가장 먼저 떠오를 수 있다. 스콧 버쿤Scott Berkun(2013)은 자신의 책에서 온라인 회의에 적용되는 잣대를 대면회의에 적용하는 것의 필요성을 언급한다. 그는 사람들이 온라인 회의의 효과성을 의심하면서 비효율적인 대면회의에 대해서는 별다른 문제제기가 없는 현실을 꼬집는다. 같은 물리적 공간에서 얼굴을 마주 보고 일하고 회의하는 것은 조직의 오래된 전통적인 근무방식이다.이 통념을 뒤집기 위해서는 기술활용에 대한 지원과 대안을 테스트해보는 과정이 필요하다.

관리자는 유연근무를 할 수 없다

유연근무제의 확산에 영향을 미치는 잘못된 믿음은 유연근무가 조직 내 특정 직책 수준에서만 적합하며, 관리자 또는 고위직에는 적합하지 않다는 것이다. 이런 잘못된 속설은 유능한 직원이 유연근무를 위해 경력개발이나 승진을 포기하게 만든다. 특히 자녀가 있는 여성에게 영향을 미친다. 이 믿음이 허구라는 사실을 보여주는 성공적인 사례가 많이 있다. 유연근무제로 유명한 타임와이즈Timewise는 매년 '파워50 어워드Power50 awards'를 만들어 웹사이트에 게시한다. 이 상의 수상자는 직위고하에 관계없이 다양한 유연근무제를 활용한다. 일반적으로 유연근무에 관한 비전을 지닌 조직에서 고위직들은 유연근무제를 활용하는 경향이 있다. 관리자와 임원진이 유연근무를 하는 조직은 다른 직원에게 강력한 역할 모델을 제공한다. 또 이런 사례가 다른 직원들의 문제를 해결하는 데 도움을 준다. 임원진의 유연근무 활용 사례를 공유하고, 그들이 일하는 패턴 및 효율성을 높이는 방법을 적극 알릴 필요가 있다. 임원진의 유연근무 활용은 사내 문화의 변화를 촉진하고 직원들도 동일한 기회가 제공될 수 있는 환경을 만든다.

유연근무자는 관리가 어렵다

일부 관리자는 유연근무를 실시하면 팀원 관리 시간과 비용이 증가할 것이라고 생각한다. 표준근로모델을 따르는 팀과 비교하면 그 차이가 극명할 것이라는 우려를 제기하기도 한다. 유연근무자는 '신뢰'를 기반으로 산출된 결과와 성과에 집중하는 것이 중요하다. 같은 장소에 '출근'하는 것은 의미가 없다. 일부 관리자의 경우 관리 방식에 대한 기존 아이디어에 도전하는 사고방식의 전환이 필요하다. 유연근무자가 사무실에 출근하는 전통적인 근무자보다 관리하기가 더 어렵다는 증거는 어디에도 없다. 그렇기에 관리자는 기존 직원관리 방식을 재고해야 한다. 정기적인 일대일 대화, 객관적인 지표설정, 성과 검토 등은 모든 관리자에게 추천할만한 좋은 직원 관리 방식이다. 언급한 방식은 유연근무자를 관리할 때 필요하다. 관리자는 더는 '격의 없는 비공식적 대화water-cooler'에만 의존할 수 없다. 유연근무자와의 상호 작용은 더 신중하고 계획적일 필요가 있다. 하지만 유연근무자를 관리할 때 좋은 인사 관리 제도 이상의 무언가를 필수적으로 해야 한다는 것은 아니다.

유연근무자는 짧게 일한다

많은 사람이 유연근무자의 평균 근무 시간이 짧다고 생각한다. 1장에서 이미 보았듯이 시간제 근무자들은 예상보다 훨씬 더 많이 일한다. 그런데도 연단위 근무제, 시간제 근무, 2주 9일 근무제 등을 활용하는 유연근무자는 표준근무자와 동일한 시간을 일하도록 강요받는다.

유연근무제는 모든 직종에 적합하지 않다

유연근무제가 상대적으로 수용되기 어려운 근로 형태나 직업이 있다. 예를 들어, 대면 고객 서비스를 제공하는 소매업 직원은 재택근무 형식의 유연근무가 불가능하다. 그러나 이것이 전체 산업, 조직 또는 특정 직무 역할에 대한 고착화된 믿음으로 이어지면 안 된다. 소매 직원은 자율시간 선택제, 직무 공유제 또는 시간제 근무와 유사한 유연근무 제도를 사용할 수 있다.

　새로운 기술이 도입될 때처럼, 관리자는 새로운 근무 형태가 자신에겐 해당 없을 것이라는 가정을 하기 쉽다. 누구나 이름만 대면 아는 조직도 근본적인 외부 환경 변화를 식별하지 못하고 심각한 결과를 겪은 사례가 많다. 유연근무가 일부 직무에만 적합하고 다른 직무에는 부적합하다고 가정하는 것은 잘못된 믿음이다.

유연근무는 여성(또는 어머니)을 위한 것이다

유연근무제의 도입 과정에서 부각되었던 어린 자녀를 둔 부모의 권리라는 개념은 유연근무제에 대한 고정관념으로 이어졌다. 유연근무제는 출산 휴가 후 직장으로 복귀하는 여성을 위해 필요하다는 통념을 뛰어 넘어야 한다. 육아하는 여성에게만 집중된 협소한 초점은 보다 광범위한 사회 경제적 목표를 달성하기 위해 유연근무제를 사용할 기회를 놓치게 만든다(Fagan et al., 2006).

　앞서 제시한 증거는 과거의 인식이 잘못되었다고 말한다. 2019년 영국 워킹라이브스UK Working Lives 연구를 진행한 공인인력개발협회의 데이터에 따르면, 유연근무를 하게 된 이유 중 돌봄을 꼽은 직장인은 25% 미만이었다. 그러나 유연근무제는 육아를 위해 필요하다는 편견을 강화하는 다양한 사회적 요인이 있다. 성별 임금격차로 인해 여성은 남성 파트너보다 임금수준이 낮은 경우가 많다. 따라서 출산 후 부모 중 한 명이 근무 시간을 줄이기를 원할 경우 대개는 여성이 대상으로 선정된다. 둘째, 여성은 여전히 육아를 포함하여 가정에서 대부분의 가사 노동을 수행한다. 따라서 유연근무제를 원하는 이유가 다양하다는 근거를 제시해도 사람들은 유연근무제가 자녀가 있는 여성이 가장 원할 것이라고 착각한다. 어떤 사람은 개인적 목표를 달성하기 위해서 유연근무제를 활용한다. 자녀가 있는 남성은 육아에 참여하기 위해서 유연근무제가 필요하다. 다만, 유연근무를 원하는 아버지는 표준에서 제외되며, 유연근무를 시행할 때 더 큰 장벽을 마주하게 된다.

불행하게도 많은 자녀가 있는 남성은 자녀가 있는 여성 직장인들이 겪는 것과 유사한 어려움을 겪고 있다. 2019년 설문 조사에 따르면, 자녀가 있는 남성 5명 중 2명은 유연근무 신청이 거절되었다. 유연근무자 5명 중 1명은 관리자와 동료로부터 차별받는다고 느끼는 것으로 나타났다(People Management, 2019). 2019년 3,000명의 아버지를 대상으로 한 딜로이트 설문조사에 따르면, 어린 자녀를 둔 아버지의 3분의 1이 직장을 이직해 자녀와 더 많은 시간을 보낼 수 있는 유연성이 높은 직무를 찾고 있다(Deloitte, 2019).

유연근무제의 도입은 맞벌이 부부를 위한 것이라는 잘못된 믿음은 깨뜨리는 방안으로 포용적 유연근무 정책 도입이 필요하다. 패밀리 앤 차일드 케어 트러스트Family and Childcare Trust(2016)가 여성평등위원회에 제출한 보고서에서 '유연근무제의 운영이 부모와 법적보호자를 위한 선택 사항으로만 장려된다면 유연근무자에게 낙인이 찍힐 수 있다'고 경고했다. '가족 친화적인family-friendly' 혜택에 대한 정보제공이 유연근무 정책으로 분류되는 것은 바람직하지 않다. 모든 직원이 사용할 수 있는 유연근무 사내 정책을 만들고 확산시켜야 한다.

유연근무제 신청 과정에서 신청자가 유연근무를 원하는 이유를 지원 절차의 일부로 명시하도록 요구하는 경우가 많다. 이 관행은 유연근무제 신청권이 부모와 법적 보호자에게만 제공되었던 과거 법률 체계로 거슬러 올라간다. 유연근무 신청의 수락여부를 결정하는 관리자 측의 판단이 필요할 수 있다. 예를 들어, 출퇴근 시간을 줄이거나 학업을 추구하려는 개인보다 법적 보호자의 유연근무 신청을 우선순위로 '수락'하는 것은 바람직한가?

유연근무는 잘못된 믿음이 널리 퍼진 단어로 노동 계급이 유연근무에 관해 부정적인 고정관념에 사로잡혀 있는 경우가 많다. 잘못 알려진 속설로 인해 영국에서 유연근무제에 대한 복잡한 인식이 만들어졌다. 이전 장에서 논의한 장벽과 마찬가지로 잘못된 믿음은 유연근무제의 수용을 방해한다. 유연근무제에 대한 오해는 줄여나갈 수 있다. 다만 시간, 입증책임, 이해관계자와의 조율 등을 고려해야 한다.

만일 직장에서 유연근무제에 관한 근거 없는 믿음을 듣게 된다면, 이전 장에서 살펴본 유연근무제와 관련된 증거와 정보를 활용하여 이를 반박할 수 있다.

다음 장에서는 유연근무라는 미래 노동의 핵심의제를 가로막는 이슈를 살펴볼 것이다. 첫째로 효과적인 유연근무제의 도입을 가로막는 장벽에 대해 탐구한다. 다음으로는 유연근무자를 효과적으로 운영하는 방법도 알아볼 것이다.

핵심 요약

- 유연근무제의 수용과 성공을 가로막는 수많은 잘못된 믿음이 있다.
- 잘못된 믿음 중 일부는 고정관념과 무의식적 편견과 관련이 있다.
- 잘못된 믿음은 유연근무자에 대한 신뢰 문제에 기인한다. 또 일부는 유연근무제의 운영 방식과 관련이 있다.
- 유연근무제와 관련된 다양한 오해는 면밀한 조사가 필요하며 진실이라 믿기엔 증거가 부족하다. 그러나 사람들의 생각을 당장 변화시키기 어려울 수 있기에 조직의 지속적인 노력이 필요하다.
- 유연근무제에 관한 오해는 특정 조직에만 해당될 수 있다. 유연근무제에 관한 편견이 더 잘 발견되는 기업이 있는지 확인하는 것은 도움이 될 수 있다.

참고문헌

Berkun, S (2013) *The Year without Pants*, Jossey-Bass, San Francisco, CA. 『바지 벗고 일하면 안되나요?: 워드프레스닷컴과 미래의 노동』 제이펍, 2014 역간.

Chung, H (2018) Gender, Flexibility stigma and the perceived negative of flexible working in the UK, *Social Indicators Research*, doi.org/10.1007/s11205-018-2036-7 (archived at https://perma.cc/X2SU-VXBG)

Chung, H and van der Lippe, T (2018) Flexible working: Work life balance and equality, *Social Indicators Research*, doi.org/10.1007/s11205-018-x (archived at https://perma.cc/78H2-YT94)

CIPD (2019) *Working Lives Survey*, Wheatley, D and Gifford, J, CIPD, London

Deloitte (2019) *The Millennial Dad at Work Report*, in association with Daddilife, content/uploads/2019/05/The-Millenial-Dad-at-Work-Report-2019.pdf (archived at https://perma.

cc/K8MV-NSSH)

Fagan, C, Hegewisch, A and Pillinger, J (2006) *Out of Time: Why Britain needs a new approach to working-time flexibility*, Trades Union Congress, www.researchgate.net/publication/286447808_Out_of_Time_-_why_Britain_needs_a_new_approach_to_working-time_flexibility (archived at https://perma.cc/B87P-XQRV)

Kelliher, C and Anderson, D (2010) *Doing More With Less? Flexible working practices and the intensification of work*, The Tavistock Institute

Mullins, L (2016) *Management and Organizational Behaviour*, 11th edn, Pearson

People Management (2019) Fathers struggle to get the flexible work they need, says *People Management*, www.peoplemanagement.co.uk/news/articles/ struggle-to-get-flexible-work (archived at https://perma.cc/Y5YE-JSAB)

TUC (2019) *A Four-Day Week With Decent Pay For All? It's the future*, day-week-decent-pay-all-its-future (archived at C-BME9)

Wheatley, D (2012) Work-life balance, travel-to-work and the dual career *Personnel Review*, 41(6)

Wheatley, D and Gifford, J (2019) *Working Lives Survey*, CIPD, www.cipd.co.uk/ working-lives-2019-v1_tcm18-58585.pdf (archived at https://perma.cc/A-5S83)

Women and Equalities Committee Report (2016) *Gender Pay Gap*, House of publications. parliament.uk/pa/cm201516/cmselect/cmwomeq/584/584.pdf (archived at https://perma.cc/6TAU-X4KQ)

07

유연근무의 장벽과 극복 방법

6장에서는 유연근무제와 유연근무자에게 뿌리 깊이 박혀있는 근거없는 믿음에 대해 탐구했다. 이외에도 조직이 유연근무를 효과적으로 적용하고 수용하는 데에는 여러(때로는 상호연결된) 장벽이 존재한다. 공인인력개발협회의 연구에 따르면, 유연근무 방식을 사용하는 데 있어 가장 일반적으로 언급되는 장벽은 업무의 특성(27%), 경영진의 부정적인 태도(15%), 직속상사의 부정적인 태도(14%) 순이다(CIPD, 2016).

유연근무에 대한 장벽은 현실적인 문제다. 다만 상당 부분은 유연근무제에 대한 인식과 태도에 기반한다. 존재하는 장벽은 문화와 관련이 깊다. 유연근무의 장벽은 조직마다 유사하게 나타나지만, 어떤 경우는 특정 맥락과 산업 또는 역할 유형에 따라 다르게 나타난다. 유연근무제의 장벽을 넘어서기 위해서는 기본에 충실해야 한다. 장벽을 정의하고 탐색하고 제거하는 전략을 수립하는 것이다. 이 장에서는 유연근무 방식의 채택 및 수용과 관련된 몇 가지 주요 장벽과 과제를 살펴볼 것이다.

조직문화

조직문화는 '이 장소에서 일하는 방식the way things are done around here'으로 정의할 수 있다. 공식적으로, 조직문화는 조직과 조직구성원이 공유하는 가치, 태도, 신념, 행동을 뜻한다. 업무와 관련된 조직에는 공식 조직formal organization과 비공식 조직informal organization이 존재한다. 공식 조직은 조직 구조, 정책, 전략으로부터 설립된다. 비공식 조직은 의사소통 채널, 대인관계, 리더십, 이야기와 감정들을 공유하며 자연발생적으로 구성된 집단이다. 비공식 조직은 계획과 의도가 없다. 매우 자연스러우면서, 때로는 기존의 공식 조직과 대조적으로 나타난다. 유연근무제는 공식 조직과 비공식 조직 모두에 영향을 미친다.

 문화는 조직 변화에 중요한 요소다. 조직 변화가 어떻게 수용되는지, 발생하는지, 성공할 수 있는지에 큰 영향을 미친다. 조직문화의 변화를 이끄는 일은 어렵다고 알려져 있다. 하지만 불가능한 것은 아니다. 조직문화의 변화에 관해서는 유연근무 전략과 실행 방법을 논하는 장에서 이야기할 것이다. 인터내셔널 워크플레이스 그룹International Workplace Group(2019)의 설문조사에 따르면, 응답자의 60%는 유연성이 떨어지고 변화 속도가 느린 조직문화가 유연근무제 도입의 걸림돌이라고 응답했다.

 공식적인 변화가 시도될 때에도 문화의 비공식적인 측면이 이를 가로막는다. 조직문화와 직원들의 일상 경험사이에 긴장 관계에 있을 수 있다. 조직문화가 근무 방식에 영향을 미치기 때문이다. 예를 들어, 조직구성원이 중요한 결정을 내리거나 상호 협력하기 위해 어떤 방식을 활용하는지 살펴보면 쉽게 확인할 수 있다. 대부분의 조직에서 대면 회의 방식이 표준이다. 회의 참여자의 이동 시간이나 모임 장소의 편의성과 관계없이 모두 일괄적으로 한 장소에 모인다. 토론을 마치고 결정사항이 정해지면 회의 참여자는 각자의 업무 장소로 돌아간다. 대면 회의의 장점은 분명하다. 하지만 항상 모여서 회의하는 것은 꽤나 비효율적이다. 단순히 그동안 해왔던 방식이기 때문에 별생각 없이 하는 것들이 많다. 기술 발전으로 대면 회의에 대한 다양한 대안들이 제공된다. 온라인 협업툴 또는 스카이프Skype 같은 화상 회의 프로그램이 대표적 예다. 비대면 업무 프로그램은 몇 년 전부터 널리 사용되고 있다. 다만 조직문화에 따라 활용 여부가 결정된다. 단순히 접근성과 사용자 경험 차원의 문제가 아니라 채택과 전통의 문제로 귀결된다. 이 맥락에서 조직문화 자체가 새로운 시도에 대한 장벽이 될 수 있다는 점을 염두에 두어야 한다.

신념과 태도는 조직문화의 중요한 요소이며, 유연근무제에 대한 부정적 인식과 깊은 연관성이 있다. 이에 대한 설명은 6장의 '오해'와 맞닿아 있다. 관리자는 직원의 출근과 생산성을 동일한 것으로 혼돈한다. 실제로 직장에 출근하는 것을 보는 것 자체가 '관리'하는 것이 된다. 즉, 프레젠티즘presenteeism이 만연하게 된다. 프레젠티즘은 조직문화를 망치는 주요 요인이다. 직원은 고용 계약에서 요구하는 시간보다 더 오래 직장에 물리적으로 머물게 된다. 문제는 프레젠티즘이 가치가 있는 것으로 인식된다는 것이다. 그래서 직원이 몸이 좋지 않은 상태라도 무조건적으로 출근한다. 프리젠티즘과 밀접한 관련이 있는 또 다른 개념이 있다. '리비즘leavism'이다. 휴가 때도 제대로 쉬지 않고 일하는 것을 뜻한다. 리비즘에 빠지면, 높은 업무 부하를 따라잡기 위해 휴일에도 일하게 된다. 몸이 좋지 않을 때 일을 쉬지 않게 되는 것이다.

프레젠티즘과 리비즘은 조직문화의 영향 하에 다양하게 발생할 수 있다. 직업 안정성에 대한 두려움과 관련이 있을 수 있다. '정시에on time' 퇴근하는 게 용인되지 않는 조직에서 일하면 그럴 수 있다. 퇴근 후 업무연락을 받는 것이 너무나도 당연하게 된 문화에서 발생하기도 한다. 심지어 일부 구성원은 승진 또는 보상 경로를 확보하기 위해 프레젠티즘과 리비즘을 용인한다. 이런 문화의 조직은 사무실에 장시간 있는 사람들이 더 생산적이며 자신의 역할과 조직에 전념한다고 가정한다. 사실일 수도 있고 아닐 수도 있는데도 기존 문법에 따른다. 이렇게 오래 업무를 하는 이유는 간단하다. 업무량이 많거나 업무량에 비해 가용 자원이 적기 때문이다. 프레젠티즘이 당연시 되는 조직에서는 유연근무 도입이 쉽지 않다. 심지어 '플렉시즘Flexism'까지 발생한다. 플렉시즘은 근무 시간이 유연한 사람에 대한 차별과 견제를 뜻한다. 플렉시즘은 유연근무자가 조직에 별다른 헌신을 하지 않고, 경력 개발에는 관심이 없다고 여기는 편견과 맞닿아 있다. 이것은 노골적인 차별(학습 및 개발 기회의 감소, 승진 시 유연근무자 배제)로 이어진다. 뿐만 아니라 더 교활한 형태로도 발생할 수 있다. 부적절한 형태의 '장난 섞인 농담banter'을 당하는 것은 흔한 일이고, 유연근무자를 '아르바이트 하는 사람'으로 부르는 등의 무시하는 언어도 비일비재하다.

유연근무자가 생산성이 떨어지고, 헌신적이지 않으며, 무능하다는 증거는 어디에도 없다. 이는 시대에 뒤떨어진 생각이다. 실제로 2018년 워킹 패밀리스Working Families의 연구에 따르면, 시간제 직원의 성과 평가가 정규직 직원의 평가보다 상대적으로 더 높다. 유연근무자의 최고 성과 등급 비율은 모든 직원의 최고 성과 등급 비율보다 20% 더 높게 나타났다

(Working Families, 2018). 맨체스터 대학교University of Manchester의 연구원들은 유연근무자들이 조직에 '보답하려는' 의지와 조직 헌신이 큰 경우가 더 많으며, 유연근무 계약이 하나의 동기부여 요인이라는 것을 인정했다(Clarke & Holdsworth, 2017).

이런 증거만으로 유연근무에 대한 편견과 고정관념을 막을 순 없다. 한 연구자는(Chung, 2018) 유연근무자가 덜 헌신적이거나 생산성이 낮다는 인식을 탐색하면서 유연근무 낙인에 대해 상세히 조사했다. 조사에 따르면, 모든 근로자의 35%가 '유연근무자는 다른 팀원이 더 많은 일을 하게 만든다'는 말에 동의했다. 32%의 근로자는 유연근무자들이 '승진 기회가 더 적다'고 믿었다. 이 연구에서 주목할 만한 변수가 하나 있었다. 바로 '성별'이다. 남성들이 유연근무자를 차별 대우할 가능성이 더 컸고, 여성(특히 엄마)이 차별을 경험할 가능성이 더 컸다. 이 결과는 조직에서 유연근무가 보편적으로 수용되기까지 갈 길이 멀다는 것을 나타낸다. 조직 내 '태도attitude'를 바꾸는 것은 길고 복잡한 과정이다.

신뢰는 유연근무제의 실행을 가로 막는 장벽이 될 수 있다. 조직문화와 신뢰는 자주 언급되는 이슈다. 유연근무를 도입하기 위해선 신뢰가 중요하다. 유연근무는 사람들이 특정 장소에 물리적으로 존재하지 않거나 직접적인 감독 하에 있지 않아도 최선을 다할 것이라는 믿음을 바탕으로 한다. 프레젠티즘과 리비즘이 번성하는 문화와는 정반대의 길을 가리킨다. 공인인력개발협회의 조사에 따르면, 조사자의 13%는 출근해서 책상에 앉아 있는 것을 강요하는 문화가 있다고 답했다(CIPD, 2016). 유연근무 혁명을 위해서 '출근이 중요하다'는 인식은 반드시 넘어서야 한다. '출근했다'는 것은 생산성과 아무런 의미가 없다. 출근이 능력의 지표는 더더욱 아니다.

유연근무제를 시행할 때 직장 내 신뢰가 부재하면 여러 문제가 발생한다. 조직구성원이 유연근무 신청 자체를 거부한다. 조직은 유연근무제의 시행으로 가져올 잠재적 효과를 거두지 못한다. 유연근무제를 선호하지 않는 중간관리자에겐 신뢰 문제가 더 심각하게 다가온다. 예를 들어, 직무 공유제는 유연근무의 일종이지만, '표준' 근무 시간 동안 사무실에 남아 '대면 형태'로 보낼 수 있기에 신뢰 이슈가 발생할 가능성이 상대적으로 작다. 반면, 재택근무자는 사무실에 없기 때문에 중간 관리자의 상당한 신뢰가 필요하다. 이는 유연근무제의 이용가능성과 결과에 영향을 미치는 하나의 예시다.

그런데도 유연성과 신뢰에 중점을 둔 조직문화를 토대로 혜택을 보는 조직들도 있다.

사례 연구
부 코칭 앤 컨설팅

부 코칭 앤 컨설팅Boo Coaching and Consulting은 리더십 개발 및 코칭 컨설팅 전문 기업이다. 이 조직은 설립이념으로 유연성을 강조한다.

설립자 베시 마르틴Becci Martin은 기존 회사들과 다른 환경의 조직을 만들려고 노력했다. 지역 사회에 사회적 가치를 더하면서 동시에 기업적 목표까지 달성하고, 조직구성원들도 누구나 일하고 싶어하는 곳을 만드는 것이 그의 의도였다. 보통 직원들은 회사 규칙과 규제로 혼란스러워 했기 때문에 이로부터 자유로운 공간을 확립하기 위해 힘썼다.

이 조직에는 '표준 시간standard hours'이라는 것이 없다. 다양한 방식으로 업무를 수행한다. 일부 직원은 정규직으로 일하지만, 출근과 퇴근 시간이 자유롭다. 근무 시간은 육아 가능 여부를 중심으로 짤 수 있으며, 파트타임식으로 업무를 유연하게 진행할 수 있다.

부는 유연근무제를 토론하는 문화가 있다. 이 회사는 구성원에게 '당신에게 가장 적합한 유연근무 방식을 말해보세요'라는 핸드북을 건넨다. 일반적인 조직에서 근무 시간을 논의할 때 공식적인 절차를 거친다. 하지만 부에서는 간단한 대화를 통해 처리된다. 코칭 및 리더십 개발 프로그램을 요청한 고객과 일을 할 때 고객이 원하는 시간에 일한다. 고객이 별다른 대면 요청이 없을 때는 어디에서나 자유롭게 일할 수 있으며 자기 일정도 소화할 수 있다. 단, 예외가 있다. 한 달에 한 번 팀의 모든 구성원이 볼튼에 있는 본사에 모여 함께 점심을 해야 한다. 이 회사는 모든 일정을 공유한다. 그렇기에 원격근무 시에도 서로의 업무를 확인하고 연락할 수 있다. 부에서는 근무 기록을 남길 필요도 없다. 모든 구성원이 자유롭게 원격근무를 하기 때문이다.

마틴Martin은 출근해 사무실에 있는 것과 생산성이 높아지는 것은 다른 차원의 문제라고 지적한다. 마틴의 철학은 조직구성원이 자신에게 적합한 욕구를 충족시키는 방식으로 일하게 하는 것이다. 언제나 일하러 올 수 있고 자기 자신다움을 찾을 수 있는 직장이라야 구성원들이 더 건강하고 행복하게 일할 수 있다. 유연근무제는 궁극적으로 직원, 고객, 부를 포함한 모든 구성원에게 혜택을 줄 수 있다.

프레이밍

조직문화와 별개로, 유연근무제 도입의 가장 큰 장벽은 아마도 유연성과 근무유형의 미래에 대해 더 넓은 그림을 보지 못하는 것이다. 유연근무는 일반적으로 복지 측면으로만 인식된다. 영국 정부에서는 유연근무를 '직원의 요구에 맞는 근무 형태a form of working that suits an employee's needs'라고 정의한다. 따라서 유연근무는 개인에게 초점을 맞추어 보는 것이 일반적이다. 앞서 살펴보았듯이, 유연근무를 맞벌이 부모를 위한 혜택으로 보거나 어린 자녀를 둔 워킹맘을 위한 혜택 정도로 본다면, 유연근무에 대한 시야는 더욱 좁아진다. 이 내러티브는 2장에서 살펴본 조직 전체에 대한 유연근무의 다양한 이점을 인정하지 않는다. 조직이 유연근무를 주로 직원 복지로 규정하는 경우, 관리자는 유연근무를 조직의 손실(또는 더 심한 경우 비용)로 인식한다. 따라서 유연근무는 조직차원에서 이점이 없는 조직원에게만 유리한 제도처럼 느껴진다. 이런 시각은 근본적으로 오류가 있다. 조직에서 유연근무제를 포용하기 위해서는 전사적인 프레이밍 작업이 필요하다.

2011년 당시 정부는 21개의 대규모 조직으로 구성된 태스크포스를 구성하여 유연근무의 제도적 발전 방안을 연구했다. 이 태스크포스는 로이드 은행 그룹Lloyds Banking Group 회장 윈프레드 비쇼프 경이Sir Winfried Bischoff 의장을 맡았다. 이 TF팀은 초기에 '인력 유연성에 관한 고용주 그룹Employers Group on Workforce Flexibility'으로 명명되었다. 이 그룹은 유연근무와 관련된 부정적인 인식으로 인해 2013년에 '애자일업무포럼Agile Working Forum'으로 명칭을 변경했다. '애자일Agile'은 훨씬 더 끌리는 용어로, 유연성과는 완전히 다른 의미를 지니고 있다. 애자일은 훨씬 더 바람직하고, 경영 친화적이며, 직원들이 스스로 원하는 것처럼 보인다. 이 변화는 모임의 중요한 전환점이 되었다(Cannon & Elford, 2017).

조직에 유연근무의 이점을 설득하려면 우리가 사용하는 언어 및 유연근무의 포지셔닝을 재고하고 교육 캠페인을 시작해야 한다. 애자일미래포럼Agile Futures Forum의 사례를 바탕으로 관리자, 경영진, 더 넓은 범위의 조직에 유연근무를 새롭게 인식시키는 것이 필요하다.

프레이밍framing 및 포지셔닝 장벽을 극복하기 위한 대안이 있다. 조직이 유연근무에 대한 입장을 정리하고 주도적인 모습을 보여야 한다. 또한 '유연성이 표준flexible working by default' 캠페인을 시작하는 것도 좋은 안이다. 이런 안들이 적용되면 개별 직원 복지에 불과하다는 유연근무에 대한 시각이 조직구성원 전체의 혜택이 된다는 방향으로 변경될 수 있다. 현재 유연근무와 관련해 제시된 모델이 직원 사례별로 유연근무제의 효과를 입증하는 쪽에 초점을 맞추고 있었다면, '유연성이 표준'은 유연근무제가 온전히 시행된 상황을 가정한다. 이 혁신적인 접근 방식은 전통적인 방식에 대안을 제시한다. 이를 통해 논의된 많은 장벽을 극복할 수 있다. 그렇지 않다면 '유연성이 표준'이라는 혁신은 인사팀에게 흥미로운 제안은 아닐 것이다.

'유연성이 표준'은 일반적 모델은 아니지만 일부 조직에서 이를 구현하고 있다. 2018년에 이 모델의 채택을 발표한 서섹스 대학교University of Sussex가 대표적 사례다. 그들은 유연근무를 평등성, 다양성, 포용성이 존중받는 환경을 만드는 것이라고 말한다. 서섹스 대학교의 유연근무 지침에는 '모든 직위는 기본적으로 유연근무에 적합하다'라고 규정되어 있으며, 이 방식을 널리 알리고 있다.

관리자

대부분의 조직에서 인사 담당자는 유연근무에 대한 요청을 고려하고 승인하거나 거부하는 책임을 맡는다. 인사 담당자는 공식적으로나 비공식적으로 조직문화에 상당한 영향을 미친다. 그들은 조직 내 유연근무제의 허용정도와 확산가능성에 대해서도 영향을 미친다. 2013년 왕립예술협회Royal Society of Arts(RSA)의 연구에 따르면, 많은 관리자가 유연근무에 '미온적인lukewarm' 태도를 보였다. 직원의 53%가 유연근무를 관용tolerance의 문화로 인식하고 있다고 답했고, 19%가 유연근무제의 실행이 실망discouragement으로 이어진다고 응답했다(RSA, 2013).

관리자들은 다양한 이유로 유연근무 지원을 주저한다. 대표적인 이유는 6장에서 확인한 유연근무에 대한 잘못된 믿음에서 출발한다. 관리자들이 우려하는 이유는 '유연근무자는 더 관리하기 어렵다', '유연근무자는 덜 헌신적이거나 의욕이 떨어진다'는 믿음에 기초한다. 조직에 나쁜 선례를 만든다는 것이다. 또한 생산성, 비용, 성과에 미치는 영향과 팀 내 다른 조직원들의 불만을 우려하기도 한다. 관리자는 자신이 속한 조직문화, 경영진의 유연근무에 대한 태도에 큰 영향을 받는다. 일부 조직에서는 관리자의 신념, 태도 등 복합적인 요소가 혼합되어 나쁜 관행으로 이어질 수 있다. 영국 정부의 평등청이 일컫는 '관리자 추첨line manager lottery'이 대표적 사례다(Nicks et al., 2019). 관리자는 유연근무를 적용할 지

판단하는 가장 적합한 사람이다. 그렇기에 관리자들은 유연근무 도입에 대한 결정에 핵심적인 역할을 한다. 다만 관리자들이 주의해야 할 점이 있다. 유연근무제와 관련이 극히 적은 요인에 기초해 관리자들이 유연근무제의 도입 여부를 결정할 위험이 있다. 조직 내 구성원의 선호 여부, 구성원들이 유연근무를 얼마나 가치 있게 여기는지, 구성원의 이직을 막는 데 효과적인지, 유연근무를 신청한 개인의 성과 수준은 어느 정도인지와 같은 요인들이다. 조직이 맞닥뜨린 과제가 바로 이것이다. 관리자가 부적절한 정보에 의존하지 않고 공정하고 적절한 판단 기준을 적용할 수 있는 상황을 만들어야 한다.

영국에서 유연근무는 법률로 규정된 절차를 따른다. 그렇기에 관리자들은 유연근무를 추가하는 것에 대한 부정적인 생각을 가질 수 있다. 유연근무를 요청할 수 있는 권한은 법으로 보장되며, 구체적이고 공식적인 절차가 뒤따른다. 법적 절차의 규정이 의도하지 않은 결과를 만들 수 있고, 관리자들은 이 '절차'가 부담스러울 수 있다. 정책과 유연근무 적용 과정에서 근무유형의 미래, 유연근무의 이점과 맥락에 대한 논의는 사라진다.

관리자들이 유연근무제 도입을 주저하는 것은 태도의 문제일 뿐만 아니라, 관리 역량의 문제일 수 있다. 대다수의 관리자들은 대면 업무를 통해서만 성과관리가 가능하다고 생각한다. 관리자들은 다른 업무 방식을 원하는 일부 조직원들이 기존의 방식으로 일하는 다수에게 미치는 영향을 최소화하려 한다. 일부 관리자에게 업무 방식의 변화는 일종의 위협으로 느껴지기에 방어적 입장이 될 수 있다. 그러므로 유연근무자를 관리하기 위해서는 새로운 운영 방법이 필요하다. 조직에서 더 유연한 인사 제도를 도입함에 따라 관리자를 위한 직원 관리 연수와 같은 지원이 필요할 수 있다. 헨레이 경영대학Henley Management College이 미래의 근로자 관리하기 Managing Tomorrow's Worker라는 연구를 수행했다. 이에 따르면 유연근무자를 관리하는 것은 표준근로모델을 수행하는 직원을 관리하는 것과 비교할 때 조직관리 스킬이 더 필요하다. 예를 들면, 의사소통, 팀 빌딩, 의사 결정, 코칭 요구와 같은 리더십 기술에 관한 것들이다. 따라서 관리자가 좀 더 미래 지향적으로 일할 수 있도록 하려면 법률 및 정책에 대한 교육, 워크샵 이상의 것이 필요하다(Henley Management College, 2005). 원격근무 팀의 관리자에겐 생산성과 성과를 평가하고 측정하는 방법과 원격근무자를 위한 효과적인 조직 사회화 과정을 찾을 수 있도록 지원할 필요가 있다(Cooper & Hesketh, 2019).

경영진의 유연근무에 대한 부정적인 인식은 조직 내에서 극복해야 할 또 다른 장벽이다. 첫 번째로 경영진들에게도 관리자들이 가지고 있는 비슷한 편견이 있을 수 있다. 그들은 유연근무가 주는 경영상의 이점을 인식하지 못하거나 조직에 대한 잠재적이고 부정적인 영향을 우려하기도 한다. 경영진이 유연근무의 장벽이 되는 두 번째 경우는 스스로 유연근무를 하는 경영진이 부족하기 때문이다. 그 결과 조직 내 리더 그룹은 유연근무가 불가능하거나 수용되지 않는다는 근거 없는 믿음이 강화된다. 이런 장벽을 해결하기 위한 첫 단계는 실용적인 추진계획을 만드는 것이다. 덧붙여서 경영사례를 찾아 설득력을 높이는 작업도 필요하다. 이 과정은 책 후반부에서 더 자세하게 다룰 것이다.

유연근무제에 관한 인식 개선 및 특화 교육은 관리자에게 유용하다. 또한 새로운 관리 기법을 배우는 기회로 이어진다. 예를 들면, 관리자가 팀과 유연근무와 관련된 의사소통 수단을 일상적 대화에 의존하는 대신, 정식 일대일 면담 일정을 설정하게 한다. 인사 관리자가 받는 교육에는 유연근무의 법률 체계, 적용 및 관리 지침, 도입 시 장점, 근무자 관리를 위한 팁, 다양한 리더십 기술의 개발 등이 포함된다.

유연근무제 도입 과정에서 관리자는 자신에게 필요한 것이 무엇인지 간단명료하게 알 필요가 있다. 인사 전문가는 관리자들의 상황에 맞게 유연근무제를 운영하는 방법을 설명해야 한다. 그렇기에 인사 전문가의 역할이 중요하다.

유연근무 낙인

이미 살펴본 바와 같이 유연근무제를 향한 부정적인 시선은 여전하다. 결과적으로 사회적 낙인이 다방면에서 유연근무제의 도입을 가로막는 장벽이 되고 있다. 직장에서의 낙인은 직·간접적인 차별, '농담banter', 경력 침체, 기회 감소 및 열악한 업무 관계를 통해 다양한 형태로 나타난다.

낙인은 조직에서 유연근무제를 도입하는 데 장벽이다. 조직구성원은 본인이 유연근무를 하면 향후 승진 시 부정적인 영향을 받을 것이라고 생각한다. 여성들은 유연근무가 경력 발전에 부정적이라는 진술에 더 동의하고, 실제로 유연근무를 하면서 부정적인 결과를 경험했다고 말한다. 이는 엄마들이 시간제 근무 유형의 유연근무를 많이 활용한다는 사실과 연관될 수 있다(Chung & van der Lippe, 2018). 일반적으로 여성은 유연근무를 했을 때의 결과를 더 두려워하고 부정적인 경험을 더 겪을 가능성이 크다(Chung, 2018).

낙인은 구직자에게도 장벽으로 작용한다. 채용 및 선발 과정에서 유연근무에 대한 질문을 하는 경우, 불리한 대우를 받을까 두려워하는 것이 일반적이다.

낙인은 동료와의 업무관계를 효과적으로 형성하는 데 장벽이 될 수 있다. 대다수의 조직구성원은 유연근무자로 인해 본인의 업무가 늘어난다고 생각한다. 덧붙여 유연근무를 하면 승진에 불리하다고 인식하고 있다. 2013년에 영국왕립예술협회RSA는 유연근무제 인식과 관련된 더 플렉스 팩터The Flex Factor라는 연구 논문을 발표했다. 그들은 유연근무에 대한 태도에 따라 직원들을 분류했다. 유연근무에 대한 태도가 대체로 부정적이고 쉽게 바뀌지 않는 두 그룹을 전통주의자traditionalists와 회의주의자sceptics라고 명명했다. 연구자들은 전통주의자를 일상적이고 정의된 업무 방식인 표준근로모델을 선호하는 사람으로 정의한다. 회의주의자는 유연근무에 대해 부정적인 인식을 가지고 있고 변화를 피하며 현상 유지를 선호하는 사람을 뜻한다(RSA, 2013). 주변의 많은 동료와 관리자가 이와 유사한 성향을 가지고 있다. 이는 우리가 쉽게 만날 수 있는 조직구성원들의 모습이다. 회의주의자나 전통주의자가 팀의 관리자이거나, 심지어 경영진이라면 유연근무제 도입에 어려움을 겪게 된다. 하지만 그들이 유연근무제를 수용하게 만들어야 한다.

동료

경우에 따라 유연근무로 인해 동료 사이에 갈등이 발생한다. 유연근무자들은 종종 '이 정도의 불편함은 괜찮아'라는 태도를 지니곤 한다. 자신이 유연근무를 하면 직장에서 '비아냥banter'을 듣는다고 말하면서 말이다. 이는 유연근무의 기회가 일관되지 않게 적용되는 조직이나 특정 관리자의 개인적인 신념과 태도가 의사결정의 중심에 있는 조직에서 문제가 될 수 있다. 유연근무가 조직이나 특정 팀에 상대적으로 새로운 것일 때에도 문제가 발생할 수 있다. 또한 유연근무제로 인해 대다수의 동료와 전혀 다른 방식으로 일하는 경우 그럴 수 있다. 그렇게 사회적 낙인효과는 관리자뿐만 아니라 동료에게도 일어난다.

유연근무(특히 원격근무)는 구성원의 소속감connectedness에 영향을 미칠 수 있다. 소속감은 근로자가 직장동료와 연결되어 있다고 느끼는 정도를 의미한다. 대부분의 구성원이 표준 시간대에 일하고 소수만 유연근무를 시행하면 유연근무자는 소외감을 느낄 수 있다. 유연근무제를 도입한 회사 타임와이즈Timewise에 따르면, 시간제 근로자의 2/3가 팀과 고립되어 있으며, 서로 연결되어 있지 않다는 인식을 가지고 있다. 또한 시간제 근로자들은 업무 수행을 위한 관계를 맺는 데 어려움을 겪는다고 보고했다. 이런 장벽을 해결하기 위한 전략은 인사 관리자에 의해 간단하게 수립될 수 있다. 유연근무자의 소속감을 높이기 위해서는 효과적인 의사소통 구조를 만드는 등의 노력이 필요하다(Timewise, 2018).

조직은 유연근무자를 향한 부적절한 행동에 대해 무관용zero-tolerance 정책을 실행해야 한다. 조직에서 금지된 행동들과 비교하여 엄격하게 관리가 필요하다. 관리자 연수를 열어 관련 문제가 어디서 일어나는지 파악하게 해야 한다. 또한 문제가 발생한다면 누가 책임을 지고 해결해야 하는지 등을 교육해야 한다.

정책 일관성

구성원들의 참여와 소통을 통해 정리된 정책은 유연근무를 가능하게 하는 핵심 요소다. 그러나 이것은 시작점일 뿐이다. 좋은 정책을 위해서는 유연근무에 대한 폭넓은 이해와 이를 실제로 운영해보는 경험이 필요하다. 유연근무제의 도입 장벽 중 하나는 일관성 없는 정책을 시행하는 것이다. 예를 들어, 유연근무 정책이 명시되어 있는 조직에서 유연근무제 사용을 다양한 수단을 통해 중지시키는 경우를 들 수 있다. 큰 조직에서는 한 부서에서는 허용되는데 다른 부서에서는 금지되어 불만 요소가 존재하는 경우가 있다. 보통 이는 관리자 개인의 관점과 생각에 기초한 결과일 수 있다.

유연근무 장벽은 엄연히 현실에 존재하며 많은 직원이 겪고 있는 문제다. 유연근무 장벽은 조직원의 직무 몰입도를 낮추며 불만의 건수를 증가시킨다. 유연근무 도입 결과를 동일하게 적용하는 일은 어렵지만, 조직은 시행 과정에서의 공정성을 보장하고, 모든 유연근무 요청을 합리적으로 처리한다는 목표를 설정해야 한다.

인사팀은 유연근무 정책이 일관되게 시행될 수 있도록 만들어야 한다. 그러므로 관리자를 위한 학습 제공, 직원 피드백을 통한 프로세스 개선, 데이터 모니터링을 할 수 있게 다양한 지원이 필요하다. 데이터 분석을 통해 특정 문제가 감지되는 경우에 빠른 개입이 필요하다. 인사팀에서 모든 유연근무 관련 데이터를 가지고 있지 못하는 경우, 빠르고 능동적인 개선이 어려울 수 있다.

다양한 직무 유형이 있는 대규모 조직에서는 다른 부서보다 유연근무제 적용이 제한적인 부서가 존재한다. 유연근무제의 적용이 일관적이지 않거나 '문제 부서problem area'가 나타나는 것은 제도 실행 과정의 이슈다. 그러므로 문제 발생 원인을 구분하여 대응하는 것이 중요하다.

조직구성원에게 유연근무제가 공정하고 합리적으로 운영되고 있다는 인식을 주기 위해서는 정책의 일관성을 보장하고 명확한 의사소통을 해야 한다.

인사팀

최악의 시나리오에서 인사팀 자체가 유연근무의 장벽이 될 수 있다. 이 장벽이 정확히 어떻게 나타나는지는 조직에 따라 다르다. 첫째, 인사팀에서 비효율적이거나 지나치게 제한적인 정책도입 과정을 구상했을 수 있다. 둘째, 인사팀에서 유연근무의 조직적 이점을 이해하지 못할 수 있다. 이 경우에 인사담당자가 조직원들에게 유연근무제 도입은 많은 비용이 소모되는 대표적인 사례라고 인식시킬 수 있다. 마지막으로 관리자와 인사팀이 공모해 유연근무 신청을 막는 방법을 찾는 경우도 있다. 다만 위 사례가 모든 인사 전문가에게 해당하진 않는다. 대부분의 인사 전문가는 관리자에게 유연근무제가 가져올 긍정적 효과를 명확히 설명한다. 그들은 변화를 주도할 것이며, 유연근무 혁명의 장벽인 부정적이고 낡은 인식을 개선해 나갈 것이다.

효과적인 인사팀은 조직에서 유연근무를 가능하게 한다. 유연근무의 당위성이 맞벌이 부부의 전유물로 치부되는 것을 넘어, 미래적 업무 방식에 대한 부정적인 인식을 지닌 관리자들을 설득할 수 있는 근거를 제공할 것이다. 또한 조직의 특정 상황에 맞게 유연근무제를 조정할 수 있을 뿐만 아니라, 다른 조직의 모범 사례를 찾고 이를 내부적으로 공유할 수도 있다. 인사 관리자가 책임을 수행하기 위해서는 특정 교육 및 정책 개발 과정이 필요할 수 있다. 단순히 관련 법률을 이해하고 조언할 수 있는 것만으로는 충분하지 않다. 미래적 근무 형태에 적합한 인사 전문가가 되어 이를 조직에 적용하기 위해서는 유연근무에 관한 깊이 있는 학습을 통해 더 높은 수준의 인사 전문가가 되어야 한다. 인사 부서가 유연근무제를 실행하는 경우 이를 도입할 수 있는 문화를 형성하는 데 큰 도움이 될 수 있다.

법률

1장에서 이미 논의한 바와 같이 유연근무제에 관한 영국법은 조직구성원이 유연근무를 요청하기 전 최소 근속 기간(26주)을 규정하고 있다. 또한 유연근무 요청을 처리하는 과정에서 고용주가 따라야 하는 절차를 별도로 명시하고 있으며 기간은 최대 3개월이 소요될 수 있다.

26주를 정한 이유는 유연근무가 '얻어내는 자리earned'여야 한다는 의미가 내포되어 있기 때문이다. 조직 내 유연근무 도입 과정에서, 일반적으로 많은 조직구성원이 유연근무에 대한 낮은 이해를 가진 상태일 것이다. 최상의 모집과 선발 과정에서 필요한 직무에 가장 적합한 사람이 누구인지를 살폈다고 가정하지만, 그들은 26주 동안 유연근무 상황에서도 적절한 성과를 낼 수 있음을 어떻게든 사전에 증명해야 한다. 그래야만 유연근무 또는 자율근무를 수행하기에 적합하다고 평가받을 수 있다. 이는 매우 모순되는 컨셉이다.

영국법은 유연근무제를 지원하도록 제정되어 있다. 하지만 법률은 인재 확보와 관련하여 그 자체로 상당한 장벽이 된다. 신입 사원이 유연근무를 '신청'하도록 고용주가 기다린다면, 잠재 구직자는 해당 역할에 지원조차 하지 않을 것이다. 현재 영국법을 적용하여 6개월 간 유연근무를 요청할 수 없는 곳에 지원할 신입 사원이 있을까. 백 번 양보해도 6개월이 지나서야 유연근무 요청이 거절될 수도 있는 위험을 감수해야 한다. 이에 대한 첫 번째 대안은 해당 역할에 지원해 선발된 경우, 6개월 동안 임시 해결 방법을 찾는 것이고, 다른 대안은 현재는 적용 불가능하지만 미래엔 가능할 수 있다는 희망을 모색하는 것이다.

일부 고용주는 이 같은 문제를 인식하고 직원이 채용 '첫 날Day One'부터 또는 채용 기간에도 유연근무를 요청할 수 있도록 개선된 정책을 실행한다. 그리고 채용 광고에서도 이런 기회가 있음을 적극적으로 홍보한다. 워킹 패밀리스Working Families의 '유연근무제가 말하는 행복happy to talk flexible working'과 같이 간단한 소제목을 넣어 홍보하는 방안은 효과적이다. 인재 선발 광고에서 특정 지점에 조직에서 장려하는 유연근무제에 대한 자세한 정보를 제공하는 방안도 유용하다. 잠재 직원과 관리자 모두 6개월이 아닌 채용 프로세스의 가능한 가장 빠른 단계에서 업무 방식에 대한 대화를 시작하는 것이 유리하다. 언급한 방식은 유연근무제 홍보를 한결 수월하게 돕는다. 또한 고용주는 다음과 같은 세 가지 방안을 통해 법적 절차에 내재된 장벽을 낮출 수 있다. 첫째, 고용 첫날부터 유연근무제를 사용하는 조직원을 돕는 정책을 도입한다. 둘째, 채용 직책에 유연근무제 도입이 가능한지 살피고 공개한다. 셋째, 채용 과정에서 유연근무제에 관한 협의와 대화를 할 수 있도록 관리자가 권한을 부여한다.

　유연근무 법안의 또 다른 문제는 직원이 12개월 동안 한 번만 요청할 수 있다는 조항이다. 이 조항의 의도는 유연근무 요청에 대한 고용주의 수용 여부 검토 시간을 줄이고, 불필요한 반복적인 요청을 받지 않도록 하는 것에 있다. 그러나 조직구성원의 생활환경이 12개월 동안 극적으로 변해 업무 방식의 변화가 필요할 수 있다는 점을 고려하면 수정안이 필요하다. 큰 문제는 아닌 것처럼 보이지만 일부 조직원에게는 여전한 실생활의 문제다. 이 문제에 대한 대안은 특정 상황에서 별도의 관리 재량을 제공할 수 있도록 정책을 수정하는 것이다.

기술

기술은 유연근무자를 비롯하여 전통적인 조직의 구성원들에게도 새로운 업무 방식의 적용을 가능하게 한다. 유연근무제 도입을 위해 필요한 대부분의 기술은 거의 모든 조직에서 쉽게 사용할 수 있다. 일례로 많은 조직에서 클라우드 기반 소프트웨어를 사용하고 있으며 무선 인터넷 연결을 제공한다. 이 두 기술만 있다면 거의 모든 직종이 효과적으로 일할 수 있다. 변화된 일의 유형이 업무를 같은 공간에서 수행해야 할 필요성을 줄였다. 그러나 기술이 존재한다고 해서 모든 개인이 해당 기술을 효과적으로 사용할 수 있는 것은 아니다. 기술 활용 능력도 유연근무의 잠재적인 장벽이 될 수 있다. 재택근무자는 다양한 온라인 도구를 사용하여 업무를 진행할 수 있으나 동료가 이를 사용할 수 없는 경우(또는 단순히 내키지 않는 경우) 이는 추가 장벽으로 작용한다. 따라서 기술 자체가 유연근무를 가능하게 하는 것은 아니다. 더 중요한 것은 기술을 이해하고 수용하고 사용하는 것이다.

도입된 기술은 사용 용이성과 기술 도입 필요성에 관한 조직구성원의 폭넓은 인식 등 다양한 요인에 의해 실행된다. 유연근무자는 기술을 사용하여 자신의 역할을 충분히 수행하나, 동료가 기술 활용을 통해 업무를 온전히 수행하지 못하는 경우 유연근무 평가에 부정적인 영향을 미친다. 매우 적용하기 쉬운 기술이라도 동료들은 유연근무자를 지원하기 위한 참여가 필요하지 않다고 느낄지 모른다.

이 장에서 유연근무를 가로막는 많은 장벽에 대해 자세히 설명했지만, 이를 극복하기 위한 노력과 잠재 자원이 있다면 충분히 넘어설 수 있다. 다만 장애물을 넘는 과정이 쉽거나 빠르다는 것과는 다른 의미이다. 조직문화나 개인의 신념 및 태도는 가시적인 변화를 만들어내기 어려운 개념이기에 그렇다. 하지만 이런 장애물에 균열을 내고 극복하는 일은 유연근무를 성공적으로 도입하기 위해 꼭 필요하다. 또한 문제 해결은 인사팀, 경영진, 관리자 및 유연근무자 모두의 공동 책임이다. 특히 유연근무자는 다른 사람들에게 유연근무에 대해 교육하고 도입하는 데 영향을 미치는 역할을 한다.

책의 뒷부분에서는 이 장에서 논의된 몇 가지 장애물을 더 깊게 파고든다. 심도 있는 논의 속에, 유연근무제의 도입 전략과 방식의 효과적인 구현 방법을 논의하고, 장벽을 극복하는 방안을 다룰 것이다.

> 핵심 요약
>
> - 조직에서 유연근무 도입 시에 많은 장벽이 있다. 이는 일반적으로 실제적 장벽(예: 기술의 이용가능성) 또는 태도 및 신념 장벽(예: 유연 근로자에 대한 사람들의 인식)으로 나눌 수 있다.
> - 유연근무 및 근로자에 대한 잘못된 믿음은 유연근무제 도입에 있어 큰 장애물이다.
> - 유연근무 장벽은 거의 모든 조직에 적용된다. 일부 조직의 특정 상황에 따라 다를 수 있다. 조직은 유연근무제 실행 전략 안에 특정 조직 맥락에 기반한 문제 대응 방안을 고려해야 한다.
> - 장벽을 식별하고 해결하지 않으면 유연근무의 장점이 완전히 실현되지 않는다. 또한 유연근무자들에게도 지속적으로 부정적인 영향을 미친다.
> - 복잡한 문제를 해결하는 것은 빠르거나 쉽지는 않을 수 있지만, 효과적인 유연근무를 가로막는 장벽을 허물기 위해 조직이 할 수 있는 일은 많다. 사실 장벽을 허물 수 없는 경우가 매우 드물다.

참고문헌

Cannon, F and Elford, N (2017) *The Agility Mindset: How reframing flexible working delivers competitive advantage*, Palgrave Macmillan, Switzerland

Chung, H (2018) Gender, flexibility stigma and the perceived negative consequences of flexible working in the UK, *Social Indicators Research*, doi.org/10.1007/s11205-018-2036-

7 (archived at https://perma.cc/X2SU-VXBG)

Chung, H and van der Lippe, T (2018) Flexible working, work life balance and gender equality, *Social Indicators Research*, doi.org/10.1007/s11205-018-2025-x (archived at https://perma.cc/78H2-YT94)

CIPD (2016) *Employee Outlook, Employee Views on Working Life: Focus on commuting and flexible working*, CIPD, London, www.cipd.co.uk/Images/employee-outlook-focus-on-commuting-and-flexible-working_tcm18-10886.pdf (archived at https://perma.cc/G8WM-LLF8)

Clarke, S and Holdsworth, L (2017) *Flexibility in the Workplace: Implications of flexible working arrangements for individuals, teams and organizations*, Acas, archive.acas.org.uk/media/4901/Flexibility-in-the-Workplace-Implications-of-flexible-work-arrangements-for-individuals-teams-and-organizations/pdf/Flexibility-in-the-Workplace.pdf (archived at https://perma.cc/52XB-KTJ7)

Cooper, C and Hesketh, I (2019) *Wellbeing at Work: How to design, implement and evaluate an effective strategy*, Kogan Page, London

Henley Management College (2005) Managing Tomorrow's Worker, download.microsoft.com/documents/uk/business/reality/ManagingTomorrowsWorker.pdf (archived at https://perma.cc/SM2D-NTLL)

International Workplace Global Workplace Survey (2019) *Welcome to Generation Flex: The employee power shift*, assets.regus.com/pdfs/iwgworkplacesurvey/iwg-workplace-survey-2019.pdf (archived at https://perma.cc/PR9P-84RE)

Nicks, L, Burd, H and Barnes, J (2019) *Flexible Working Qualitative Analysis: Organizations' experiences of flexible working arrangements*, Government Equalities Office, assets.publishing.service.gov.uk/government/uploads/system/uploads/attachment_data/file/790354/Flexible-working-qualitative-analysis2.pdf (archived at https://perma.cc/T785-L3DK)

RSA (2013) *The Flex Factor: Realizing the value of flexible working*, www.thersa.org/globalassets/pdfs/blogs/rsa_flex_report_15072013.pdf (archived at https://perma.cc/V4SA-MLMT)

Timewise (2018) *Part-time Work: The exclusion zone*, timewise.co.uk/wpcontent/uploads/2018/09/Part-Time_Work_Exclusion_Zone.pdf (archived at https://perma.cc/8NGLYNVG)

UK government: definition of flexible working: www.gov.uk/flexible-working (archived at https://perma.cc/L4FU-6FM3)

University of Sussex (2018) *Embracing the University's Flexible Working Procedure*, www.sussex.ac.uk/webteam/gateway/file.php name=flexible-sussex---embracing-the-universitys-flexible-working-procedure.pdf&site=302 (archived at https://perma.cc/99LZ-FES4)

Working Families (2018) *The Modern Families Index 2018*, www.workingfamilies.org.uk/wp-content/uploads/2018/01/UK_MFI_2018_Long_Report_A4_UK.pdf (archived at https://perma.cc/G857-D3E4)

2부
유연근무제 도입

실천 지침

1부에서는 유연근무 사례와 근거를 살펴보았다. 다양한 연구와 조사 그리고 전문가의 견해도 검토했다. 유연근무가 오늘날 조직에서 왜 중요한 문제인지 명확하게 살펴보았다. 유연근무는 포용성의 문제를 넘어 기업의 사회적 책임corporate social responsibility(CSR)에 이르기까지 오늘날 조직이 직면한 문제를 해결하는 열쇠다. 그렇다고 유연근무제가 만병통치약이라는 건 아니다. 빠른 해결책은 더더욱 아니다. 그런데도 유연근무에 주목해야 하는 건 일과 직장에서 너무나 당연하게 자리 잡은 오래된 근무환경에 의문을 제기하기 때문이다.

2부에서는 유연근무제의 이점과 동시에 새롭게 등장하는 과제도 제시할 것이다. 또 유연근무의 성공적 실행이 현실적으로 가능한지 검토할 것이다. 물론, 대부분의 조직이 경직된 조직문화에 처해 있지만, 그들 모두 공통적으로 좀 더 유연한 환경을 원한다. 따라서 유연근무를 조직 내에 자리 잡게 하기 위한 전략과 접근 방식의 개발이 필요하다고 제안할 것이다.

또한 유연근무를 직장에서 실현할 수 있는 토대를 마련하고, 1부에서 살펴본 잠재적 이점들이 현실적으로 가능한지 검토할 것이다. 덧붙여 진정으로 유연한 조직을 위한 6가지 요소를 자세히 살펴보고, 이들을 달성할 수 있도록 지침을 제시할 것이다.

비즈니스 사례도 다양하게 살펴볼 것이다. 유연근무를 어떻게 시행하는지, 이를 위해 어떤 정책을 효과적으로 개발했는지, 어떤 조직이 유연하게 미래를 향해 나아갈 준비가 되어 있는지 분석할 것이다. 조직에 유연근무에 대한 전략flexible working strategy을 어떻게 전달할 것인지, 유연근무에 대한 계획flexible working initiatives과 이에 대한 성공 여부를 어떻게 효과적으로 측정할 것인지도 검토할 것이다.

마지막으로, 리더든 관리자든 구성원이든 상관없이 이 책을 읽는 모든 사람이 목적에 맞게 활용할 수 있게 다양한 샘플 지침서를 제공했다. 이 측정도구에는 FAQ, 구인 공고 및 정책 조항 초안 예시를 포함했다.

08
'준법'에서 '문화'로
진정한 유연근무제 위한 6가지 요소

지금까지 유연근무제의 이점과 잠재력을 살펴보았다. 유연근무가 부딪히는 장벽과 도전들도 검토했다. 유연근무에 대한 잘못된 속설이 산재되어 있는 것도 발견했다. 그러면서 발견한 것은 유연한 조직이 미래를 새롭게 개척한다는 점이다. 제대로 된 유연근무는 조직의 미래를 변화시킬 수 있다. 유연근무가 조직의 혁신을 일으키고, 새로운 문화를 열어가는 걸 상상해보라. 유연근무에 붙어 있는 미신들을 제거하고, 긍정적이고 실용적인 눈으로 미래를 열어나갈 때가 되었다.

유연근무제에는 6가지 핵심 요소가 있다. 이 요소는 이미 조직 안에 존재할 수도 있고, 그렇지 않을 수도 있다. 만일 그렇지 않다면 반드시 조직의 리더와 인사팀이 힘을 합쳐 의식적으로 핵심 요소를 개발하고 발전시켜야 한다. 이 요소들은 유연근무의 기반이며, '준법compliance(법률의 최소 기준)에 기반한 유연근무'를 '자연스럽게 문화culture로 스며든 유연근무'로 전환시킨다. 이 요소들로 인해 유연근무가 일방적으로 수용되는 것에서만 머무는 것에서 벗어나, 실제로 조직을 긍정적인 방향으로 변화시키는 토대가 될 것이다. 또 일하는 부모와 보호자의 고정관념을 깨고 새롭게 발전하는 조직의 기반이 될 것이다. 유연근무에는 뿌리 깊게 박혀 있는 이슈들이 있다. 이를 해결하기 위해서는 반드시 기존의 고착된 문화를 깨고 새로운 문화로 전환시켜야 한다. 그래야만 조직에 작용하는 유연성 자체가 예외exception가 아닌 표준standard이 될 수 있다.

6가지 요소

1. 모두를 위한 유연성(또는 가능한 많은 사람을 위한 유연성)

표준근로모델default working model을 벗어나 유연근무를 도입하려 할 때 적합한 직무와 직종이 있다. 예를 들어, '지식기반 노동knowledge work'은 유연하게 근무하기 쉬운 유형이다. 이 유형은 특정 지식을 갖춰야 하며, 그것을 처리하는 과정 자체가 노동이다. 간단히 말해, '생각하는 것 자체'가 일이다. 회계사, HR전문가, 건축가, 엔지니어, 작가, 마케터, 학자, 변호사과 같은 직업이 이에 해당된다. 이 유형은 언제, 어디서, 어떻게 수행하느냐에 따라 유연성 정도를 가늠하여 일을 할 수 있다. 반대로, 유연하게 일하는 것 자체가 어려운 직업도 있다. 예를 들면, 보안업무, 돌봄 노동, 학교 교사, 소상공인 등 특정한 시간에 물리적 현존physical presence이 필요한 일도 있다. 그런데도 어떤 역할은 유연근무에 적합하지만, 그 외에는 그렇지 않다고 보는 이분법적 시각은 잘못된 관점이다. 때때로 이런 판단은 연공서열seniority에 기대어 있다. 유연근무가 수행하는 일의 성격과는 상관없이 직급이나 위계에 기초한다. 심지어 어떤 조직에서는 유연하게 일할 수 있는 것 자체가 특전이나 혜택으로 간주되기도 한다.

물론 특정 시간에 특정 장소에 있지 않으면, 유연근무 자체가 불가능한 직무와 직종이 있다. 그렇다고 유연근무가 아예 불가능하다고 단정해서는 안 된다. 직무 특성상 유연근무에 적합하다고 볼 순 없지만, 수용될 여지가 충분히 남아 있는 경우도 있다. 직무 공유제job-sharing나 자율시간선택제self-rostering는 노동하는 위치와 방법이 유연할 수 없지만, 근무 패턴 측면에서 더 높은 자율성이 보장된다. 유연한 조직의 특징은 별다른 게 아니다. 유연한 조직은 누군가 유연근무를 신청했을 때 이에 대해 독단적인 생각arbitrary ideas을 하고 판단하여 결정하지 않는다. 특히 새로운 근무체제working arrangements를 결정할 때 개인의 생각보다는 오직 증거와 데이터에 근거를 둔다.

유연한 조직이 점점 늘어나고 있지만, 아직도 유연근무를 거부하는 조직들이 많다. 그들은 유연근무를 매우 좁은 관점으로 바라본다. 유연근무가 인재 유치talent attraction는 물론 인재 유지retention에 도움이 된다는 데이터가 지배적인데도 잘못된 속설에 빠져 유연근무를 부정적으로 바라본다. 눈 앞의 유불리만 따져 유연근무에 대해 거부하는 것이 장기적 관점에서 현명한 선택이 아니다.

한편 어떤 조직은 '유연성이 표준flexible by default'이란 슬로건을 내걸고 있다. 이는 근무 방식을 유연하게 수행할 수 있음을 전제한다는 것이다. 이런 조직에서는 유연성을 발휘하는 것에 반대하려면, 강력한 근거를 제시해야 한다. 경직된 조직보다 유연한 조직이 더 이점이 많기 때문이다. 그렇다고 유연성에 대한 선입견을 조직에서 완전히 제거할 수는 없다. 그런데도 유연한 조직을 위해 사람들이 이전보다 열린 마음으로 유연근무를 바라볼 수 있게 적절한 근거를 제시하고, 기존에 있던 선입견보다는 훨씬 이점이 많다는 것을 증명해야 한다.

조직에서 모든 사람이 유연근무를 지속적으로 할 수 있다면, 조직의 문화는 변화할 수밖에 없다. 그런데 유연근무에 대한 잘못된 속설 중에 소수에게만 적용될 수밖에 없다는 것이 있다. 이는 사실이 아니다. 이런 생각들이 오히려 직원들을 이분법적으로 계층화시킬 위험이 있다. 유연근무를 할 수 있는 직원과 할 수 없는 직원으로 말이다. 이는 구성원들 사이에 긴장을 조성하게 하며, 유연근무에 대한 장벽들을 견고화시킨다.

따라서 진정한 유연성은 일부만이 아닌, 모두를 위한 것이어야 한다. 그래야만 조직의 문화가 경직성을 탈피하고, 새로운 미래를 열어갈 수 있을 것이다.

2. 모든 유형의 유연성 수용

유연근무 유형은 다양하다. 유연근무의 다양성은 출산휴가를 마치고 돌아온 사람만이 유연근무를 해야 한다는 고정관념을 깬다. 그런데도 유연근무에 대한 견고한 고정관념이 존재한다. 유연근무라 말하면 대부분 시간제/기간제 근무를 제일 먼저 떠올린다. 가장 친숙하기 때문이다. 물론, 잘 살펴보면 다양한 유형의 유연근무가 시행되고 있음을 발견할 수 있다. 집약근무compressed hours나 2주 9일 근무제nine-day fortnights가 대표적인 예이다. 그러나 이 근무제들은 시간제 근무에 비해 활용도가 훨씬 낮다. 왜 그럴

까? 이유는 간단하다. 구성원들에게 친숙하지 않고, 관리자들도 이를 어떻게 수행해야 하는지 명확히 알지 못하기 때문이다. 또 직원이 모든 형태의 유연근무를 요청할 수 있음을 법률에 정했는데도, 특정 형태의 유연근무는 암묵적으로 금지되어 있다. 심지어 유연근무 자체를 금지하는 경우도 흔한 일이다.

유연근무의 성공적인 정착을 위해서는 형식 자체를 제한하지 말아야 한다. 비록 이전에 수행된 사례가 없더라도, 시간제 근무에서 직무 공유제, 유연근무제flexitime, 2주 9일 근무제the nine-day fortnight에 이르기까지 구성원들이 다양한 방식을 요청할 수 있게 해야 한다. 진정으로 유연한 문화에서는 단순히 근무 시간만으로 평가되지 않는다. 결과로 말하면 끝이다.

유연한 조직은 효과가 있고 없음을 리더가 독단적으로 판단하지 않는다. 오히려 구성원이 제안하는 유형을 고최대한 고려하고 시험해보려 한다. 더군다나 근무 시간만으로 구성원을 평가하지 않는다.

3. 높은 신뢰

유연근무를 위한 환경을 만드는 데 가장 중요한 것은 '신뢰도'다. 어니스트 헤밍웨이Ernest Hemingway는 "누군가를 믿을 수 있다는 것을 알아내는 최고의 방법은 간단하다. 바로 그들을 믿는 것이다"고 말했다. 안타깝게도 어느 조직이나 관리자와 구성원 사이의 신뢰가 돈독한 것은 아니다. 이는 관리자의 개입이 없으면 구성원들이 어리석은 행동poor behaviour을 할 것이라고 가정하는 조직에서 흔히 볼 수 있다. 여전히 대부분의 조직들은 출근presence과 성과performance를 혼동하는 경향이 있다. 직장에서 오랜 시간을 보내는 것이 곧 성과라고 오해한다. 장시간 근무가 조직에 헌신하는 길이며, 결국 이것이 생산성으로 이어진다고 치부해버린다. 과연 이런 판단이 옳을까. 오히려 장시간 근무가 여러 가지 문제를 야기시킨다는 증거는 수도 없이 많다. 근무 시간이 곧 성과라는 생각은 시대에 뒤떨어진 관점이다. 문제는 이런 관점이 프리젠티즘에 빠지게 한다. 프리젠티즘에 빠진 사람들은 질병을 앓고 있거나 심한 업무 스트레스로 정신적 신체적 컨디션이 좋지 않은데도 회사에 꾸역꾸역 출근한다. 이는 오히려 조직 및 개인의 문제를 더 증폭시키는 행동이다. 이제는 '대면 시간face time'보다는 결과물output에 기반하여 성과를 측정하는 것이 더 합리적인 시대다.

사람들은 단지 일에만 몰두하는 것을 넘어 서로 신뢰하는 조직을 바란다. 고용 관계가 일하는 데에만 매몰될 것이 아니라, 신뢰에 기반을 두어야 한다고 생각한다. 인력 프로세스people processes를 만들어 다방면으로 점검하는 이유도 바로 여기에 있다. 예를 들어, 새롭게 입사한 사람들에게 수습 기간을 제공한다. 이는 마음에 드는 사람을 선발해 그들에게 시간적 여유를 제공하는 것이지만, 동시에 기대했던 것만큼 일을 수행하지 않을 경우를 대비한 경고 장치다. 이런 메커니즘은 유연근무와 26주 대기기간26-week waiting period에도 동일하게 적용된다. 유연근무 시행을 고려하고 있음을 시사하고 있지만, 한편으로 직원이 그 일을 할 만한 실력이 있고 신뢰할 만한 사람이어야 한다는 것을 내포한다.

많은 관리자가 유연근무에 반대한다. 이들의 우려는 단순하다. 구성원의 업무를 어떻게 측정하고 관리할 것인지, 성과를 어떻게 보장할 수 있을지 걱정한다. 이런 걱정과 우려는 보통 신뢰 부족이 원인이다. 관리자들이 유연근무자를 관리할 때 기존과 다른 접근을 요구받을 수 있다. 성공 여부는 서로 얼마나 신뢰 관계가 쌓여 있는지에 있다. 관리자 입장에서는 이에 대한 기술을 교육받을 필요를 느낄 수 있다. 이에 대해서는 책의 뒷부분에서 좀 더 살펴볼 것이다.

신뢰는 6가지 요소 중 달성하기 가장 어렵다. 속성으로 신뢰 문화를 구축할 수 있는 방도는 없다. 자신들이 믿지 않으면서 다른 사람들을 신뢰하라고 말할 수 있을까. 신뢰를 쌓아가는 건 정말 지난한 일이지만, 깨지는 건 순간이다.

4. 조력하고 지원하는 관리자와 리더

조직에 유연근무제를 성공적으로 정착시키기 위해서는 관리자와 리더의 도움이 중요하다. 리더가 새로운 근무 방식을 제대로 수용하지 않는다면, 상당한 장벽이 된다.

선임 리더senior leaders는 구성원들에게 권한을 부여하고, 롤 모델로서 행동하며, 전반적인 비즈니스 사례에 대해 지원할 수 있다. 일선 관리자는 조직의 일일 정책을 구현하고 유연근무 요청에 대한 관리를 책임져야 한다.

유연근무를 제대로 지원하기 위해서는 모든 계층에 있는 관리자들의 이해도가 중요하다. 특히, 유연근무가 조직 전체는 물론, 관리자 자신들에게까지 혜택을 가져다줄 수 있다는 점을 충분히 이해해야 한다. 유연근무는 단지 부모나 보호자로서 직장생활을 하는 사람들 뿐 아니라, 모든 구성원들의 삶의 문제와 직결되어 있다. 이런 유연근무의 잠재력을 극대화시키려면, 제대로 된 전략이 필요하다.

관리자는 유연근무가 구성원들에게 조직을 위해 일하는 데 새로운 동기를 부여할 수 있음을 인지해야 한다. 또 유연근무가 조직을 성장시킬 수 있는 기회로 보아야 하며, 새로운 업무 방식을 실험하는 데 항상 열린 마음을 가지고 있어야 한다. 구성원들뿐만 아니라 관리자도 유연근무에 적극적으로 참여시키려면, 장기적인 전략이 필요하다. 이 전략에 대해 이후에 좀 더 자세히 살펴볼 것이다.

5. 효과적인 방침

유연근무를 효과적으로 운영하기 위해서는 몇 가지 요소가 필요하다. 우선, 모든 관련 준수 확인란all of the relevant compliance boxes에 체크하고, 법적 규정을 설정할 필요가 있다. 이는 이해하기 쉬워야 하고, 이행하는 데 유용한 지침이 들어가 있어야 한다. 가능하다면, 각 조직 상황에 맞게 조정 가능해야 한다. 효과적인 운영방침은 제1장에서 설명한 법률의 한계를 넘어설 수 있다.

유연근무에 대한 효과적인 방침이 따로 있는 건 아니다. 관리자의 재량권을 독려하고, 관리자와 구성원이 함께 해결책을 찾도록 지원하는 것이 가장 효과적인 방침이다. 효과적인 방침은 직장생활을 하는 부모만을 대상으로 하지 않는다. 또 행복한 가정생활을 누릴 수 있는 혜택을 주는 것에만 방점을 찍지도 않는다. 진정으로 효과적인 방침은 유연근무에 대한 환영의 목소리가 저절로 나오게 한다. 이유는 간단하다. 효과적인 방침에는 유연근무를 어떻게 적용할 것인지에 대한 지침과 지원을 담고 있기 때문이다.

진정으로 유연한 조직에서는 관리자와 구성원 모두 유연근무제에 대한 인식awareness이 높다. 누구나 손쉽게 접근할 수 있다. 유연근무 신청에 대한 불이익이나 부정적인 결과도 없다. 이런 맥락에서 좋은 방침은 유연근무 신청을 어렵지 않게 할 것이며, 신속한 대응이 가능하게 할 것이다.

6. 기술의 발전

최근에 기술이 폭발적으로 발전했다. 이는 근무 유형과 커뮤니케이션 방법 자체를 근본적으로 변화시켰다. 지금 이 순간도 기술은 빠르게 발전하고 있으며, 근무 유형에 지속적으로 영향을 줄 것이다.

기술 발전은 유연근무의 공간을 넓힌다. 원격근무나 재택근무에 큰 도움을 준다. 조직구성원은 기술 발전을 통해 특정 사무실만이 아니라, 어느 곳에 있든지 업무를 효과적으로 수행할 수 있게 되었다. 기술을 활용하기 어려운 곳에서는 유연근무를 시행하기가 상대적으로 어렵다. 이에 기술력이 부족한 조직에 구성원들을 유연하게 근무할 수 있게 보장할 수 있다고 말하기 어렵다. 기술은 끊임없이 발전하고 있지만, 조직에 활용하기 위해서는 비용이 든다. 활용 방법도 그리 간단치는 않다. 그나마 요즘은 인터넷만 연결되면 어디에서든 업무를 볼 수 있다. 굳이 엄청난 기술이 아니라할지라도 전자메일, 인터넷, 메신저, 문서 공유, 온라인 작업, SNS 등 접근만 가능하면 일을 할 수 있다.

기술의 발전은 전통적 업무 방식에 도전한다. 물론, 모든 사람이 기술 활용도가 높지는 않다. 새로운 기술이 나올 때마다 적응 시간이 걸리기 때문이다. 그런데도 기술 발전이 업무 스타일에 영향을 주는 것은 분명하다. 기술 발전으로 재택근무를 하는 조직이 많아졌다는 것은 사실이다.

하지만 여전히 재택근무를 너무 혁신적인 아이콘으로 치부하는 조직이 많은 것도 사실이다. 구성원들의 업무의 효율성이 놀랍게 좋아진다고 해도 이를 활용하는 조직이 얼마나 될까. 그나마 혁신적인 조직은 1주일 내내 재택보다는 1주일에 1번 정도 운영을 한다.

재택근무나 원격근무 등의 유연근무는 구성원들이 어디서든 업무를 할 수 있게 기술이 필요하다. 이를 위해 적절한 프로토콜도 제시해야 한다. 요즘 조직들은 대부분 기술 지원이 어렵지 않다. 기술 지원이 있든 없든 기술적 문제는 더는 유연근무제의 장벽이 아니다. 그렇다면 유연근무의 가장 큰 장벽은 무엇일까. 다름 아닌, 문화다.

업무에 기술을 활용하는 것은 기존 근무 방식에 변화를 준다는 것을 의미한다. 예를 들어, 비즈니스에서 대면 회의는 기본 방법이다. 사람들은 대부분 회의를 싫어한다. 그다지 효율적이지 않다고 생각한다. 비대면 대화를 더 선호한다. 이런 현상은 익숙한 대면 회의에 대한 도전이다. 물론 일부 사람들이 부정적이기는 하다. 온라인 회의를 개최하려면, 이에 해당하는 기술을 배워야 하기 때문이다. 따라서 유연근무를 조직 내부의 문화로 정착시키려면, 기술을 효과적으로 활용할 수 있도록 보장해야 한다. 여기서 중요한 것은 관리자의 역할이다. 관리자는 구성원들에게 기술이 어떻게 적용되고 확산되는지 주목해야 한다.

지금까지 유연근무를 위한 6가지 요소를 살펴보았다. 이들은 조직문화를 총체적으로 변화시킬 수 있는 장치들이다. 이 요소들은 개별적으로 작동하면서도 연결되어 서로를 지원하는 방식을 취한다. 이는 각 요소들이 제대로 작동하지 않으면, 유연근무는 온전히 실현될 수 없다는 것을 의미한다.

6가지 요소들은 전통적 규율 중심 조직에서 유연한 조직으로 전환되는 데 필수적이다. 과거형 조직이 아닌 미래형 조직을 만들기 위해서는 6가지 요소를 고려한 전략 수립이 필요하다. 이 요소들은 특정 조직만이 아닌, 모든 조직에 적용가능하다. 물론, 비즈니스, 직무역할, 조직유형, 맥락에 따라 추가적 요소들이 필요할 수 있다.

다음 장에서는 핵심 요소들을 자세하게 검토하고, 현실에 적용하기 위해 다양하고 실용적인 아이디어와 모델을 제공할 것이다.

조직문화를 변화시키려면

조직문화는 조직구성원 모두가 공유하는 가치, 태도, 신념, 경험, 행동이다. 쉽게 말해, '조직에서 일이 돌아가는 방식the way things are done around here'이다. 조직문화 자체가 유연근무나 새로운 근무 스타일에 부정적이라면, 상당한 걸림돌로 작용할 수 있다. '표준모델'을 고수하는 조직문화에서는 새로운 것에 매우 저항적일 수밖에 없다.

6가지 요소를 도입하여 유연근무를 시행하려면, 기존 조직문화에 변화가 요구된다. 새로운 조직문화에서는 기술 활용이 필수적이다. 근무 패턴은 새롭게 구성될 것이고, 근무 시간보다 결과가 중요해진다. 이런 변화에 기초하여 리더십은 구성원의 역량을 판단하고 관리하게 될 것이다.

변화의 정도는 상황에 따라 달라질 것이다. 현 상황과 얼마나 다르게 유연성을 확보하느냐에 따라 변화의 크기가 달라질 것이다. 따라서 조직문화의 변화에 어떻게 접근해야 할지 고민해야 한다. 유연근무 도입 방안에 대해서는 조직변화 모델과 이론에서 근거를 찾을 수 있다.

변화의 중심에는 사람이 있다. '조직변화 organizational change'는 조직 자체의 변화라기보다는 사람의 변화다. 사람의 태도, 신념, 가치가 여기에 해당된다. 조직변화를 위해서는 사람의 열의 heart와 사고방식 mind에 어떻게 영향을 미치느냐가 중요하다. 그런데 조직변화 관련 프로그램은 대부분 실패하거나 생각했던 것만큼 잘 작동하지 않는다. 이유는 다양하다. 어설픈 계획의 결과일 수 있다. 또 사람들이 변화의 필요성을 느끼지 못하는 것일 수 있고, 조직원의 저항이나 계획에 할당된 시간이나 자원 부족일 수 있다. 이유야 어찌되었든 한 가지는 확실하다. 일방적으로 사람들에게 변화가 필요하다고 말하면서 변화를 기대하는 것은 무조건 실패한다. 심지어 아무리 날고 기는 선임 리더라도 말로서 의미 있는 변화를 이끌어내기란 쉽지 않다. 조직문화 변화에 도움이 되는 것이 특별히 따로 있는 건 아니다. 미래에 대한 명확한 비전, 지속적인 활동, 설득력 있는 이야기가 필요하다. 조직변화는 변화가 필요한 사람들의 삶 속으로 파고 들어야 한다. 변화를 겪고 있는 사람들의 감정에 항상 주의를 기울여야 한다. 일부 사람들에게는 변화가 매우 두려울 수 있다. 실제로 조직변화는 고용안정, 통제 등에 대한 두려움을 촉발시킬 수 있는 반면, 어떤 사람들에게는 변화 자체가 흥미롭고 새로운 기회로 여겨질 수 있다. 변화에 대한 반응이 서로 다른 집단들에게 각각 필요로 하는 것들을 제대로 파악해 충족시켜 줘야 한다. 많은 조직이 변화 과정에서 인적 요인에 집중하지 않아 문제가 일어나는 경우가 많다.

조직변화를 위한 접근 방식, 활용 가능한 모델, 방법론에 대한 연구는 넘쳐난다. 성공적인 조직문화를 위한 모델 중 하나는 코터 Kotter의 변화 모델이다. 이 모델은 변화에 걸림돌이 되는 것을 식별해 제거하는 데 유용하다. 이 책에서 코터의 모델이 지속적으로 언급될 것이니 주목해주길 바란다.

코터의 8단계 변화 모델

존 코터(John Kotter, 2012)의 변화 모델은 '성공을 위한 8단계'로 구성되어 있다. 8단계가 서로 연관되어 있으면서도 독립적이다. 코터의 모델은 매우 방대하고 세부적인 내용을 담고 있기 때문에, 이 책에서는 조직을 유연근무제 문화로 변화시키는 것과 관련된 몇 가지 요소만 다룰 것이다.

첫 단계는 변화에 대한 긴박감을 조성하는 것이다. 변화가 필요한 이유는 물론, 다른 때가 아닌 '지금' 왜 필요한지 설명하는 것이다(구성원들에게 변화가 긴박한 이유에 대해 설명하는 것은 1부에서 자세히 다뤘다).

또 다른 중요한 단계는 미래에 대한 설득력 있는 비전compelling vision을 만들어 전달하는 것이다(이에 대해 9장과 11장에 자세히 설명할 것이다). 설득력 있는 비전은 간단명료하고, 매우 직관적으로 설명되며, 강력한 설득력을 지니고 있다. 유연근무를 제대로 구현하기 위해서는 설득력 있는 비전 제시가 필요하다. 이러한 비전이 없으면 조직은 위험에 빠질 수 있다. 구성원 이직, 미래에 유능한 인재 채용 능력 감소, 조직원 참여 및 복지에 미치는 부정적인 영향 등 잠재적인 문제들에서 벗어나기 위해서는 설득력 있는 비전이 필요하다.

코터는 자신이 제시한 8가지 모델에서 다음과 같이 주의를 기울여야 할 것에 대해 말한다.

- 변화에 참여한 사람들의 공헌을 보상하고 축하하라.
- 단기 승리/빠른 승리를 창출해야 한다. 이를 위해서는 신속하게 전달할 수 있는 운영계획에 유연근무제와 관련 있는 몇 가지 목표를 설정하는 것, 실행팀에게 힘을 실어주는 것, 더 넓은 조직으로 프로젝트의 성공을 알리는 것 등이 필요하다.
- 성공 사례를 정기적으로 공유해야 한다. 이에 대해 11장에서 자세히 설명할 것이다.
- 조직변화와 관련된 염려나 문제를 해결하기 위한 프로세스를 개발해야 한다. 유연근무로 전환시키는 프로그램의 경우, 좀 더 상세한 대화와 지원을 제공할 수 있어야 한다.
- 변화를 이끌 수 있는 강력한 팀을 구성해야 한다. 여기에 조직 전체에 걸쳐 모든 사람들이 포함될 수 있게 해야 한다. 변화는 단지 위에서부터 시작되는 것이 아니라, 아래에서부터 시작되는 것이다.
- 조직변화에 투입할 수 있는 다양한 이해관계자들을 포함한다. 이를 유연근무제 정책 개발을 다루는 9장에서 좀 더 심도 있게 설명할 것이다.

물론, 조직변화를 위한 다른 아이디어들도 있다. 효과적인 의사소통이 변화를 이끌어가기도 하고, 각 개인에게 미치는 심리적 영향도 변화를 위한 아이디어다. 변화에 대한 연구 대부분이 저항 이슈를 특별히 강조한다. 많은 구성원이 이미 조직변화를 끊임없이 이야기하거나 추구하는 곳에서 근무하는 데 이골이 나 있다. 이것은 '변화에 대한 피로감change fatigue'으로 이어질 수 있다. 구성원들은 계획이 수립된 후 매번 이를 받아 들어야 하는 입장에 처한다. 지칠 수밖에 없다. 이외에도 다양한 이유로 변화에 저항할 것이다. 그렇다면 구성원이나 관리자가 변화에 어떻게 저항하는지 어떻게 알 수 있을까? 다음은 이를 알아볼 수 있는 지표다.

- 평균 이상 유연근무제 신청이 거부되거나, 소수의 구성원만이 유연근무를 하고 있거나, 직무가 유연근무에 적합한지 제대로 알려지지 않고 있다.
- 관리자들이 유연근무 전략이나 정책에 대해 공개적으로 불만을 표현하거나, 팀이나 조직에 효과가 없을 것이라고 말한다.
- 관리자들이 전략이나 정책에 대한 문제나 이슈를 파악하고 있지만, 해결책이나 대안을 제시하지 않는다.
- 유연근무제에 대한 교육을 받으려는 의지가 부족하다.
- 조직구성원들이 유연근무제에 도움이 될 수 있는 기술 사용을 어려워하거나 사용하는 방법을 배우는 것을 꺼려한다.

조직변화의 권위자 커트 르윈Kurt Lewin은 조직이 원하는 상태에 도달하는 것과 변화하는 과정이 성공적이었다는 것이 엄연히 다르다고 지적한다. 조직이 원하는 상태에 도달했다고 해도 이전의 근무 방식이나 뿌리 깊이 박혀 있던 문화로 빠르게 다시 돌아갈 수 있다. 커트 르윈에 따르면, 조직이 원하는 상태에 도달하는 것은 매우 일시적이거나 단기적일 수 있다(Lewin, 1947). 이는 유연근무제를 시작할 때 초기 데이터에 진전이 있다 할지라도 만족해서는 안 된다는 것을 의미한다. 결과가 장기적으로 이어지기 위해서는 새로운 전략과 접근 방식을 지속적으로 강화해야 한다. 이를 위해 조직 내 활동과 문화를 지속적으로 평가하는 것이 중요하다.

9장에서는 조직문화가 얼마나 변화에 적합하게 준비되어 있는지 평가하는 방법을 좀 더 자세히 살펴보고자 한다. 변화가 효과적으로 이루어지면, 조직은 상당한 이익을 얻을 수 있다. 다음 사례 연구는 조직구성원들을 위한 유연근무 문화를 창출한 좋은 모델이다.

사례 연구
취리히 보험 회사

취리히 보험회사Zurich Insurance Group는 세계에서 가장 큰 보험회사이다. 170여 개국 5만 5,000여 명의 구성원들이 140년 이상을 이어왔다. 이 회사는 일반보험(재산, 사고, 자동차 및 책임보험 포함), 생명보험, 연금, 저축 및 투자 등의 사업을 한다.

취리히는 유연근무제를 정착시키는 데 힘쓰고 있다. 가장 큰 이유는 세계의 일자리 변화와 직장-가정의 균형에 있다. 그들은 회사 내부 사람들의 피드백을 통해 조직구성원의 요구가 변화하고 있다는 사실을 인식했다.

취리히는 조직 전반에 걸쳐 다양한 분야의 조사를 통해 유연근무를 도입했다. 이 과정에서 유연근무가 업무 효율에 도움이 되고, 구성원의 직장생활에도 이점이 있음을 파악했다. 실제로 구성원들은 유연근무를 통해 '일과 삶의 균형'이 이뤄지고 있다고 밝혔다. 삶 속에서 진정으로 하고 싶은 것과 일이 조화롭게 될 수 있게 만들었을 뿐만 아니라, 개인적 삶에도 도움이 되었다. 유연근무제는 시간이 지나면 지날수록 더 긍정적인 피드백이 넘쳐났다. 자발적으로 참여하는 구성원들이 점점 늘어났다. 조직 차원에서는 생산성이 증가하고 있음을 느꼈다. 이런 사실들로 인해 노동 시장에서는 유연근무제가 차별화 전략으로 떠오르기까지 했다. 결국 취리히는 단기적 시범운영을 넘어 조직 전체에 유연근무제를 적용시켰다.

현재 취리히의 모든 채용 공고에 시간제 근무, 직무 공유제, 전일제근무가 가능한 것으로 공지되었다. 이로 인해 여성 취업 지원자가 32%에서 40%로 늘어났다. 같은 기간 동안, 고위 관리직은 전체 지원에서 45% 늘어났으며, 그 외에도 전반적으로 여성 지원이 현저하게 증가했다.

기존 취리히 구성원들에게도 시간제 근무, 직무 공유제, 플렉스워크 FlexWork(취리히 내부 유연근무제 프로그램 브랜드명) 기준으로 근무하겠다고 요청할 수 있게 되었다. 현재 구성원들의 72%는 플렉스워크를 사용한다. 이는 구성원들이 어디에서, 언제, 어떻게 일할 것인지 선택할 수 있도록 한다. 곧 자율권을 부여한다. 플렉스워크는 개인 대 관리자 또는 팀 단위로 합의를 한다.

취리히의 목표는 다양한 사람들이 일하기에 가장 매력적인 회사로 만드는 것이다. 유연근무를 시행하는 것도 이런 맥락에서다. 물론, 유연근무 자체를 공식 목표로 내세우진 않았다. 대신, 유연근무제를 원하는 사람은 누구든지 이용할 수 있게 만들었다.

취리히도 처음에는 유연근무제를 구현하는 데 여러 가지 어려움이 뒤따랐다. 이 중 가장 큰 어려움은 어떻게 하면 개인이 고립되지 않으면서도 팀이 잘 유지되며 정기적으로 함께 할 수 있는 지에 있었다. 더군다나 모든 사람들이 원격으로 업무를 처리할 수 있는 기술의 도입을 정착시키는 데 시간이 많이 걸렸다. 그런데도 유연근무를 성공시킬 수 있었던 것은 구성원들이 유연근무에 대해 한결같이 긍정적인 피드백을 주었으며, 자신들의 삶에 상당한 도움이 되었다고 평가했기 때문이다.

조직구성원들은 조직 전반에 걸쳐 유연근무제가 뿌리를 내리면서 유연근무를 한다는 사실을 부담 없이 공개할 수 있게 되었다. 예를 들어, 구성원들이 흔히 내부 SNS에 유연근무를 하고 있다는 사실을 스스럼없이 게시했다. 그들은 자신들이 유연근무를 한다는 사실을 말하는 것을 사람들(특히 고위 관리자들)에게 스스럼없이 공개한다는 것 자체가 차이를 만든다고 말했다. 인적자원 책임자 스티브 콜린슨Steve Collinson에 따르면, 이런 접근 방식 자체가 사람들에게 스스로 결정할 수 있는 권한을 부여한다.

취리히에 근무하는 사람은 누구든지 유연근무제를 신청할 수 있다. 심지어 취리히의 유연근무제 정책은 업계 최고의 가족 정책 패키지로 연결된다. 가족 정책 패키지는 출산휴가, 육아휴가, 분담 육아휴직은 물론, 체외수정 치료를 받고 있거나 유산 또는 조산을 겪은 구성원들을 위한 휴가 조항을 추가적으로 포함하고 있다. 콜린스는 취리히 고용주를 기존 구성원들과 잠재적 구성원들 모두에게 가장 매력적인 고용주로 만드는 것이 목표 중 하나라고 밝혔다. 이에 유연근무제에 대한 정책개발은 중요한 혜택과 연관된 구성원들을 직접 접촉함으로써 진행되었다.

취리히의 경우, 유연근무제는 신뢰trust와 권한부여empowerment이다. 유연근무제는 커뮤니케이션이 양호하고 개방적인 대화문화에서 가장 효과적으로 작동한다. 이런 문화에 속해 있는 사람들은 유연근무제를 하는 이유에 대해 서로 이해하기 위해 커뮤니케이션한다. 콜린스는 대체로 인력 관리자들이 유연근무제를 지지해 왔다고 말했다. 그리고 관리자들도 구성원이며, 그들 중 다수는 유연근무제로부터 이익을 얻는다고 생각했다. 관리자들은 팀을 관리하는 책임이 증가하면서 자신들을 위해서 일하는 사람들과 동일하게 도전하면서 헌신하게 되는 것이다.

> ### 다음 단계들
>
> 1. 현재 자신이 속한 조직이 조직을 유연근무를 위한 6가지 요소에 맞춰 검토해보자. 전략 및 구현 계획에서 가장 중점을 두어야 할 영역을 파악해보자.
> 2. 진정으로 유연한 조직이 되기 위해 현재 위치와 장차 필요한 위치의 격차를 고려하라. 9장에 제시된 내용들은 이런 격차를 해소하는 방법을 검토하는 데 도움이 될 것이다.
> 3. 7장에서 설명했던 장벽들을 다시 한 번 살펴보라. 자신이 속한 조직문화와 가장 관련이 있는 것을 파악하라.
> 4. 조직문화의 변화를 위한 계획에 따라 요구되는 구체적인 조치를 파악하라. 어떤 저항을 받을 수 있으며 그 이유는 무엇인지 고려하라.
> 5. 변화를 관리하는 것에 대한 레빈과 코터의 개념을 검토하고, 자신이 속한 조직 맥락에서 어느 것이 중요한지, 그리고 그것들이 어떻게 다루어 질 수 있는지 살펴봐라.
> 6. 유연근무제에 적합하고 설득력 있는 비전을 개발하라. 내부 및 외부 청중 모두가 이용할 수 있는지, 과연 그것이 설득력이 있는지, 그리고 방법을 이해할 수 있도록 쉽게 제시했는지, 자신이 무엇을 하고 있는지, 그것을 왜 하고 있는지, 그 자체를 어떻게 정의내릴 수 있는지 살펴보라.

핵심 요약

- 진정으로 유연근무를 실시하는 조직에는 적어도 6가지 핵심 요소들이 있다. 이것은 유연근무제 문화를 개발하는 데 필요한 구성요소이다.
- 일부 조직은 고유성과 특수성을 고려해야 한다.
- 6가지 요소들은 상호 연결되어 서로 지원한다. 각 구성요소들은 조직문화가 지속적으로 변화될 수 있도록 유도하는 데 효과적이어야 한다.
- 유연근무는 우연히 자연스럽게 일어나지 않는다. 유연근무제는 (그리고 여섯 가지 요소는) 다양한 계획과 활동을 통해 지원되어야 현실가능하다.
- 조직문화를 변화시킨다는 것은 태도, 신념, 행동의 변화를 의미한다. 이것은 반드시 빠른 과정이어야 할 필요는 없으며, 지속적인 노력이 필요한 것이다.
- 조직문화를 변화시키기 위한 공식적인 계획이 필요할 수 있다. 조직은 적절한 조직문화 변화 모델을 사용함으로써 변화를 주도하는 방법과 지원 받을 수 있는 방법을 고려해야 한다.
- 새로운 유연근무제 전략과 접근 방식을 성공시키기 위한 설득력 있는 비전과 계획을 개발하는 것이야 말로 조직문화 변화 여정을 개시할 수 있는 환경을 만드는 것이다.

참고문헌

Kotter, J (2012) *Leading Change*, Harvard Business Review Press, Boston, MA. 『기업이 원하는 변화의 리더』 김영사, 2007 역간.

Lewin, K (1947) Frontiers in group dynamics: Concept, method and reality in social science; social equilibria and social change, *Human Relations*, vol 1, 1, pp 5-41

Zurich UK (2019) Press release, www.zurich.co.uk/en/about-us/media-centre/news/2019/what-would-happen-if-you-could-apply-for-every-job-on-a-part-time-basis (archived at https://perma.cc/HDK7-NVAT)

09
유연근무를 위한 전략 개발

효과적인 전략은 유연근무 문화를 만드는 데 필요한 요소들을 고려해야 한다. 전략은 독립적일 수 있고, 인력 전략이나 인적자원 전략의 일부일 수 있으며, 조직의 광범위한 계획 내에서 수행될 수 있다. 전략의 본질은 보통 장기적이다. 전략은 큰 그림을 말하는 것이며, "왜"라는 질문이 뒤따른다. 적어도 몇 년 앞으로 다가올 미래에 대한 전반적인 비전을 제시해야 한다. 모든 운영 계획에는 전략을 수반한다. 효과적인 전략은 시간척도timescales, 자원resources, 책임responsibilities을 포함해야 한다.

이 장의 목적은 유연근무에 대한 명확한 비전 및 전략 개발에 필요한 단계 그리고 지원 운영 계획을 파악하는 데 있다. 이는 앞으로 자세히 살펴볼 예정이다. 우선, 이 장은 유연근무제 문화를 정착시키기 위한 청사진 제공에 목표를 둔다.

단계 1: 유연근무제 전략 결정하기

전략적 접근 방식을 결정하기 전에 고려해야 할 주요사항은 물론 성찰에 도움이 될 수 있는 몇 가지 질문들이 있다.

- 유연근무제를 도입하는 전반적 목표는 무엇인가?
- 왜 유연근무제를 도입하려고 하는가?
- 각 조식에서 유연근무제가 의미하는 것은 무엇인가? 그리고 조직의 특수한 맥락에 어떤 형태의 유연근무제가 가장 도움이 되는가?
- 유연근무제가 조직의 목표에 얼마나 부합하는가, 또는 어떤 방식으로 지원하고 있는가?
- 사업적 측면에서 유연근무제를 통해 조직이 실현하고자 하는 이점은 무엇인가?
- 유연근무제에 대한 이용가능성, 수용성, 채택이란 측면에서 현재 조직은 어느 위치에 있는가?
- 유연근무제를 조직에 성공적으로 정착시킬 수 있다면, 어떤 방식으로 가능할까?
- 유연근무제를 위한 전략이 달성된다면, 미래에 조직에서 무엇을 보고 느끼며 들을 수 있을까?

질문에 대한 답을 해본다면, 좀 더 유연한 미래를 그리기 시작하는 데 도움이 될 것이다.

가능하다면, 유연근무제 전략에 담겨 있는 정신을 나타낼 수 있는 의도와 포부를 한 두 문장으로 정리해보길 바란다. 이는 나중에 내부 커뮤니케이션 계획에 사용할 수 있으며, 이 비전을 구성원들에게 전파하는 데 도움이 될 수 있다.

준비상태 평가

조직문화는 좀처럼 쉽게 변하지 않는다. 그러나 유연한 근무제를 도입한다면, 조직문화가 상당히 변화할 수 있다. 따라서 조직이 변화에 어떻게 대비하는지 평가할 수 있어야 한다. 이는 유연근무를 구현하는 데 영향을 미칠 수 있다. 전략 자체가 조직의 미래 비전을 보여준다면, 준비상태 평가readiness assessment는 현재 위치를 보여줄 수 있다. 치밀한 운영계획과 목표 설정을 통해 전략과 준비상태 평가 사이의 격차를 잘 메워야 한다.

개인 관찰 및 직접적인 피드백은 물론 데이터를 통해 준비상태를 알 수 있다(준비상태 평가를 하는 데 도움이 될 수 있는 데이터에 관한 내용은 10장을 참고하기 바란다). 준비를 철저히 하는 방안에는 여러 가지가 있다. 다음은 이를 위해 점검해야 할 질문들이다.

- 유연근무에 대해 조직 내에서는 어떤 태도가 존재하는가? 그 태도가 공개적으로 인정되고 있는가, 거의 용인되지 않는가, 아니면 규범에서 벗어난 예외적인 것인가? 사람들은 자신들이 유연근무를 요구할 수 있는 것처럼 느끼는가? 유연근무를 채택하고 있는 구성원들이 어떤 형태의 오명을 경험하는가?
- 유연근무에 대한 고위직 임원의 지원이나 선임 후원자가 있는가(또

는 그 사람을 식별할 수 있는가)?
- 유연근무에 대한 접근 방식이 조직의 다른 우선순위와 부합하는가?
- 유연근무제 참여에 대해 문화적으로 이해되는 분위기인가? 어느 정도까지 프레젠티즘presenteeism(특히 실직에 대한 불안감 때문에 필요 이상으로 직장에서 많은 시간을 보내는 것) 또는 리비즘leavism(휴가 중에도 쉬는 대신 일을 하며 시간을 보내는 것)을 경험하는가?
- 기존 조직의 요구사항이나 압력으로 유연근무제 구현이 어려울 수 있는가? 만일 그렇다면, 극복할 수 있는가?
- 현재 어느 정도까지 유연근무(그리고 기존의 정책과 프로세스)가 조직 내에서 이해되고 있는가?
- 관리자와 종사원들이 어느 정도까지 유연근무제를 업무 방식으로 수용하고 있는가?
- 유연근무를 돕기 위해 보유하고 있는 기술은 무엇이며, 구성원들이 어느 정도까지 사용할 수 있는가?
- 현재 인적자원 관리자의 관리 능력은 얼마나 유능한가? 특히 구성원들이 관리자의 관리 방식에 얼마나 잘 적응하고 있는가?
- 유연근무를 지원하고 조력하는 인적자원 내에서 현재 능력과 역량 수준은 어느 정도인가?
- 새로운 전략 수립에 따라 조직이 대량의 유연근무 요청을 수용한다면, 어떤 영향이 있을 수 있는가?
- 유연근무와 관련해서 구성원들이 원하는 것을 어느 정도까지 이해하고 있는가?
- 선임 리더들은 유연근무를 어떻게 생각하고, 말하고 있는가? (이에

대한 답을 모른다면, 준비상태 평가의 일부는 그들과 대화해서 답을 찾는 것을 포함할 수 있다).
- 이런 변화를 구현하기 위해 갖추어야 할 자원은 무엇인가, 그리고 필요한 것은 무엇인가(시간, 예산, 전문가 또는 외부 기술이나 지식을 위한 어떤 요건들을 고려하라)?
- 조직이 유연근무의 잠재적인 이익을 어느 정도까지 이해하고 있는가?
- 유연근무를 할 때 조직구성원들이 두려워하는 것은 무엇인가?
- 조직에서 변화요구가 얼마나 잘 수용되고 있는가?
- 새로운 근무 방식을 구현하는 데 저항적이거나 더 많은 지원을 필요로 하는 분야는 조직의 어떤 분야인가?
- 유연근무제의 효과를 방해하는 조직에 존재하는 장벽은 무엇인가(이에 대한 자세한 것은 7장을 참조하길 바란다)?
- 이 변화를 구현하는 과정에서 발견할 수 있는 잠재적인 위험은 무엇인가?

이런 질문에 대한 검토와 준비상태 평가를 완료한 다음, 특별한 관심 분야와 집중해야할 분야를 파악해야 한다. 이를 통해 단계2로 나아가야 한다.

단계2: 선임 리더들

8장에서 설명했듯이, 리더의 지원과 조력은 효과적인 유연근무제를 위해 가장 중요하다. 조직이 유연근무를 기꺼이 수용해 이익을 얻으려면, 선임 리더들은 유연근무로 발생할 수 있는 비즈니스 이익을 완전히 이해해야 한다. 여기서 말하는 이해는 단지 이론적인 것이 아니라 가시적으로 변화를 지원해야 한다는 것이다. 조직문화 변화를 주도하는 과정에서 선임 리더들의 역할은 아무리 강조해도 지나치지 않다.

심지어 선임 리더들이 유연근무를 수용하고 승인하더라도 조직 전반에 긍정적인 결과를 만들어내려면 상당한 시간과 노력이 필요하다. 선임 리더는 유연근무의 출발점이다. 출발점이란 변화가 시작되는 곳이지, 끝나는 곳이 아니다. 유연근무를 요청하고 실행하는 것은 선임, 말단 할 것 없이 누구나 요구할 것이지만, 계획은 선임 리더들의 몫이다. 그들이 유연근무 계획 자체를 수립할 수도 파괴할 수도 있다.

유연근무를 추진해나가는 힘은 선임 리더들에서 나온다. 유연근무에 대한 계획을 수립하기 때문이다. 이런 상황에서는 선임 리더들의 동의를 얻기 위해 특별히 비즈니스 계획을 만들고 제안할 필요가 없다. 하지만 인적자원관리 부서를 통해 선임 리더들에게 유연근무제가 제안되는 경우는 조금 다르다. 선임 리더들의 동의를 얻기 위한 전략이 필요하다. 리더들은 의심의 여지없이 유연근무가 조직에 어떤 이익을 가져다 줄 것인지 파악하고 싶을 것이다. 이런 이익들은 이미 이전 장에서 상세히 설명했다. 중요한 것은 이런 이익들을 어떻게 실현하는지에 있다. 이 책의 1부를 면밀히 살피고 제대로 실행한다면, 유연근무에 대한 사례를 구축하는 데 힘이 될 수 있다.

선임 리더는 유연근무를 실행하기 위해 맥락context과 증거evidence가 필요하다. 그들은 유연근무를 도입했을 때 비용과 위험을 이해할 필요가 있을 뿐만 아니라, 조직 내에 존재하는 염려를 해결하고 완화시킬 필요가 있다. 이를 위해서는 다음에 제시한 것들을 고려하라.

- 유연근무를 실행할 때 발생할 수 있는 비용, 이익, 추정, 위험을 설명하는 사례를 확실히 명시하라. 여기에 시간척도, 책임, 자원, 특정 결과물은 물론 8장에서 제시한 유연근무의 여섯 가지 요소들과 관련된 조치들도 포함해야 한다.
- 목표와 운영계획 개요를 제안하라.
- 선임 리더는 유연근무로 전환할 때 발생할 수 있는 우려들을 파악하라.
- 유연근무와 관련된 자체 내부 데이터를 제공하고 미래에 대한 예측을 지원하라(데이터의 잠재적인 소스에 대한 개념은 10장을 참조).
- 성공적으로 운영될 수 있도록 구성원들에게 필요한 '요구사항'을 받아라.

선임 리더는 유연근무를 지원하고 지지하게 된다면, 유연근무 전략 및 계획을 지지할 최고위층을 찾아야 한다. 이것은 구성원들과 관리자들에게 신뢰도를 높인다. 조직의 최고위층이 지지를 한다는 메시지를 주면, 유연근무 정착에 도움이 된다.

물론, 이와 같은 변화의 수용이 단지 선임 리더들만의 전유물은 아니다. 조직문화를 변화시키려면 조직 내에서 많은 사람이 함께해줘야 한다. 이는 꽤 시간이 걸리는 작업이다. 아무리 연구가 깊이 이루어졌다 해도, 다양한 근거들이 흘러넘치더라도, 조직 내 모든 사람들이 수용하는 데는 시간이 필요하다. 심지어 어떤 사람들은 자신의 신념과 감정적 선호에 빠져 변화를 꾀할 생각조차 못 할 수 있다.

새로운 아이디어나 혁신의 발생은 '혁신확산곡선innovation diffusion curve'으로 설명될 수 있다. 에버렛 로저스Everett Rogers(2003)의 '혁신확산곡선'은 개인 차원의 혁신채택과 사회 차원의 혁신확산 연구를 위한 이론적 분석 틀로 활용되어 왔다. 혁신확산이론은 혁신이 구성원들에게 시간차로 수용되는 원인에 대해 설명가능하며, '새로운 아이디어를 상대적으로 빨리 채택하는 정도'에 따라 혁신 성향이 어느 정도인지 보여준다. 혁신 성향은 혁신을 채택하기까지 소요된 상대적 시간을 기준으로 평가하고, 구성원들을 5가지로 범주화한다.

새로운 혁신을 수용하거나 사용하는 첫 번째 집단은 '혁신자innovators'이다. 그들은 새로운 것을 시도하기를 열망하며 위험을 감수하는 사람들이다. 매우 소수(전체의 2.5%)이면서 전통적인 사회 규범에 얽매지 않는 특성을 지녔다. 다음 집단은 '초기 수용자early adopters'이다. 이들은 혁신자들보다는 조금 늦지만 새로운 혁신을 빠르게 수용한다. 그들은 다른 사람들에게 영향을 미치고 새로운 혁신을 둘러싼 의견을 형성하는 데 도움을 줄 수 있다(이들은 전체의 13.5%에 해당된다). 다음 집단은 '조기 다수수용자early majority'이다. 이들은 전체 잠재 수요의 34%에 해당하고, 신중하기 때문에 수용이 다소 늦는 특성이 있다. 다만 비공식적으로 많은 사회적 접촉을 하고 있기 때문에 초기 수용자에게 영향을 받는다. 이들은 종종 비용이 발생할 것에 대해 우려한다. 다음은 '후기 다수수용자late majority'이다. 이들은 매우 보수적이거나 회의적인 사람들이다. 이들은 압력을 받을 때나 다수가 이미 아이디어를 채택했을 때만 수용하는 경향이 있다(이들은 전체의 34%에 해당된다). 마지막으로 '지각 수용자laggards'들이다. 이들은 가장 보수적인 집단이며, 변화를 매우 꺼려한다. 정보의 채널이 이웃과 친구에 한정되어 있고, 극단적인 위험회피 성향을 보이는 사람들이다.

확산의 예로 휴대전화를 생각해볼 수 있다. 1980년대 초 처음으로 휴대전화를 사용할 수 있었지만, 많은 사람이 사용하진 못했다. 오늘날 휴대전화를 일반적으로 사용하는 것과는 매우 다른 양상을 보였다. 휴대전화가 처음 출시되었을 때 가격이 매우 비싸기도 했다. 이에 매우 소수의 혁신자들만이 휴대전화를 사용했다. 시간이 지나면서 점점 휴대전화의 인기가 올라갔다. 조기 다수수용자, 후기 다수수용자, 지각 수용자들이 휴대전화 사용에 동참했다. 사람들은 휴대전화를 필요로 하는 이유를 알고, 그것을 이용할 수 있을 것이라 믿고 난 뒤에서야 일상생활에 도입할 필요를 느꼈다. 이 여정을 거치면서 휴대전화는 점차 저렴해지고, 더 소형화되었으며, 좀 더 신뢰를 받을 수 있게 되었다. 점점 기능도 추가되었다. 이제 휴대전화를 대부분의 사람들이 가지고 있는 시점에 다다랐다.

아이디어 확산에 관한 로저스의 이론은 유연근무제 채택과 연관성을 지닌다. 아이디어를 전파할 때 사용하는 커뮤니케이션 채널, 아이디어가 발생하는 사회적 시스템 등이 채택 속도에 영향을 미친다. 휴대전화 사례처럼 모든 새로운 아이디어는 임계치critical mass에 도달되는 시점과 주류mainstream가 되는 시점이 있다. 유연근무는 아직 임계치에도 도달하지 않았다. 아직 채택으로 가는 문을 통과하는 과정 중에 있다. 따라서 유연근무제를 수용하는 조직들(일부는 이 책에서 설명되었다)은 혁신자이거나 초기 수용자이다. 유연근무제(또는 업무 분야와 관련된 새로운 어떤 아이디어)가 자신들에게 적합하지 않다고 믿는 조직들은 후기 다수수용자이거나 지각 수용자이다. 유연근무제가 혜택이 많고 구성원들이 매우 필요로 한다는 증거가 차고 넘쳐도, 후기 다수용자나 지각 수용자는 낡은 방식에

파묻혀 살아서 이점을 보지 못한다. 경쟁자들이 조기에 이를 수용하여 혜택을 누리고 있는 것을 보는데도 말이다. 이후의 장에서는 이 문제로 다시 돌아가서 변화나 새로운 아이디어에 저항하는 사람들이 어떻게 다뤄야 할 것인지 구체적으로 논할 것이다.

단계3: 목표

유연근무제에 대한 전반적인 접근 방식이 결정되면, 선임 리더의 동의를 얻어 구체적인 목표를 설정해야 한다. 목표(운영계획)는 준비상태 평가결과에 따라 설정하는 것이 효과적이다.

목표 설정과 관련해 많은 독자가 스마트SMART에 익숙할 것이다. 목표는 구체적Specific이고, 측정 가능Measurable하고, 달성 가능Achievable하고, 현실적Realistic이고, 시간 제약적Time-bound이어야 한다. 스마트 접근법은 목표 설정이 적절하고 합리적임을 보장할 뿐만 아니라, 미래에 진행상황과 성공을 측정하기 위한 표준틀로 사용할 수 있다. 그러나 스마트 접근법을 사용할 때 주의할 점이 있다. 이 접근법은 매우 엄격한 기준으로 적용되면, 야망이 큰 조직이나 진정으로 혁신을 원하는 사람들을 실제로 지원하지 못 할 수 있다. 비전이 매우 크거나 앞서가면, 달성 가능하거나 현실적이지 않기 때문이다. 예를 들어, 1960년대 미국은 달에 인간을 착륙시키려는 목표를 가지고 있었다. 이 목표는 구체적이고 측정 가능했을지 모르지만, 어쩌면 매우 비현실적이거나 성취 불가능한 것으로 여겨졌다. 그런데도 불구하고 목표는 동기부여를 위해 야심차고 확장적일 필요가 있다. 이런 점에서 스마트 접근법을 사용할 때는 주의를 기울여야 한다.

단계5(착수준비)의 몇 가지 아이디어가 당신이 설정한 목표나 운영 계획의 일부를 형성할 수 있다. 기타 잠재적 목표와 주요 성과 지표는 다음과 같다.

- 유연근무에 대한 조직구성원들의 관심
- 유연근무제에 관해 교육 받은 관리자
- 유연근무제에 대한 관리자의 인식
- 업무 또는 직무 패턴에서 유연근무제에 대한 구성원의 향상된 인식
- 직무 지원의 증가된 수
- 유연하게 근무하는 구성원들의 전반적 목표
- 유연근무자의 사내 부서 이동
- 부동산을 통한 비용 절감
- 결근 감소
- 통근의 변화로 탄소 배출량 감소
- 구성원 몰입도 수준
- 구성원 잔류/이직 수치

목표를 제대로 수립하면, 단계4의 운영 계획을 수립할 수 있다. 마지막으로, 목표를 구성원들과 공유할 것인지 결정해야 한다. 이는 조직 내 투명성을 확립하고, 참여를 독려할 수 있는 장치이기 때문이다.

단계4: 운영계획 수립하기

운영계획operational plan은 무엇을 할 것인지, 언제 할 것인지, 누가 책임을 질 것인지 세부사항을 세우는 것이다. 이 계획에는 10장과 11장에서 좀 더 자세히 다루게 될 정책 개발, 커뮤니케이션과 같은 주제들을 포함할 필요가 있다. 전체적인 계획이 명확하다면 길거나 복잡할 필요가 없다. 이 영역 외에도 운영계획에 포함되었으면 하는 주제들이 몇 가지 있다. 이는 다음과 같다.

- 조직 환경에 뿌리 깊게 박혀 있는 장벽과 잘못된 속설을 파악해야 한다. 그리고 이를 다루기 위해 필요한 것이 무엇인지도 알아야 한다. 6장과 7장을 참조하여 반영하라.
- 유연근무를 위해 새로운 정책이나 수정된 정책이 필요한지 살펴봐야 한다. 유연근무제를 위해 새로운 정책이나 수정된 정책이 필요하다면, 10장을 참조하라. 도움이 될 것이다.
- 주요 이정표와 달성될 날짜와 시기를 확인하여, 적절하게 진행되고 있는지 파악하라. 적절하게 진행되고 있지 않다면, 접근 방식을 조정하라.
- 전략 및 특정 목표 진행 상황을 선임 리더들에게 보고하기 위한 프로세스가 필요하다.

운영계획이 완료되면, 새로운 전략이나 접근 방식을 착수 준비로 전환할 수 있다.

단계5: 착수 준비

11장에서는 특별히 커뮤니케이션에 중점을 두고, 조직과 관리자들을 준비시키기 위해 착수 전에 취해야할 단계들을 매우 자세히 설명할 것이다. 단계5에서는 유연근무제 착수를 지원하기 위해 고려하길 원하거나, 목표 중 하나 또는 운영 계획 일부를 형성할 수 있는 기타 옵션 아이디어를 자세히 설명하고자 한다. 여기서 말하는 아이디어들은 8장에서 설명한 조직문화 변화와 연결되어 있다.

예비테스트

모든 조직은 유연근무와 같은 새로운 방식을 착수하거나, 대안으로 예비테스트 pilot schemes를 수행할 수 있다.

유연근무가 조직에 미칠 영향에 대해 우려가 있거나, 조직문화 자체가 일반적으로 위험을 회피하는 경향이 있다면, 예비테스트는 사람들을 회유하고 설득할 수 있는 좋은 방법이다. 또 시범 계획은 조직에 특화된 증거 기반을 구축하는 데 도움이 된다. 의심할 여지없이 거의 모든 조직에서 몇 가지 형태의 유연근무가 시행되고 있지만, 장점을 최대로 뽑아내지 못하고 있다. 이런 맥락에서 예비테스트는 유연근무제를 확장하거나 조직에 완전히 새로운 근무 형태를 시도하는 데 활용될 수 있다. 또 집약근무(주5일 40시간 근무를 주2-3일 만에 근무하는 것)나 2주 9일 근무제와 같은 유연근무제를 과감하게 시도해볼 여유가 생긴다. 이런 근무유형의 영향, 비용, 이익을 실제로 평가하려면 적어도 몇 개월이 필요하겠지만,

예비테스트를 하면 조직이 결정한 기간 동안 지속적으로 시험해볼 수 있다. 또 예비테스트는 특정 직무 역할이 유연근무제에 적합하다고 외부로 광고할 수 있는 효과도 있다. 이는 신규모집을 하는 데 매우 유리하게 작용할 수 있다.

처음에는 한 팀 또는 한 부서에만 소규모로 예비테스트를 실시할 수 있다. 물론 필요한 경우 규모를 확대할 수 있다. 이를 통해 실현 가능성을 평가하고 미래에 대해 배울 수 있는 유용한 데이터를 수집하는 데 도움이 될 것이다. 그와 같은 예비테스트는 전적으로 결과에 의존한다. 따라서 단순히 실험을 하는 것일 뿐 지속되지 않을 수도 있다는 생각이 있어도 작동가능하다. 새로운 유연근무제 형태를 시범으로 운영하는 동안, 참여하는 구성원들에 대한 고용 조건과 팀에 영구적인 변화는 없을 것이다. 예비테스트는 생산성, 결근, 참여, 비용에 대한 데이터를 제공한다. 예비테스트를 운영하면서 상이한 근무 형태에 대한 구성원들의 피드백을 받고 함께 논의한다면, 결과를 질적 및 양적으로 분석하는 데 도움이 될 것이다.

사전 대책 강구를 위한 대화

유연근무를 위해 대화를 한다면, 그것은 상호작용에 기반해야 한다. 조직 구성원이 비공식으로나 공식적으로 유연근무를 요청할 때, 유연근무제에 대한 대화는 자연스럽게 시작되는 것이다. 타임와이즈(Timewise, 2019)는 사전 대책 강구 차원에서 팀원들과 유연근무제 옵션을 논의하는 관리자가 거의 없다고 분석했다. 5명 중 1명만이 팀과 유연근무제를 논의하기 위해 제안했거나, 사전 대책 강구 차원에서 제안했다고 답했다. 단지

19%만이 신규모집과 선발과정에서 유연근무제에 대해 설명했다고 말했다. 조직이 진정으로 유연근무제를 수용하고자 하는 경우, 성과 평가 또는 팀 회의를 통해 팀과 사전 대책 강구 차원에서 유연근무제를 논의하도록 관리자들을 독려해야 한다. 이런 사전 대책 강구를 위한 대화proactive conversations는 조직구성원들에게 강력한 신호로 작용한다. 따라서 대화를 효과적으로 만들기 위해서는 유연근무제에 대해 일선 관리자들을 대상으로 심도 있게 교육시켜야 한다(11장에서 더 자세히 설명하겠다).

이메일

5장에서는 조직구성원이 '5분 대기조always on'처럼 일과 삶의 경계가 모호해질 수 있는 가능성을 살펴보고, 이를 통해 웰빙을 무너지게 만드는 잠재적인 위험들을 검토했다. 이메일은 이런 위험을 촉발시키는 장치이다. 언젠가부터 근무 시간이나 휴일에 이메일을 주고받는 것은 흔한 일이 되었다. 꽤 오래 전부터 업무용 전자메일을 확인할 수 있는 모바일 기기를 일상적으로 사용하게 되었고, 이는 직장생활의 기본이 되었다. 오늘날은 휴대전화나 휴대용 태블릿에서 이메일을 사용할 수 있을 뿐만 아니라, 지속적으로 연락할 수 있는 방법들이 다양하게 존재한다. SNS, 직장 온라인 그룹 채팅, 문자 메시지 등은 동료나 관리자들로부터 지속적으로 연락을 받을 수 있는 방법 중 빙산의 일각일 뿐이다. 이는 스트레스를 증폭시키고, 일과 삶의 균형을 깨는 것이다.

어떤 사람들은 '업무 시간office hours' 이외 시간에 이메일을 보내는 것을 금해야 한다고 생각한다. 주말과 저녁에 이메일을 보내는 것을 막기 위해 적극적인 조치를 취하는 조직들도 있다. 일부 사람들은 이보다 더 적극적인 방법을 쓰기도 한다. 프랑스에서는 '연결을 끊을 권리right to disconnect'가 국가 법률에 포함되어 있을 정도다. 구성원 수가 50명 이상인 회사는 이메일과 관련된 조건을 결정하려면 법적으로 구성원들과 협상해야 한다. 독일회사 다임러Daimler의 구성원들은 휴가 중에 이메일을 자동으로 삭제하고, 수신자가 휴가 중이므로 질의를 다시 보내달라는 메시지를 발신자에게 자동으로 회신하는 프로그램을 사용한다(Time, 2014).

하지만 이런 계획들이 아무리 잘 의도된 것이라 하더라도, 유연근무제를 할 때는 여러 가지 문제가 발생할 수 있다. 유연근무는 근본적으로 정상적인 '업무 시간' 개념에 도전하기 때문이다. 만일 오후 5시 이후에 이메일(또는 다른 형태의 업무 기반 커뮤니케이션)을 금지한다면, 정상업무 시간과 기타업무 시간의 구분을 애매하게 만들 수 있다. 예를 들어, 오전 10시~오후 6시 시간에 유연근무를 하게 되면, 이메일을 보내는 상대는 유연근무를 하는 중인지 모르고 오후 5시 이후를 기타업무라 생각하기 때문에 이메일을 보내기 조심스러울 수 있다. 실제로 영국 서섹스 대학교 University of Sussex에서는 이메일을 제한하는 정책들이 웰빙을 방해할 수 있다는 사실을 발견했다. 이메일을 제한하는 정책 자체가 구성원들 스스로 업무 스케줄을 통제할 수 있는 권리를 방해하기 때문에, 오히려 의도하는 것과 정반대로 흐를 수 있다(Russell & Woods, 2019). 이 책에서 논의된 많은 주제와 마찬가지로, 한 가지 해결책이 모든 것에 정답은 아니다.

유연근무제를 실시하게 되면, 일부 구성원이 유연근무를 신청한 구성원을 대체해 근무해야 한다. 이는 불가피한 것이다. 구성원들에게 이런 내용에 대해 정확하게 인지시키고 설명하는 것이 중요하다. 그래야 웰빙에 부정적인 영향을 미치는 프레젠티즘presenteeism 또는 리비즘Leeavism을 벗어날 수 있다. 유연근무는 사내 문화의 변화가 필요하다. 이를 일으킬 수 있는 방법을 찾는 것이 선임 리더들의 책무다. 선임 리더들은 이메일 에티켓 지침을 만들고, 발신자가 유연근무 중이어서 즉시 응답을 할 수 없다고 설명하는 자동메시지를 사내에서 사용할 수 있게 해야 한다. 이를 위해 리더들이 팀원들과 자신의 일정에 대해 적극적으로 대화를 하도록 장려하는 데 힘써야 한다. 이메일을 보낸 사람이 응답이 곧바로 필요하지 않을 때는 상대가 근무 중일 수 있음을 고려해야 한다. 그리고 상대가 이메일을 보내는 시기와 방법을 선택할 수 있는 공간을 줘야 한다. 요즘 이메일은 이런 것들을 지원할 수 있는 기능들이 있다. 이메일 문화는 제대로 된 유연근무에 문제를 일으킬 소지가 크다. 유연근무제가 오히려 개인의 스트레스를 가중해서는 안 된다.

직무 공유 매칭

직무 공유제Job-sharing는 유연근무와 매우 유사하지만 활용도가 높지 않다. 적절한 직무 공유 파트너 찾기가 어려울 뿐만 아니라, 직무 공유가 과연 실용적일 수 있는지 의문이 들기 때문이다. 실제로 직무 공유는 이를 원하는 서로 다른 두 사람이 스스로 기회를 보고, 그렇게 할 수 있는 경우를 만들어나갈 때 실현가능하다. 직무 공유가 잘 설계된다면, 이점은 많다. 조직은 두 가지 경험, 기술, 지식을 얻을 수 있고, 조직을 떠나가는 구성원이 생기는 것을 대비할 수 있다. 인재를 채용할 때도 인재 풀을 다양하게 열 수 있다. 직무 공유를 장려하고 가능하게 하는 옵션이 따로 있는 게 아니다. 조직이 유연근무에 관심 있는 사람들과, 상호 보완적 기술과 경험을 지니고 있을 수 있는 사람들을 매칭시키는 데 적극적인 역할을 하면 된다. 예를 들어, 구성원들이 간단하게 관심 목록을 만들게 하고, 직무 공유에 대해 조사할 때 관심이 있는 역할에 대한 정보가 제대로 공유되게 하며, 직무 공유를 하려는 동료들과 연결될 수 있는 온라인 공간을 만들면 된다.

직무 설계

공인인력개발협회CIPD(2019)는 직무 설계job design를 '구성원이 역할과 책임을 확립하는 과정과, 그들이 사용하거나 따라야 하는 시스템과 절차'라고 정의한다.

직무 설계는 업무의 질, 직무 목적, 역량, 생산성, 심지어 동기부여 이론을 포함한 다양한 요소를 고려해야 한다. 실제로 많은 직무가 제대로 설계되지 않는다. 그것들은 시간이 지나면서 진화하기도 하며, 그 일을 맡고 있는 구성원들과 특정한 기술 및 경험에 따라 영향을 받는다. 이 책은 유연근무제를 제대로 설계하는 데 목적을 두고 있다. 세밀하게 들어가면 단축된 근무 시간과 관련된 이슈와 문제에 관심을 두고 있다.

유연근무자가 조심해야 할 것이 있다. 그것은 자신들의 근무 시간 및 근무 패턴과 어긋나게 업무량이 과도해지는 것이다. 이전에 풀타임 근무자가 유연근무제를 시작할 때 흔히 발생하는 문제이다. 유연근무를 하기 전에 했던 업무를 계속 수행하며, 더 짧은 시간에 업무를 마치려다보니 문제가 발생하는 것이다. 웰빙이 무너지고, 업무 스트레스가 과도해지는 것은 유연근무의 본래적 목적과 거리가 있다.

직무 설계는 조직구성원이 업무 시간을 변경할 때 발생할 수 있는 웰빙 관련 이슈와 업무 스트레스에서 벗어날 수 있도록 고려해야 하며, 필요하다면 그때그때 수정해야 한다. 실제로 직무 설계를 할 때 업무량을 검토해 시간척도를 수정하거나 전반적인 요건을 줄이는 것으로 간단하게 끝날 수 있다. 또 직무설계는 유연근무의 유형에 따라 역할의 전반적인 요건을 검토할 필요가 있다. 유연근무제 요청을 수용한 이후나 시범운영 기간 동안, 유연근무를 하려는 구성원들과 함께 직무 기술서를 검토하고, 내부 성과 관리 시스템에 따라 설정된 목표를 살펴봐야 한다. 처음에는 시행착오 기간이 생길 수 있으며, 업무량이 적절하도록 보장하기 위해 구성원과 관리자 간의 지속적인 대화가 필요하다.

유연근무 요청을 받거나 수락한 후 직무를 재설계하는 것은 한 가지 측면에 불과하다. 직무 설계는 신규채용 때도 할 수 있다. 그런데도 신규채용을 할 때 이전에 있었던 것을 기반으로 동일하게 하는 경우가 많다. 실제로 공식적인 직무 기술서에 언급된 내용에 기반해 신규채용을 하거나, 유사한 기술과 경험을 가진 사람을 찾는 방식에 머문다. 이것이 조직의 표준모델이라면, 유연근무의 긍정적 가능성이 간과될 수밖에 없다. 따라서 직무 요건만을 검토하고 전체적인 직무 설계를 고려해야 한다. 그렇게 한다면, 직무는 새로운 인재 풀에 열리고, 유연근무제에 대해서도 개방적으로 전환될 것이다. 다음 부분에서 관리자 교육에 대한 필요성을 다시 살펴볼 것이다. 직무 설명서를 검토하고 과업과 근무 시간보다 주어진 직무 역할에 초점을 맞추도록 관리자들을 독려해야 한다.

직무 설계의 핵심은 사전 대책 강구 활동이다. 조직구성원이 업무량 문제를 제기하도록 기다릴 것이 아니라, 업무량과 목표가 개인이 수행하는 근무 패턴에 적합하게 조정되도록 적극적인 조치를 취해야 한다. 훌륭한 직무 설계는 구성원 및 관리자의 책임과 그들에게 필요한 것들을 고려하여 양 당사자 간의 건설적인 대화를 하는 양 방향 프로세스로 가야 한다.

기술

3장에서 이미 설명한 바와 같이, 기술technology은 미래 업무에 중요한 트렌드다. 기술은 유연근무제의 조력자이다. 이를 통해 원격근무를 할 수 있으며, 서로 다른 시간과 공간에서 협업을 할 수 있다. 유연근무의 가장 큰 장애물이 기술의 부족과 기술을 사용할 능력이나 의지가 부족한 것이라는 사실도 확인했다. 유연근무에 필요한 기술은 기업에서 충분히 쉽게 접할 수 있거나 저렴한 비용으로 활용가능하다. 무선인터넷 연결은 유연근무를 위한 가장 기본적인 요건 중에 하나다. 무선인터넷을 통해 공간의 제약 없이 노트북만 있으면 회사 네트워크나 공유 공간에 접속이 가능해졌다.

그러나 기술을 활용할 수 있다고 유연근무를 쉽게 시행할 수 있다는 건 아니다. 이미 설명한 바와 같이, 새로운 기술이 조직 전체에 확산되려면 시간이 걸린다. 기술 채택 모델(Davis, 1989)에 따르면, 기술 도입은 일반적으로 유용성usefulness과 사용 용이성ease of use이라는 두 개의 요인에 영향을 받는다. 개인이 특정 기술을 업무에 사용하는 게 유용하다고 믿어야 하고(유용성), 개인이 기술을 사용하는 데 어려움이 없을 것이라고 생각해야 한다(사용 용이성). 기술이 아무리 유용하더라도 사용이 어려우면, 기술은 귀찮은 존재가 된다. 반대로 사용이 아무리 쉽다하더라도 유용하지 않으면 누가 기술을 사용하겠는가. 한 가지 더 유의할 점은 특정 기술의 활용이 매우 쉽다하더라도 모든 사람이 동일하게 느끼지 않을 수 있다는 점이다.

유연근무와 관련된 기술 문제는 매우 복잡하다. 유연근무제 시행에만 기술이 필요한 것이 아니다. 조직구성원이 외부에 있거나 업무 중이 아닐 때도 효과적인 커뮤니케이션을 위해 동료와 관리자에게 기술이 필요하다.

직장에서 기술은 어디에나 존재하며, 우리가 말하는 방식의 많은 부분을 개조시킬 수 있는 잠재력을 지니고 있다. 그러나 모든 사람이 기술을 사용하는 것이 편안하지 않을 수 있다. 따라서 다음의 질문을 검토해보라.

- 유연근무를 할 때 조직구성원에게 어떤 기술이 가장 효과적인가? 현 조직의 네트워크에 이 기술을 사용할 수 있는가?
- 부가적인 기술과 관련해서 어떤 비용이 발생되며, 비용은 어떻게 충족되는가?
- 기술의 사용, 지원, 활용을 어떻게 보장할 것인가?
- 사람들이 기술을 사용하는 데 도움이 되는 교육은 무엇이며, 이를 누가 제공할 것인가?
- 조직에서 기술을 사용하는 데 어떤 장벽이 존재하는가?

마지막으로, 커뮤니케이션은 운영계획에서 중요한 단계이며, 단계 5(착수 준비)에서 중요한 부분이다. 조직이 정한 구체적인 목표와 대상을 포함해 유연근무제에 대한 전반적인 전략이 충분히 전달되는 것이 절대적으로 중요하다. 여기에는 명확한 '이유^{why}' 진술이 수반할 수 있다. 즉, 조직이 왜 이런 접근 방식을 선택했는지, 조직이 왜 모든 당사자에게 이익이 될 것이라고 믿는지 말이다. 효과적인 의사소통 달성에 대해서는 11장에서 심도 있게 다뤄질 것이다.

> ### 다음 단계들
>
> 1. 유연근무에 대한 조직의 바람직한 접근 방식을 결정하기 위해 단계1의 질문에 대한 답을 찾아라.
> 2. 조직이 유연근무제로 전환하기 위해 준비하거나 이미 준비된 방법과, 용인하거나 수용될 가능성 있는 방법을 파악하기 위해 준비상태 평가에 착수하라. 선임 리더들과 함께 이 작업에 참여하라. 운영계획을 알리기 위해 준비상태 평가 결과를 사용하라.
> 3. 혁신채택곡선innovation adoption curve을 되돌아보라. 조직이 적합하다고 느끼는 지점은 어디인가? 자신은 보통 혁신자인가, 지각 수용자인가? 운영계획을 수립하는 데 도움이 될 수 있도록 이 개념들을 사용하라.
> 4. 유연근무제 계획을 조직이 세우기 위해 적극적이고 가시적인 후원자 역할을 기꺼이 수행할 선임 리더들을 찾아라.
> 5. 성공과 진행과정을 측정할 수 있도록 전략적으로 특정 목표나 핵심성과지표KPIs를 설정하라. 계획적으로 차근차근 진행하려면, 세 가지 또는 네 가지 주요 목표부터 시작하라.
> 6. 단계5에 제시된 아이디어를 고려하라. 아이디어 중 어느 것이 전략적으로 또는 조직 맥락에 적합한가?
> 7. 전략과 목표를 뒷받침하는 운영계획을 작성하라. 필요한 경우 공식적으로 이 단계와 이전 단계에 대한 승인을 받아라.

8. 단계5를 참조하여 이런 지원 활동 중 어느 것을 착수할지 결정하라. 결정했다면, 그것들을 운영계획에 추가하라.
9. 기술 문제에 대해 IT팀과 협력하라. 유연근무가 온전히 효과를 볼 수 있으려면 구성원들과 동료들이 필요로 하는 것을 확보하고 보장하기 위해 함께 노력할 수 있는 방법을 논의하라.
10. 운영계획의 일환으로 6장(잘못된 속설)과 7장(장벽)을 다시 참조하라. 특정 조직 환경을 위해 해결해야 할 특정 영역을 파악하라.

핵심 요약

- 조직은 실질적이고 달성 가능한 목표를 설정하고 시행할 수 있는 유연근무제에 대한 전략을 결정할 필요가 있을 것이다.
- 우선, 성공할 수 있는 유연근무제 목표를 소수로 설정하라. 필요한 경우, 설정을 검토하고 수정해서 유지하라.
- 선임 리더들은 성공의 핵심이다. 유연근무제 전략은 승인을 받고 홍보될 필요가 있으며, 가능한 경우 선임 리더 수준의 후원자 또는 지지자가 있어야 한다.
- 모든 조직은 유연근무제로 전환하는 것과 관련해서 자체적으로 준비를 갖추어야 한다. 이것은 목표, 운영 계획, 구현 접근 방식에 영향을 미친다.
- 전략과 목표는 운영 계획으로 전환될 필요가 있다. 계획은 전략과 목표를 달성하기 위해 취하게 되는 다양한 단계를 포함한다.
- 단계5에서는 유연근무제 착수를 전략적으로 지원하고 운영 계획

형성에 도움을 주는 기타 옵션들이 필요하다. 직무 공유 매칭 프로그램job-share matching programmes, 예비테스트, 다양한 기술들이 이에 해당된다.
- 직무는 유연근무를 하는 구성원들(특히 시간제 근무자)이 업무량이 과중하지 않도록 보장하기 위해 재설계되어야 할 필요가 있다.

참고문헌

CIDP (2019) *Job Design Factsheet*, www.cipd.co.uk/knowledge/strategy/ organizational-development/job-design-factsheet (archived at https://perma.cc/ 63U9-ZSYR)

Davis, FD (1989) Perceived usefulness, perceived ease of use, and user acceptance of information technology, *MIS Quarterly*, 13 (3)

Rogers, E (2003) *Diffusion of Innovations*, 5th edn, Free Press. 『개혁의 확산』 커뮤니케이션북스, 2005 역간.

Russell, E and Woods, S (2019) Personality differences as predictors of action-goal in work email activity, *Computers in Human Behaviour*, vol 103, 67-79

Time (2014) *Here's a Radical Way to End Vacation Email Overload*, time.com/3116424/daimler-vacation-email-out-of-office/ (archived at https://perma.cc/ SD-Y4LL)

Timewise (2019) *Proactive Approaches to Discussing Flexible Working*, timewise. approaches-flexible-working/ (archived at https://perma.cc/ SLF4-6ZC2)

10
효과적인 정책 및 프로세스

유연근무제를 제대로 시행하려면, 효과적으로 사용될 수 있는 정책 프로세스가 필요하다. 이는 유연근무제를 위한 여섯 가지 요소 중 하나이다. 유연근무제가 진정으로 수용되면 관리자 및 구성원들에 대한 의존도를 줄이는 게 이론적으로 가능하다. 이에 대한 조직의 사례는 많다. 그러나 조직문화에서 그와 같은 접근 방식을 지원할 준비가 부족하다. 특히 유연근무제에 대한 정책과 프로세스가 부족하거나 특히 인력관리자들에게 수용되지 않는 경우가 있다. 이럴 때는 비협조적인 태도와 신념이 난무하고 '명령과 통제command and control'의 방식이 개입되어 오히려 개별 구성원들이 상처를 받게 될 수 있다. 이 장은 성공적인 정책에 대한 접근 방식을 추구하고자 다양한 모범 사례를 담은 고려사항을 제시한다.

조직 차원에서 발표한 정책과 절차는 구성원 개개인의 행동뿐만 아니라, 전반적인 문화에도 다양한 방식으로 영향을 미친다. 이는 조직의 변화를 지원하고, 명확한 의도를 설명하며, 매개변수를 정의할 수 있다. 정책을 문서화하면, 유연근무의 분위기를 자연스럽게 만드는 데 도움이 될 수 있다. 다만, 유의할 점이 있다. 이는 격려하고 환영하고 우호적일 수 있지만, 관료적이고 복잡하며 불쾌감을 줄 수 있다. 안타깝게도 후자의 많은 예가 모든 인사관리 부서에서 더 빈번히 발견된다. 물론 유연근무 신청서를 작성할 때 구성원들이 따라야 할 공식 절차도 중요하다. 하지만 더 중요한 것은 온전히 유연근무를 시행하기 위해선 프로세스를 최대한 간략하게 만들고, 반드시 필요 이상의 격식을 버리고 손쉽게 할 수 있어야 한다는 것이다. 정책과 프로세스는 그 자체가 목적이 아니다. 이를 통해 당사자들 사이의 의미 있는 대화를 촉진시켜야 한다. 다시 말해, 주요 초점은 프로세스 그 자체에 두는 것이 아니라, 효과적인 대화에 두어야 한다. 정책 그 자체만으로 문화를 바꾸거나 태도에 변화를 줄 수 없다. 정책은 유연근무제 여정에서 단지 하나의 고려사항일 뿐이지, 유연근무의 목적이 아니다.

정책이 조직문화의 변화를 지원하고 진실로 유연근무제를 실현하는 것을 보장하려면, 고려해야 할 권장사항들이 많이 있다. 무엇보다도, 유연근무제는 조직의 상황에 맞추어야 한다. 유연근무제는 다른 조직의 모범 사례를 복제하는 것이 아니라, 각 조직에 가장 적합한 것을 설계해야 한다. 정책과 절차들은 표준 모델이나 다른 조직으로부터 "차용된 것borrowed"을 기반으로 하는 경우가 너무 많다. 이 접근 방식은 필요한 모든 법률의 확인란을 체크할 수 있지만, 개별 작업장의 고유한 요구를 충족시키지 못하는 차선책으로 이어질 수 있다. 물론, 유연근무제는 상황과 관련되어 있다.

1장에 제시된 바와 같이, 법률은 유연근무제 협정 요청과 관련해 권리에 대한 최소 표준을 설정하는 것임을 기억하는 게 중요하다. 법률은 출발점이다. 정책은 법이나 수반되는 실천 강령을 간단히 명시하지 않는다(그리고 실제로 유연근무제가 실현된다면, 간단하게 명시해서는 안 된다).

정책개발 준비

기존 정책이나 프로세스 검토 및 새로운 정책 설계를 개시하기 전에, 먼저 기존 조직의 데이터를 검토하는 게 좋다. 현재 시행하고 있는 유연근무제의 전반적 그림을 이해하는 데 도움이 될 것이다. 다음의 질문을 검토하라.

- 현재 조직에서 유연근무자는 누구인가? 언제, 어떻게, 어디에서 근무하는가?
- 유연근무제가 실시되고 있는 구체적인 형태는 무엇이며, 사용되지 않는 것은 무엇인가?
- 유연근무제를 시간/위치를 고려하여 시행하고 있는 구성원들은 현재 몇 퍼센트인가?
- 평균적으로 월간/연간 얼마나 많은 요청이 있는가? 누가 유연근무제를 요청하는가?
- 전반적으로 유연근무를 요청하는 추세가 상승하는가? 하락하는가? 안정적인가? 변화의 원인은 무엇인가?
- 얼마나 많은 요청이 수용되고 거부되는가? 거부되는 경우, 이유는 무

엇인가? 그에 대해 누가 책임지는가?
- 지금 누가 승진하였는가? 그들은 승진 전후에 유연근무를 했는가?

남성과 여성 사이의 중요한 차이를 식별하기 위해 구분된 성별 데이터를 검토하라. 데이터를 조직 차원에서 먼저 검토한 후, 부서 차원에서 살펴봐라. 그리고 일부 팀이나 기능에 존재하는 문제를 파악하라. 이 데이터는 정책과 프로세스가 다루어야 할 영역을 파악하는 것은 물론, 커뮤니케이션과 인식 제고를 통해 조직에 존재하는 잘못된 속설을 식별하는 데 도움이 된다. 다음 장에서 이 요소에 대해 더 자세히 설명할 것이다.

효과적인 정책 개발의 두 번째 단계는 조직 내 다양한 집단들이 적절한 조언을 할 수 있도록 보장하는 것이다. 인적자원 관리팀은 어쩌면 협의할 수 있는 공인된 노조가 있는 경우를 제외하고는 이해당사자의 조언을 듣지 않고 자주 단독으로 정책을 설계한다. 유연근무제 (그리고 그에 수반되는 지침 및 교육) 개발은 유연근무자나 이와 유사한 지원 과정을 경험한 구성원들의 조언에서 다양한 이점을 얻을 수 있다. 새로운 정책을 설계하거나 기존 정책을 검토하는 동안 구성원들과 협력을 통해 유용한 정보를 찾을 수 있다. 정보를 찾는 핵심 분야 중 하나는 현재 유연근무자의 경험에서 나온다. 이를 위해 다음과 같은 측면들을 조사하라.

- 구성원들은 관리자나 동료들로부터 어떤 반응을 눈치 챘는가?
- 유연근무 요청이 얼마나 빠르고 효과적으로 처리되었는가?
- 유연근무를 할 때 실질적이든 단지 생각일 뿐이든 어떤 장벽에 직면하고 있는가?

- 기존 정책과 프로세스를 이해하고 따르는 것이 얼마나 쉬웠는가?

또한, 유연근무제 요청이 거부된 구성원과 대화하여 기존 프로세스에 대한 경험이 어떠했는지, 왜/어떻게 전달되었는지 대화하라. 마지막으로 어쩌면 가장 중요할 수 있는 것인데, 공식적으로 프로세스를 거쳐 유연근무를 요청하는 게 사람들로 하여금 어떤 감정을 느끼게 했는지 살펴야 한다. 이것은 궁극적으로 구성원 참여의 본질이다. 인력관리자들에게도 다음과 같이 질문을 할 수 있다.

- 유연근무제 요청을 관리하면서 어떤 경험을 했는가?
- 어떤 요청들을 받고 있으며, 무엇이 더 필요하다고 느끼는가?
- 유연근무제에 법적 틀과 기존 정책을 적용하는 것에 대해 얼마나 자신 있게 대응할 수 있는가? 이에 대해 어느 정도 이해하고 있는가?
- 유연근무제를 관리하는 것에 대해 어떤 우려를 하고 있는가?

조직에 노동조합이 있거나 공식적인 업무협의회 또는 노조위원회가 있는 경우, 정책에 관해 함께 협의해야 한다. 이는 다른 관점을 제공할 뿐만 아니라, 구성원들이 정책을 신뢰하는 데 도움이 된다.

정책에 대한 의사결정

모든 데이터가 수집되면, 전반적인 정책에 대한 의사결정을 내릴 수 있다. 여기에서는 고려해야 할 몇 가지 권고사항을 추가적으로 제안하고자 한다.

지원을 약속하는 공문을 내라

정책은 강한 공문을strong opening statement 통해 발표해야 한다. 그래야 효과가 있다. 모두발언에서는 조직이 유연근무제를 지원한다는 것을 강조해야 한다. 또 상호 수용할 수 있는 결과 달성을 목적으로 유연근무제 요청에 긍정적으로 접근할 것임을 명시해야 한다. 더불어 유연근무를 하는 구성원들, 팀, 관리자들에게 적절한 지원을 제공하고 지원한다는 약속을 밝혀야 한다.

입사 첫날에 관련 대화를 하라

조직, 관리자, 구성원이 법정 절차에 따라 규정된 고용 26주(영국 근로기준법 상 연간 26주 근무) 이후로 유연근무에 대한 대화를 연기하는 것은 조직에 이점이 거의 없다. 대화를 연기하는 것은 입사 지원과 인재 확보에 장애가 될 수 있고, 구성원들에게 불필요한 스트레스를 줄 수 있다. 모든 당사자는 입사 초기에 이와 관련된 대화를 하는 게 더 낫다. 만일 모집할 때 유연근무를 제안한다면 좀 더 이상적인 대화가 오갈 수 있다. 그래야만 퇴사자가 생길 경우 채용 및 교육과 관련된 비용을 낭비하지 않을 수 있다.

프로세스 시간을 최대한 짧게 설정하라

유연근로에 관한 법률은 이의신청을 포함하여 요청이 3개월 이내에 처리되어야 하도록 규정하고 있다. 이것은 불필요하게 긴 기간이다. 구성원들에게 스트레스를 유발할 가능성도 높다. 거의 모든 경우에 훨씬 더 신속하게 요청을 처리할 수 있어야 한다. 초기 대화와 최종 결정 모두를 위해 시간을 좀 더 짧게 설정하면, 행동하는 데 정신을 더 집중할 수 있다. 정책과 프로세스 입안이 잘 되고 좋은 지침, 커뮤니케이션, 교육이 수반된다면, 프로세스가 길어질 필요가 없다는 점을 검토해야 한다.

신청서 양식은 쉽고 간단하게

구성원들이 요청할 때 간단하고 이해하기 쉬운 양식을 제공한다. 구성원들에게 요청 이유를 물을 필요가 없다. 단순히 그들이 스스로 추구하는 패턴에 따라 결정하고, 원하는 시기를 스스로 제시하도록 요구하며, 문제가 발생되었을 때 해결할 수 있는 방법까지 생각할 수 있도록 장려해야 한다. 이유를 묻는 것은 가치 판단이나 무의식적인 편견을 불러일으키며, 유연근무제의 중요한 목적을 달성하지 못하게 한다.

남용 및 부당행위를 경계하라

유연근무가 가능하게 되면, 어떤 사람들은 이를 남용한다. 이는 불가피하다. 여기서 말하는 남용은 유연근무 자체에 관한 게 아니다. 소수의 구성원들이 SNS에 너무 많은 시간을 보내고, 아프지 않는데도 아프다고 연락하며, 비용을 과다하게 청구하는 방식으로 조직생활을 하는 것을 말한다. 구성원들이 다른 이익이나 기회보다 더 유연근무제를 남용할 가능성이 있다는 증거는 없지만, 그런 상황이 발생할 경우를 대비하여 규정이 마련될 필요가 있다. 이에 대해 분명한 지침을 제공한다면, 문제 해결이 다소 쉬워질 것이다.

관련 회의에 인적자원 관리자도 참석케 하라

이 책에는 유연근무제에 대한 부정적 관점을 비롯해 잘못된 속설들에 대해 설명했다. 여기서 말하는 잘못된 속설은 구성원들이 증거기반 의사결정을 하지 않아 발생한다. 이런 속설은 관리자 관점, 태도, 가정을 기반으로 유연근무의 기회를 거부하는 것이 현실적으로 매우 가능성 있음을 의미한다. 인적자원 관리자는 이런 일이 발생되지 않도록 보장하는 역할을 한다. 유연근무제 기회를 거부당하는 것이 조직(또는 조직 내 특정 분야)에 잠재적인 위험으로 간주된다면, 유연근무 요청이 처리되고 당사자에게 통보되는 프로세스에 관리감독을 할 수 있도록 해야 한다. 이를 위해 인적자원 관리자가 관련 회의에 참석해 이의신청을 정책에 포함시키는 것이 적절하다.

경우에 따라 유연근무 요청도 유연하게

법률에 따라 구성원들은 12개월 주기로 유연근무를 요청할 수 있다. 1년의 유연근무 기간 동안 생활환경이 극적으로 변할 수 있다. 이에 12월 주기로 유연근무를 요청하면, 일부 구성원들에게는 문제가 생길 수 있다. 관리자가 유연근무를 할 만한 충분한 이유가 있다고 생각하는 경우, 구성원들에게 추가적으로 요청할 수 있게 재량권을 둬야 한다. 구성원들이 시간이 경과될 때까지 기다리도록 강요하는 것은 어느 쪽에도 이익이 되지 않고 불가피한 대화를 지연시킬 뿐이다.

평가 기준을 간단하지만 명확하게 설정하라

요청에 대해서는 기준을 설정하는 게 도움이 될 수 있다. 관리자가 사용할 수 있는 표본 도구(Tool 1.1)가 부록1에 수록되어 있다. 정책에서 요청 평가 기준을 설정하는 부분이 길거나 지나치게 복잡할 필요는 없다. 하지만 비용 영향, 팀에 미치는 영향, 고객 또는 운영상 납품, 채용 능력(예: 업무 분담 상황), 업무량 재할당 가능성 및 조직성과 등 관리자가 의사결정에 도달하는 주요 기준을 요약해야 한다. 정책을 한 단계 더 발전시키려면, 결정하기 전에 고려하지 않은 사항을 살펴봐야 한다. 여기에 개인이 유연근무제를 요청하는 이유, 전례 환경, 타인의 인식이 포함된다.

승진 및 내부 결원을 고려하라

풀타임을 기본으로 하는 게 승진의 전제가 되는 경우, 유연근무자에게는 승진기회가 없다는 것을 의미한다. 시간제 근무자들은 더 그럴 것이다. 유연근무자에게도 승진기회가 주어질 수 있게 정책을 제대로 만든다면,

구성원들은 눈치 보지 않고 유연근무를 신청할 수 있다. 유연근무가 신청자에게 어떠한 형태로라도 오점을 남긴다면, 제대로 작동할 수 없다. 이게 명확하게 확립되어야 내부 결원도 계속해서 확충할 수 있다.

이의신청은 당연하게

유연근무 요청이 거절되는 경우, 구성원들에게 이의신청할 수 있는 법적 근거가 없다. 따라서 이의신청을 할 수 있도록 유연근무 정책 자체에 규정을 포함시켜야 한다. 요청이 부당하게 또는 개별 관리자의 변덕으로 거절된다면, 유연근무제를 실행하려는 조직의 목표를 저해시킬 것이다.

시범운영 기간을 둬라

시범운영 기간trial periods(그리고 실질적 장려기간) 제공은 필수 정책이다. 시범운영 기간은 관리자와 구성원들이 유연근무 협약의 이점과 문제점을 평가할 수 있는 기회를 제공한다. 시범운영 기간에는 이전에 수행되지 않은 근무 패턴을 해보는 것이 유용하다. 개인이 동의한다면 시범운영 기간의 길이는 상관이 없다. 1개월에서 3개월이 일반적이기는 하지만, 근무 협약의 영향을 완전히 평가하기 위해 더 많은 시간이 필요한 경우에 좀 더 많은 기간에 동의하는 것이 허용될 수 있다. 시범운영 기간이 고용기간과 고용조건을 영구적으로 변화시키지 않는다. 그래서 그 기간 동안 어느 당사자에게도 구속력이 없다. 이 기간 동안, 관리자와 구성원은 시범운영이 진행되는 방법에 대해 정기적으로 대화를 나눠야 하며, 관리자는 기간 내내 특이사항을 메모해야 한다. 그리고 이 기간 끝에는 공식적인 평가가 수행되어야 한다. 시범운영이 성공적인 경우, 조직은 새로운 근무 패턴에 동의할 수 있다. 이 기간이 성공적이지 못한 경우, 그 사유에 대해 구성원과 충분히 논의해야 한다. 그러면 구성원은 일반적으로 이전 근무 약정으로 되돌아가거나 추가 시험이나 대안 계약에 동의할 수 있다.

규칙 자체도 유연하게

규모가 크거나 복잡한 조직은 각각의 직무와 역할마다 적합한 정책을 만드는 것이 어려울 수 있다. 이 문제를 해결하기 위한 한 가지 옵션은 조직 차원에서 원칙을 명확히 설정한 다음, 지역팀과 부서에 적절한 지침과 지원을 구상하고 운영상 그들에게 무엇이 가장 적합한지 파악할 수 있도록 하는 것이다. 여기서 주의할 점은 어떤 팀이나 부서든 자신만의 정책과 절차를 개발하지 말아야 하며, 조직에서 제시한 원칙을 벗어나지 않도록 해야 한다. 이는 조직으로부터 각 팀별로 적절한 자원과 인적자원 감시를 통해 달성될 수 있다. 예를 들어, 팀이 다음에 제시한 것들 중 몇 가지를 동의하는지 고려해봐야 한다.

- 서로의 일정을 공유할 수 있는 시스템을 사용하여 근무하는 장소와 시기를 알려주는 방법인지(특히, 원격으로 업무 일부를 수행하는 팀에 유용하다)
- 활동이나 과제에 대해 서로 연락하고 업데이트할 수 있는 최상의 방

법인지
- 모든 사람이 참여할 수 있는 회의 빈도와 시기인지(예를 들어, 어떤 팀은 유연근무 또는 시차근무 직원들이 모두 참석할 수 있도록 10시-16시 사이에 사무실 회의 일정을 잡는 데 합의한다.)
- 적절한 수준으로 사무실 근무를 커버할 수 있는 유연근무 또는 시차근무 일정 운영 방법인지
- 서로에 대한 업데이트와 커뮤니케이션에 사용되는 기술인지(그리고 기술을 사용하는 사람들에게 어떤 기술이 도움이 되는지)
- 공유하고 있는 사무실 공간 배치는 어떠한지

이 접근 방식들은 구성원들과 관리자 모두에게 새로운 근무방식에 대한 자율성autonomy과 주인의식ownership을 높일 것이다.

가족을 위한 정책들

이 책에서 유연근무제가 모든 구성원을 위한 것이라는 사실을 증명하는 사례들을 제시했다. 유연근무제가 직장생활을 하는 부모들에 국한된 것도 아니며, 국한되어서도 안 된다고 지속적으로 주장했다. 그런데도 유연근무제는 특정 집단에게 더 관심을 주고, 잠재적으로 좀 더 이점이 있을 수 있다. 4장에서 유연근무제와 포용성에 대해 설명했듯이, 성별 기준과 유연근무제의 이용 가능성 및 영향implication에 대한 것은 매우 복잡다단하다. 유연근무제가 진정으로 가능해지려면 좀 더 다양한 정책과 계획으로

보완이 필요하다. 그리고 성gender 역할과 유연근무 오명에 대한 문제들도 보완되어야 할 것이다.

유연근무제는 홀로 설 수 있는 정책이 아니다. 웰빙과 가족지원 정책의 일환으로 자리를 잡아야 한다. 특히, 유연근무제가 육아 휴직 강화와 함께 시행된다면, 육아와 가사에 남성이 참여하는 것은 휴가 기간 동안 뿐만 아니라 향후 수년 간 증가할 것이다(Nepomnyaschy & Waldfogel, 2007). 이것은 유연근무제와 관련이 있는 성 규범의 문제들을 변화시키고 유연근무를 하는 엄마들에 대한 오명을 줄이는 데 도움이 될 수 있다.

가족 휴가 정책은 유연근무제에 대한 인식을 높이는 기회를 제공한다. 구성원들이 출산, 입양, 부모 역할 분담 등 여러 형태의 휴가를 신청할 때, 일반적으로 고용주들은 서면 통지서를 보내고 관리자들은 그들과 함께 회의를 한다. 유연근무제를 장려하거나 표준화하고자 하는 고용주들은 이런 기회를 활용해 유연근무제에 관한 정보 또는 초기 단계(예: 출산 휴가가 시작되기 전) 신청 과정 정보를 다른 형태의 휴가 신청들과 함께 포함시킬 수 있다. 4장에서 살펴본 바와 같이, 아빠들은 유연근무를 신청할 때 자신의 문제점은 물론, 문화적 장벽을 경험할 수 있다. 이런 상황에서 육아 휴직과 같은 정책을 통해 '아빠'인 구성원들과 의사소통하는 것은 유연근무제 신청을 장려할 수 있고, 조직이 유연근무제에 긍정적이라는 것을 입증하는 데 도움이 될 수 있다.

지원 지침

위에서 제시한 권장사항이 모두 수용된다 하더라도, 잘 설계되고 효과적이며 증거를 기반으로 정책을 만드는 것은 여간 어려운 일이 아니다. 인적자원 관리자와 구성원들 모두 효과적인 유연근무제 구현과 일상적인 업무를 지원하는 실질적인 지침을 필요로 할 것이다. 이는 유연근무제가 조직문화에 변화를 일으키는 중심적 역할을 할 때 특히 중요하다.

유연근무 지침을 작성할 때 구성원들의 근무 패턴에서 예상될 수 있는 사항들을 포함해야 한다. 유연근무제를 약정하고 합의할 때 재택근무나 원격근무를 포함한다면, 연락을 유지하거나 동료들과 접촉할 수 있는 방법, 재택근무 중 질병보고, 업무 관련 재산의 안전 및 보안, 비용 변제와 관련된 자료 및 규칙에 대한 정보 등을 포함해야 한다. 일반적으로 대부분의 조직은 구성원들이 일하는 시간에 아이를 돌보는 책임에서 벗어나 있어야 한다고 말할 것이다. 특히, 부모들은 일을 해야 하는 시간에 아이들을 돌보지 말아야 한다고 주장할 것이다. 하지만 5장에서 설명한 바와 같이, 구성원들이 재택근무를 할 때 워라벨을 제대로 유지할 수 있도록 실질적인 지원을 해야 한다. 유연근무자는 업무시간에 업무 외 생활과 여가활동을 할 가능성이 있다. 이를 부정적으로만 판단하지 말고, 오히려 워라벨을 지원하는 측면에서 바라보고, 구체적으로 어떻게 조정할 것인지 생각해볼 문제이다.

대체로 조직에서 유연근무 요청을 처리할 책임이 있는 사람은 누구일까. 일선 관리자이다. 관리자들은 효과적이고 일관적으로 정책을 적용하고 의사결정을 잘 내릴 수 있도록 보장하기 위해 부가적인 실무정보와 지침을 필요로 할 것이다. 일관성이 부족하면, 불공정하다는 인식으로 이어지고 관련 업무에 부정적인 영향을 미치게 될 것이다. 인적자원 관리자는 이 과정에서 소중한 지원(그리고 실질적인 도전)을 제공할 수 있다.

인적자원 관리자는 다음 사항들을 지침에 포함해야 한다.

- 정책 및 프로세스 요구사항과 유연근무 지원 관리와 관련된 특정 책임에 대한 개요
- 모집 시 유연근무제에 관한 대화를 관리하는 방법에 대한 정보
- 시범운영 기간 관리에 대한 지침
- 유연근무제 가능성이 있는 직무를 평가하는 데 도움이 될 수 있는 도구
- 자격 요건이나 재택근무 보안 요건을 확인할 때 발생할 수 있는 실질적인 문제들
- 수정된 업무 패턴에 적합하게 업무량과 목표를 조정하기 위한 정보: 이 정보가 중요한 이유는 전일제 근무자들과 동일한 수준의 결과를 유지하기 위한 유연근무자들이나, 균형이 맞지 않게 많은 업무량을 맡게 되는 유연근무자들(특히 파트타임자)이 생기지 않도록 보장하는 데 있다.
- 유연근무에 대해 가장 많이 묻는 질문을 담은 간단한 FAQ 문서: 이는 앞서 설명한 유연근무제를 둘러싼 잘못된 속설을 해결하기 위해 좋은 공간이 될 수 있다. 특히, 여기에서 이전 근무 환경에 대한 우려, 적합성, 정책 남용을 관리해야 하는 우려를 해결할 수 있게 된다.

이러한 실무 지침은 필요한 시점에 따라 시의 적절하게 사용될 수 있어

야 하며, 이를 이해하고 조치하는 게 간단해야 한다. 긴 설명서가 되면 절대로 안 된다. 이 지침에는 팟캐스트podcasts, 흐름도, 비디오, 간단한 한 페이지 분량의 입문 지침을 포함할 수 있다. 조직 내 유연근무자의 실제 성공 사례가 있다면 그에 따라 보완될 수 있다. 이 지침의 가장 중요한 부분은 관리자로 하여금 구성원의 역할이 유연근무가 가능한지 확인하는 도구가 될 수 있다는 점이다. 조직 목적에 적합하게 수정되어 인적자원 관리자들에게 제공될 수 있는 지침은 여러 표본 지침과 함께 부록 1 유연근무툴킷Flexible Working Toolkit에 포함되어 있다.

여기서 제공되는 정보는 관리자가 자신의 책임과 그것을 수행하는 방법을 이해하는 데 도움이 될 것이다. 그러나 관리자들은 유연근무제로의 전환이 조직문화 전체에 수용하도록 지원하려면, 개별 구성원의 이익만이 아니라 더 큰 비즈니스 이유와 연결되어 있다는 명분이 필요하다. 이것은 유연근무자를 관리할 수 있는 관리 기술 교육과도 결합될 수 있다. 11장에서는 이를 좀 더 자세히 살펴볼 것이다.

효과적인 정책과 프로세스가 일관되게 적용되더라도, 구성원들이 그런 정책과 프로세스에 설득당하는 일이 반드시 일어나지는 않을 수 있다는 점을 알아야 한다. 조직문화가 유연근무제를 효과적으로 지원하지 않는 경우, 구성원들은 경력에 부정적인 오명이 따라올 수밖에 없다고 느낄 수 있다. 정책을 아무리 잘 작성해놓았다 하더라도 아무도 사용하지 않으면 결국 먼지만 쌓일 것이다. 조직문화의 변화가 중요한 이유가 바로 여기에 있다.

다음 단계들

이 장을 읽고 난 후 현재 유연근무 정책 및 관련 프로세스 검토에 착수하라.

1. 위에 제시한 모범 사례 권장 사항과 비교해 현 정책을 검토하고 개선해야 할 부분과 그 차이를 파악하라.
2. 현재 어떤 지침을 제공하고 있는지 확인하고 더 많은 지원이 필요하거나 제공될 수 있는 곳을 파악하라. 이 책 끝에 있는 유연근무 툴킷Flexible Working Toolkit을 사용하면 지침 문서를 개발하는 데 도움이 될 수 있다.
3. 유연근무를 하는 사람들과 유연근무제 요청에 대한 데이터를 찾고, 그것을 검토하여 주요 패턴과 문제를 파악하라.
4. 유연근무자들과 내부 프로세스를 경험한 구성원들로부터 피드백을 구하고, 이를 활용해 교육, 정책, 커뮤니케이션과 관련된 결정을 보충하라.
5. 다양한 차원에서 유연근무제에 대한 관리자들의 피드백을 구해 유연근무를 요청하는 구성원들을 지원할 방법을 보충하라.
6. 출산, 입양, 육아, 육아 휴직 공유 등 가족 정책 검토에 착수하라. 이런 정책들이 직장생활을 하는 부모들에게 적절한 지원을 제공하고, 유연근무를 촉진시키며, 조직 목표와 연결되는가? 인적자원 관리 정책은 입법 또는 정책 프로세스에 방점을 찍고 작성하는 경우가 너무 많다. 그리하여 더 넓은 목표와 목적을 반영할 수 있

도록 설계되지 않는다.
7. 유연근무제와 관련된 다른 정책들을 파악하라. 예를 들어, 은퇴, 갱년기, 평등과 다양성, 채용, 지속 가능한 여행, 웰빙, 보호자와 관련된 정책이나 절차가 있는가? 유연근무 정책과 이런 것들을 상호 참조하여 효과적으로 조정해 상호 지원하도록 보장하라. 이런 정책들 내에서 유연근무제가 창조되어 길잡이가 되도록 보장하라. 이런 주제에 대한 정책을 도입하는 것이 적절한지 또는 필요한지를 고려하라.
8. 웹사이트에 정책을 게시하라. 유연근무 제공을 명확하고 투명하게 하라.

핵심 요약

- 정책의 톤, 접근성, 형식, 전달방식, 지원 범위 등은 유연근무에 대한 관점을 조직에 전달한다.
- 정책은 쉽게 이해할 수 있는 구현 방법에 대한 지침이 수반되어야 한다. 정책 그 자체만으로는 실행하는 데 충분하지 않다.
- 관리자와 구성원들 모두 성공적인 유연근무제에 대한 지침이 필요할 것이다.
- 정책은 단순히 법률을 반영할 필요는 없다. 유연근무제에 관한 법은 최소 표준으로 간주되어야 한다. 정책이 법 준수를 능가할 때 효과적인 유연근무제가 실현될 것이다.
- 유연근무제는 가족 휴가, 보호자, 연차 휴가, 행동 강령과 관련된

정책을 포함해 다른 인력관리 정책과 일치될 필요가 있다.
- 조직이 정책을 입안하기 전에 유연근무제 요청을 하거나 현 정책을 적용하는 구성원 및 관리자들의 경험을 조사한다면 유익할 수 있다.
- 유연근무제의 효과적인 방법에 대해 지역 팀 지침 또는 부서 지침으로 정책을 보완할 수 있다. 그러나 이런 것들이 조직 전체의 접근 방식을 이탈하거나 훼손하지 않도록 주의해야 한다.
- 유연근무제와 관련된 조직의 전반적인 목표를 지원하는 것을 보장하기 위해 정기적으로 정책을 검토해야 한다. 내부 유연근무 데이터 정보를 고려하여 정기적으로 정책이 검토되도록 보장해야 한다.

참고문헌

Nepomnyaschy, L and Waldfogel, J (2007) Paternity leave and fathers' involvement with their young children, *Community, Work and Family Journal*, vol 10, pp 427-53, www.tandfonline.com/doi/abs/10.1080/13668800701575077 (archived at https://perma.cc/EC95-V8K6)

11

유연근무자를 지원하는 방법

이 장에서는 유연근무의 효과적인 시행을 위해 조직이 해야 할 지원과 조치에 대해 살핀다. 커뮤니케이션, 인식 제고, 다른 구성원 참여, 진전과 성공 측정 등을 자세히 다룰 것이다.

커뮤니케이션

9장에서 설명된 첫 번째 단계는 합의된 전략과 전반적인 접근 방식의 개발이었다. 일단 이 단계가 결정되면, 다음의 중요한 단계는 이를 구현하는 데 도움이 되는 사람들(예: 관리자 및 구성원)에게 전달하고 홍보하는 것이다.

지속적인 홍보 및 인식 제고 활동에 이어 필요하고 중요한 것은 초기 커뮤니케이션(특히, 접근 방식이나 정책에 전체적인 또는 중대한 변화가 있는 경우)이다. 이는 정책을 구성하고 유연근무자들의 오명과 부정적인 인식을 종식시키는 데 도움이 된다. 이 과정에서 고려해야 할 활동들은 몇 가지가 있으며, 이들 각각은 상호 보완적이다. 커뮤니케이션을 장려하기 위한 최상의 방법은 따로 있는 게 아니다. 어쩌면 매우 단순하다. 다만, 특정 조직 상황에 맞는 여러 커뮤니케이션 통로에 걸쳐 지속적인 노력이 필요할 뿐이다.

커뮤니케이션: 기본

커뮤니케이션의 가장 기본은 간단하고 빨라야 한다는 것이다. 이를 위해 유연근무제에 접근하는 방식을 다음에서 참조하여 조직구성원들에게 보장해야 한다.

- 구성원 핸드북을 보유하고 있다면, 그것을 최대한 활용해야 한다.
- 신입을 위한 안내 자료 또는 프로그램에서 커뮤니케이션을 한다.
- 구성원 인트라넷을 활용한다.
- 웹 사이트(특히, 채용 공고 페이지)를 활용하라.
- 경영 개발 교육 과정을 활용하라.
- 채용 광고 템플릿을 활용하라. 접근 방식에 대한 표준 단락이나 간단한 문장을 제공하라(부록에 있는 Tool 1.6은 하나의 예이다).
- 모든 내부 웰빙 자료 또는 프로그램을 활용하라.
- 출산 휴가, 입양 휴가, 분담 육아 휴가, 보호자 휴가뿐만 아니라, 이런 정책(예: 휴직 날짜 또는 구성원 지침 문서 확인 서한)을 사용하는 구성원들과 표준 커뮤니케이션을 포함한 인적자원 관리 정책을 활용해

야 한다.

위에서 제시한 것들이 잘 이뤄진다면, 다음 단계로 눈을 돌릴 수 있다. 다음은 커뮤니케이션 계획에 포함할 수 있는 몇 가지 제안들이다.

커뮤니케이션을 통해 유연근무의 이점 설명하기

효과적인 커뮤니케이션은 정책 및 관련 프로세스의 세부 사항뿐만 아니라, 유연근무의 이점과 조직과의 전략적 관련성(특히, 유연근무가 조직의 다른 목표와 일치하는 경우)을 포함해야 한다. 비즈니스 사례를 살펴보면, 효과적인 커뮤니케이션이 유연근무제 정책 도입에 중요한 것으로 간주된다(Lyonette & Baldauf, 2019).

제안된 비즈니스 사례들이 포용성, 웰빙, 지속가능성, 인재 유치 문제를 잘 다루고 있다면, 유연근무제에 뿌리 박혀 있는 오명들을 줄이고 재구성할 수 있다. 제대로 된 커뮤니케이션은 유연근무제가 조직 내 모든 사람에게 적합하다는 점을 알리고, 그 이유를 명확하게 홍보하는 데 필수적이다.

미래 업무, 인재 확보, 지속가능성, 웰빙이라는 맥락에서 유연근무제를 설정한다면, 유연근무제는 단지 구성원을 위한 것일 뿐만 아니라, 비즈니스를 지원하는 아이디어로 재구성될 수 있다. 가능한 모든 경우에 이런 커뮤니케이션을 선임 리더들로부터 지원받을 수 있도록 보장해야 한다. 예를 들면, 선임 리더들이 교육 런칭 행사에 대해 설명하는 영상을 커뮤니케이션 도구로 활용할 수 있다. 또 구성원들에게 커뮤니케이션의 시작을 알리고, 조직이 유연근무제를 지지하는 이유를 이를 통해 설명하고, 관련 이벤트에 참여하게 할 수 있다. 2장, 4장, 5장의 관련 정보들은 이점들을 전달하는 데 도움이 될 것이며, 특정 조직 및 조직의 목표와 가장 관련이 있는 정보에 초점을 맞출 수 있다. 이런 이점들은 다음에 설명되는 계획을 개시하는 방법에 포함될 수 있다.

개시 방법

새로운 접근 방식이나 수정된 접근 방식을 효과적으로 개시launch하는 것은 성공 여부에 매우 중요하다. 개시 방법에 따라 조직은 물론 구성원들에게 좋은 소식이 될 수도 있고 아닐 수도 있다.

새로운 접근 방식을 개시할 수 있는 방법에는 여러 가지가 있다. 다음의 제안사항을 고려하라.

- 새로운 전략이나 정책을 설명하는 공식적 커뮤니케이션은 위에서 설명한 이점들을 포함하여 조직이 왜 이런 접근 방식을 취하기로 결정했는지 명확하게 설명한다. 이 공식 커뮤니케이션은 모든 구성원에게 전달되도록 각 회사 커뮤니케이션 채널에서 반복해야 할 필요가 있다.
- 개시할 때 이벤트를 열어라. 새로운 전략 또는 접근 방식에 제공할 자원과 개요에 따라 개시할 때 이벤트 개최를 고려하라. 이 이벤트를 통해 전반적인 접근 방식과 예상되는 이점을 조직에 명확하게 표현할 수 있다. 가능한 모든 경우에서 조직의 헌신을 명확하게 보여줄 수 있

도록 선임 리더들이 이 이벤트를 주도하거나 반드시 참석해야 한다.
- 부록에 있는 유연근무툴킷Flexible Working Toolkit과 같은 것과 지침 및 정책에 구성원과 관리자가 접속할 수 있는 온라인 공간을 만들어라.
- 사람들이 더 많은 정보에 대한 후속 질문을 하거나 개인적인 상황이나 시사점에 대해 토론할 수 있는 방법을 확립하라.
- 유연근무제 접근 방식을 위한 내부 브랜드, 이름, 로고를 만들어라. 유연근무제를 위한 선략 또는 정책을 간단하게 참소하기 위해 로고 등을 선택할 수 있다. 그러나 내부 브랜드 이름을 보유하면, 가시성과 인지도를 높이고 참여를 향상시키는 데 도움이 될 수 있다. 8장의 사례 연구에서 내부 브랜드 이름 사용에 대한 예를 보여준다.

제일 중요한 것은 조직 전체에 대한 인식을 유지하기 위해 정기적으로 커뮤니케이션할 필요가 있다.

기대치 관리

유연근무제 요청에 대해 구성원이 긍정적인 경험을 하게 만드는 커뮤니케이션이 중요하다. 이를 위해 필요한 것이 있는데, 그것은 바로 효과적인 기대치 관리effective management of expectations다. 유연근무제에 매우 개방적인 조직조차도 수용할 수 없는 요청이 분명히 있을 것이다. 역할이 매우 복잡다단한 조직에서는 특히 그렇다. 프로세스와 정책 적용이 일관적인 경우조차도, 결과를 일관성 있게 만드는 것은 희망사항일 뿐이다. 이유는 여러 가지다. 근무를 희망하는 시간이 운영상 가능하지 않기 때문일 수 있고,

모집이 불가능하기 때문일 수 있으며(예: 직무 분담 요청 관련), 고객 또는 서비스 이용자들에게 미치는 영향이 너무 크기 때문일 수 있다. 이것은 법적 관점에서 수용될 수 있지만(예: 요청을 거절하는 이유가 어쩌면 법적 이유에 해당되기 때문에), 요청을 거절하는 것은 시기와 참여에 영향을 미칠 수 있으며 어쩌면 내재된 불공평한 감정을 야기할 수 있다.

제대로 된 유연근무 조직은 요청이 들어오기를 기다렸다가 사례별로 처리하기 보다는, 상황을 앞서 주도하는 자세로 처리한다. 먼저, 정책적 측면은 요청을 고려할 때 의존할 수 있는 법적 이유를 제공할 뿐만 아니라, 조직의 상황과 맥락을 고려하여 규정할 수 있다. 또 인트라넷의 지침 노트에 일반적으로 수용할 수 있는 것과 없는 것을 포함시키는 방법도 있다. 예를 들어, 학교는 모든 요청을 공정하고 합리적으로 고려하겠지만, 10시-2시 근무, 탄력 근무제, 재택근무 원하는 교사들을 수용할 수 없다고 명시해야 한다. 또 학교는 모든 행정직원에 대해서만 시간제/기간제 근무를 고려할 것이라고 명시할 수 있다. 이는 받아들이기 어려운 요청을 거르는 데 도움이 된다. 또 직원들이 좀 더 적절하게 유연근무를 신청할 수 있도록 격려할 뿐만 아니라, 신청이 반려돼 실망하는 것도 피할 수 있다. 물론 지침이 명시되어 있더라도 유연근무 요청을 수시로 듣고 응답해야 한다. 이 커뮤니케이션의 요점은 구성원들을 도와 실망하는 사태를 피하는 것이지 법적 절차를 회피하는 게 아니다.

전통주의자와 회의론자 참여시키기

7장에서 유연근무제에 대한 장벽들을 조사했다. 유연근무제(그리고 어쩌면 일반적인 변화)를 시행할 때 이에 저항하는 두 집단이 존재한다. 전통주의자traditionalists와 회의론자sceptics이다(RSA, 2013). 이들은 '잘못된 속설'에 빠져 있다. 보통 유연근무제를 도입하려는 계획을 세울 때 이들에 의해 훼손될 수 있다. 특히, 유연근무제 요청을 검토할 책임이 있는 관리직일 경우라면 더욱 그렇다. 따라서 이들 개인의 업무에 접근해 커뮤니케이션할 수 있는 특정 접근 방식을 고려해야 한다.

전통주의자와 회의론자는 조직의 어느 곳에나 존재한다. 문제는 오래된 팀일수록 서로에 영향을 많이 미칠 수 있다는 점이다. 이런 관점들은 조직 전체에 걸쳐 일어날 수 있다. 이와 관련된 데이터를 살펴보면, 이런 집단을 식별해내는 데 도움이 될 수 있다. 전통주의자와 회의론자는 유연근무를 하지 않거나 시간제 근무와 같은 가장 기본적인 근무 형태에만 동의하는 집단이다. 이런 집단에는 유연근무 요청을 이유 없이 거절하거나, 심각한 '묻지마do not ask' 문화가 있다. 이 문화 안에서 유연근무를 요청하는 것 자체가 금기다. 물론, 이 집단에게도 조직 전체의 전략적 방향에 따라야 하는 상황이 올 수 있다. 그런데도 그들은 과거에 사무쳐 '우리에게는 작동하지 않는다'는 사고방식에 매몰되어 조직 전체의 커뮤니케이션이나 지시를 무시할 수 있다. 아주 설득력 있는 사례가 있다고 하더라도, 이들의 사고방식을 바꾸는 건 쉽지 않다. 이런 집단을 만나면, 다음과 같이 대처하길 바란다.

- 데이터로 근거를 제시하라. 물론, 데이터만으로 신념을 바꾸는 경우는 별로 없다. 하지만 유연근무제를 위한 증거를 제시하면 두 집단과 대화할 수 있는 여지가 생길 수 있다.

- 유연근무제가 두 집단에게 어떤 이점이 있는지 살펴보라. 유연근무제의 이점은 매우 광범위하고 다양하다. 적어도 유연근무제의 여러 형태 중 하나 정도는 특정 집단이나 개인에게 합리적으로 반향을 일으킬 수 있다. 예를 들어, 두 집단이 자신의 집단에 적합한 사람을 모집하기 어려울 경우, 비용을 절감할 필요가 있는 경우, 팀 내 웰빙 문제로 많은 결근이 일어나는 경우, 구성원들의 조직몰입도가 부족한 경우, 집단의 이직률이 높은 경우에 더 그렇다. 두 집단이 관심이 있는 문제들을 파악한 다음, 그들과 협력하여 잠재적인 해결책으로 유연근무제를 고안해야 한다.
- 유연근무제를 두려워하는 요인을 줄여라. 일부 사람들에게는 변화가 낯설게 느껴진다. 어쩌면 알 수 없는 영역에 대해 두려움이 느껴질 수 있다. 이 두려움은 시간이 지날수록 점점 증폭된다. 이런 맥락에서 두 집단에 가장 큰 우려가 무엇인지 검토하는 것이 중요하다. 예를 들어, 두려움이 커진 상태에서 팀을 관리하는 것은 여간 어려운 일이 아니다. 이는 두 집단에게 좋지 않은 영향을 미칠 것이다. 두 집단은 유연근무자와 소통하기 위해 기술적 측면을 사용하는 걸 우려하거나, 너무 많은 요청을 받는 것에 대해 걱정할 것이다. 이런 두려움을 커뮤니케이션 및 관리자 교육을 통해 능동적 해결을 목표로 해야 한다.
- 다른 조직의 사례를 공유하라. 이미 앞에서 내부 성공 사례를 공유하는 이점을 설명했지만, 유사한 과제를 경험한 조직의 성공사례를 공유하는 게 도움이 될 수 있다. 사람들이 유연근무제를 통해 이익을 얻는 방법과 자신들에게 유연근무제를 어떻게 적용할 수 있을지 보여줘야 한다. 이는 두 집단이 자신들에게도 효과적으로 적용할 수 있도록

만드는 방법을 깨닫게 하는 데 도움이 될 수 있다. 필요한 경우, 이 접근 방식을 지원하기 위해 내부 및 외부 사람들과 대화를 촉진시켜라.
- IT 팀과 협력하여 유연근무제에 도움이 될 수 있는 기술들에 대해 논의하라. 추가적인 기술이 필요한지, 유연근무(특히 원격근무) 구성원들을 추가적으로 채용하면 어떤 영향이 있는지 평가하고, 사람들(비유연근무자 포함)에게 관련 기술을 교육시키기 위한 옵션을 논의하라.

이제 초기 개시 단계에서 시작하여 지속적으로 모멘텀을 유지하고, 커뮤니케이션과 인식 정도에 대한 접근을 도울 수 있는 몇 가지 아이디어를 살펴볼 것이다.

지속적인 홍보 방법

초기 커뮤니케이션이 이루어지면 지속적인 홍보 활동으로 이어나갈 필요가 있다. 유연근무를 홍보하는 방법은 여러 가지가 있다. 다음은 시도해 볼 수 있는 몇 가지 아이디어들이다.

유연근무 옹호자

유연근무제를 성공적으로 구현하려면, 숨기거나 묵인해서는 안 된다. 오히려 옹호되고 축하받을 필요가 있다. '유연근무 옹호자들flexible working champions'의 네트워크는 유연근무제에 대한 인식을 제고시키고, 잘못된 속설의 전파를 막는 데 중요한 역할을 할 수 있다. 일부 조직에서는 구성원들이 유연근무에 대해 고민할 때 인적자원 관리자보다 유연근무 옹호자들에게 접근하는 것이 더 편안할 수 있다.

유연근무 옹호자들은 조직 내에서 누구라도 될 수 있다. 하지만 가능하다면 스스로 유연근무를 하거나 유연근무자를 관리한 경험이 있어야 한다. 이런 것이 효과가 있으려면 유연근무에 대한 교육과 지원을 필요로 할 것이다. 교육은 인적자원 관리를 시작으로 관련 법률, 내부 정책 및 프로세스, 사용 가능한 지침을 포함해야 한다. 옹호자들은 일반적인 질문에 답할 수 있어야 하고, 잠재적인 장벽과 극복방안을 알고 있어야 하며, 유연근무제 성공을 위한 팁을 공유할 준비가 되어 있어야 한다.

유연근무를 지지하는 사람들을 찾고, 그들의 열정을 활용하라. 옹호자들이 경험과 아이디어를 공유할 수 있도록 정기적으로 모일 기회를 제공하라. 향후 유연근무제 접근 방식을 검토할 때, 옹호자들은 유연근무제에 대한 태도와 신념에 유용한 정보 소스를 제공할 수 있다. 부서별로 한 명 이상의 옹호자를 두는 것을 목표로 하고, 구성원들이 유연근무에 대한 정보를 지원받을 수 있도록 이름을 공개하라(예: 구성원 인트라넷이 있다면, 그곳에 그들을 포함시킨다).

유연근무 네트워킹 그룹

유연근무에 대해 지속적으로 대화할 수 있는 장을 여는 것이 중요하다. 이를 가능하게 하는 한 가지 방법이 있다. 유연근무자들을 위한 내부 네트워크를 구축하는 것이다. 내부 네트워크의 목적은 구성원들이 유연근무제에 대해 논의하고 자신들에게 효과가 있도록 만드는 방법을 공유하며, 문제점과 장벽을 논의하고 극복하기 위해 서로를 지원할 수 있는 공간을 제공하는 것이다. 내부 네트워크는 유연근무제 옹호자들과 연결될 수 있으며, 심지어 그들을 통해 조직될 수 있다.

많은 조직이 이미 다양한 네트워크 구성원을 보유하고 있다. 이들은 내부 네트워크를 유지하는 데 큰 자원이나 노력을 들이지 않고도 유지가능하다. 이상적인 네트워킹 그룹은 사적으로도 만날 수 있고, 다과를 위한 작은 예산도 사용할 수 있으며, 내부 커뮤니케이션을 지원할 수 있는 공간을 보유해야 한다. 이 그룹은 관심과 참여를 촉진시키기 위해 때때로 연사나 내부인을 초대하여 관련 주제에 대해 이야기할 수 있다(선임 리더가 특히 도움이 될 수 있다). 일단 네트워크가 확립되면, 조직은 대체로 스스로 체계화된다. 이상적으로는 이 그룹이 조직이나 인적자원 관리팀이 운영하는 집단이 아니라, 구성원의 이익을 위해 운영되는 집단이 되는 것이다.

성공 사례 공유

대부분 조직에 유연근무자가 있겠지만, 이들은 조직문화에 따라 달라질 수 있다. 가능하다면, 유연근무를 성공적으로 구현한 조직의 사례를 공유하는 게 도움이 된다. 다음과 같은 질문이 도움이 될 것이다.

- 유연근무를 성공적으로 시행하는 조직은 어떻게, 언제, 어디에서 근무하는가?

- 어떤 형태의 유연근무를 수행하고 있는가?
- 어떻게 유연근무제를 효과적으로 만드는가?
- 유연근무제가 그들에게 의미하는 것은 무엇이며, 다른 사람들과 함께 성공적으로 공유할 수 있는 팁은 무엇인가?
- 그들이 경험했던 장벽은 무엇이며, 어떻게 극복해왔는가?

이런 사례들을 구성원들에게 보여주며 유연근무제를 활성화시키기 위한 방법을 모색한다. 인트라넷 전용 공간을 만들거나, 간단한 책자(물리적 또는 가상)를 만들거나, 사람들이 참석하여 대화를 들을 수 있는 행사를 하는 등 사례를 공유할 수 있는 방법에는 여러 가지가 있다. 여기에는 조직 전반에 걸쳐 다양한 역할을 수행하는 사람들의 사례를 포함한다. 선임 관리자나 리더들의 이야기를 포함시키는 것이 이상적이다. 이는 조직의 모든 차원에서 유연근무가 스며들게 만들고, 잘못된 속설을 반박하는 데 도움이 될 것이다. 가능하다면, 성공 사례를 개시할 수 있도록 준비하여 지속적으로 추가하는 게 좋다. 공인인력개발협회에 따르면, 유연근무의 질과 양을 증가시키는 데 가장 효과적인 방법은 인력관리자에게 유연근무제의 이점을 교육하고, 유연근무자를 관리하는 방법을 전수하는 것이다(CIPD, 2019). 관리자들은 유연근무에 대한 열쇠를 쥐고 있다. 조력자가 될 수 있고, 장벽이 될 수 있다. 관리자 교육이 운영 계획 및 커뮤니케이션 활동에서 중요한 단계인 이유다. 따라서 진행 과정에서 반드시 관리자의 역할에 주의를 기울여야 한다.

워킹패밀리스 연구는 공인인력개발협회의 관점을 더욱 강화한다. 워킹패밀리스는 매년 회원 집단 전체에 대한 유연근무 시행 여부를 조사한다.

2019년 조사에서 유연근무제 장벽 중에 가장 자주 인용되는 것은 일선 관리자들의 기술 부족으로 나타났다. 설문 응답자 중 70%가 일선 관리자들을 대상으로 유연근무제 관리에 대한 교육을 제공하지만, 45%만이 이 교육을 의무화하고 있다(Working Families, 2019). 구성원들이 이미 유연근무제 지원에 어려움을 겪고 있다는 것을 고려한다면, 실제 수치는 이보다 훨씬 낮다고 볼 수 있다. 관리자 교육은 유연근무제를 성공적으로 채택하는 것뿐만 아니라, 유연근무 지원 정책의 일관성을 보장하는 데 필수적이다. 유연근무제가 선임 리더들의 지지를 받는 경우조차도, 유연근무제를 꺼리거나 유연근무 지원이 부실한 것은 유연근무제가 활성화되는 데 심각한 영향을 미칠 것이다.

관리자들이 유연근무제에 대해 우려하는 것은 당연하다. 유연근무제를 적용하는 과정에 자신들의 역할이 명확하지 않기 때문이다. 이들은 유연근무자를 관리하는 문제와 업무량 할당, 성과 관리, 심지어 유연근무제를 조력하는 데 도움이 되는 기술을 사용하는 문제에 대해 우려할 수 있다. 관리자들이 유연근무에 대한 이점을 인식하지 못할 수 있고, 장벽이 극복될 수 없다고 생각할 수 있다. 잘못된 속설을 있는 그대로 믿을 수도 있다. 관련 교육(조직 및 조직 자체의 특정 상황에 이상적으로 특화된)을 개발하면, 이런 문제를 해결하고 인력 관리자가 필요로 하는 도구를 제공하는 데 도움이 될 수 있다. 관리자의 태도는 자신, 팀, 조직에 잠재적인 이점을 달성하는 데 중요하다.

관리자 교육에는 유연근무제의 이점에 대한 설명이 포함되어야 한다. 분명하지만 가끔 조직의 구성원들처럼 관리자들 자신에게도 유연근무제 기회(그리고 그와 관련된 이점)가 적용된다는 것을 간과하기도 한다. 그렇기 때문에 교육은 그런 기회와 이점을 상기시키는 데 유용한 시간이 될 수 있다. 이런 맥락에서 교육은 다음의 사항들을 다루어야 한다.

- 법률을 최소화하면, 유연근무제와 관련된 규정 및 정책이 강화되었는지 살펴야 한다.
- 프로세스의 개요, 조직 내 의사결정을 포함한 관리자들의 구체적인 책임은 무엇인지 검토해야 한다.
- 유연근무 잠재력에 대한 역할을 평가하는 방법을 살펴야 한다.
- 유연근무제의 다양한 형태(1장 참조), 이점, 적합성을 요약했는지 검토해야 한다.
- 시범 기간, 채용 모집 중 유연근무제 요청, 다양한 요청 접수 및 처리, 요청 거절 관리 등과 같은 실무에서 발생될 가능성이 있는 문제에 대한 정보를 검토해야 한다.
- 유연근무제에 대한 잘못된 속설을 점검해야 한다. 가능하다면, 관련 증거와 통계를 제공하는 것을 포함하여 우려와 잘못된 속설을 정면으로 다뤄야 한다.
- 인적자원 및 지침 문서와 같은 추가적인 도움, 정보, 지원을 얻을 수 있는 경우, 이것들이 유연근무자 관리와 관련된 것인지 확인해야 한다.

많은 관리자가 계획적이고 구체적인 접근 방식보다 구성원들에게 적절하지 않거나 효과적이지 않을 수 있는 일상적인 인력관리 형태에 의존한다. 팀 구성원 입장에서 매우 무심해 보이는 방식인데도 말이다. 관리자가 서로 다른 시간 또는 장소에서 일하는 팀 구성원을 둔 경우, 일상적인 대면 접촉은 자연스럽게 줄어들 수밖에 없다. 마찬가지로, 관리자들이 성과를 나타내는 지표로서 구성원들의 존재에 의존해왔던 경우, 생산과 목표를 평가하는 방법을 다르게 생각할 필요가 있다. 관리자들은 특히 커뮤니케이션, 연락 유지, 토론회, 성과 평가, 종사원 웰빙 조력에 대한 자신들의 관리 스타일을 조정해야 한다.

어쩌면 중요한 것은 유연근무 잠재력에 대한 역할을 평가하도록 관리자를 지원하는 섯이다. 이에 대한 예는 이 책 뒤에 있는 툴킷Toolkit에 포함되어 있다. 역할을 평가하는 것은 의사결정 과정에서 부적절한 요인이 포함되거나 유연근무 구성원들에 대한 고정관념에 의존하지 않도록 보장하기 위해 일관되고 편견 없는 방법으로 수행되어야 한다.

관리자들이 이런 영역 전반에 걸쳐 지원과 지침을 더 많이 받으면 받을수록, 실무적으로 유연근무제와 유연근무자들을 관리하고 전반적인 중요성을 더욱 이해할 수 있을 것이다. 어떤 새로운 전략이나 정책을 개시할 때나, 새로운 관리자들을 계속적으로 지원할 때, 두말없이 지속적인 교육이 권장된다. 그리고 교육이 필요한 시점에 맞춰 사용될 수 있도록 준비를 해둬야 한다. 대면 교육을 보완이 필요하다면, 온라인 학습이나 유사한 지원 방법을 검토해야 한다.

지금까지 제안한 내용들에 동의한다면, 관리자들에게 유연근무 혁신이 눈앞까지 왔다고 강조해주길 바란다.

사례 연구
워크 애니웨어: 공공 부문 IT 부서

2018년 대규모 공공부문 조직의 IT 부서는 약 100명의 IT 종사원들을 대상으로 '워크 애니웨어Work Anywhere'를 추진했다. 종사원들은 원격근무 등 위치 유연성location flexibility의 이점이 있는 역할을 맡고 있는 것으로 확인되었다. 역할 유형에는 프로젝트 관리자와 비즈니스 분석가가 포함되었는데, 이들 중 다수는 이미 조직 전체에 걸쳐 여기저기 이동이 가능했다. IT 종사원 대부분은 사무실에서 일할 수 있었다. 하지만 사무실보다는 고객 사무실에서 일하는 시간이 많은 것으로 나타났다. 그들 중 다수는 이미 재택근무를 하고 있었으며, 사무실에서 책상 공간을 필요로 하는 사람은 거의 없었다. 리더십은 사무실 공간의 활용도를 개선하고, 현대적인 IT 기능에 적합한 새로운 업무 방식을 도입하는 기회를 가질 수 있었다.

워크 애니웨어를 하는 구성원들에게는 더는 개인 책상을 제공하지 않았다. 대신 협업을 염두에 두고 설계된 유연한 핫-데스크hot-desk를 사용하게 했다. 구성원은 일정에 따라 활동을 가장 잘 할 수 있는 장소를 결정하는 자율권을 부여 받는다. 이것은 IT 팀이 넉넉한 핫-데스크 공간에서 근무하거나, 그들의 고객들과 함께 다른 공간에서 일하거나, 집에서 근무하는 것을 의미할 수 있다.

위치 기반 유연근무location-flexible working로 전환하자는 아이디어는 프로세스 초기 단계에 구성원들에게 소개되었으며, 리더들은 이런 방식이 성공으로 이어지게 했다고 믿었다. 이미 합의된 접근법을 전달하기보다는 직원들에게 그것의 개발단계부터 상담을 했다. 소규모로 구성된 한 팀이 핫-데스크 에티켓hot-desk etiquette과 현지 근무 방식을 다루는 커뮤니티 지침을 만들었다. 여기에는 위치 기반 유연근무를 할 때 생길 수 있는 문제들을 다루었다. 이 지침은 새로운 근무 방식에 대한 기대치를 관리하고, 새로운 근무 방식이 실무적으로 어떻게 작동할지에 대한 잠재적인 우려를 완화시키는 데 도움이 되었다. 리더십은 프로그램에 관심을 갖고 1년 동안 워크 애니웨어를 하는 구성원들로부터 피드백을 받아 효과가 있는 것과 없는 것을 파악하고 필요한 경우 개선하기로 약속했다. 그리고 구성원들에게 잘 되었다고 느꼈던 것과 개선이 가능했던 부분을 공유해달라는 설문조사를 실시했다.

계획을 구상한 시점에는 새로운 근무 방식을 효과적으로 구현하는 데 여러 가지 장벽들이 있었다. 이들 중 다수는 본질적으로 실용적이었으며 개인 사례, 적절한 기술, 효과적인 성과관리와 같은 문제를 포함하고 있었다. 이런 우려사항들에 귀를 기울여서 구성원들에게 원격근무와 핫-데스크에 필요한 도구를 제공했다. 리더십에 따르면, 그런 초기 우려들 상당부분은 계획이 시행되었을 때 발생하지 않았다. 그것들은 현실reality이라기보다는 리더십 팀의 인식perceptions이었으며, 중대한 변화를 시작할 때 예상하지 못했던 것이었다.

또 출시 과정에 유용한 것으로 확인된 것은 인력 관리자들의 동의를 얻는 것이었다. 이 그룹에 원격근무자들을 효과적으로 관리하기 위한 팁을 포함한 간담회 뿐 아니라, 다양하게 표적화 된 커뮤니케이션 및 지침이 제공되었다. 워크 애니웨어 도입으로 조직은 여러 가지 이점을 얻었다. 사무실 공간 활용률이 향상되고, 관련 비용도 절감되었다. 새로운 외부 인재 유치와 구성원들의 조직 몰입도를 향상시키는 데 도움이 되었다.

진행 및 성공 측정

유연근무에 대한 접근 방식 개선을 제안할 경우, 이런 노력이 직장에서 어떻게 실질적인 차이를 만드는지 이해하는 게 중요하다. 10장에서 정책과 절차를 개발하기에 앞서 데이터 수집의 중요성을 설명했다. 또 이런 데이터는 목표에 대비하여 진행과정을 평가할 뿐만 아니라, 조직 내에서 해결되어야 하는 문제 영역 또는 더욱 집중할 필요가 있는 부분을 파악하기 위해 지속적으로 수집해야 한다. 데이터는 향후 커뮤니케이션과 인식 제고 노력에 대한 정보를 제공할 수 있다.

다음 사항에 대해 정기적으로 분석을 수행하라.

- 구성원들의 총 유연근무제 요청 수
- 유연근무제 요청 유형
- 요청 수용 및 거부
- 거부 이유
- 유연근무자에 대한 승진 및 내부 인사이동
- 전체 추세 분석(요청의 증가, 감소 또는 안정)

문제 영역이나 조직의 허위 문화에 어떤 문제가 있는지 파악하기 위해,

비즈니스 영역별 또는 부서별은 물론 성별로 데이터를 분석해야 한다.

또 역할이 유연근무제에 적합하다고 광고되었다면, 채용 지원 데이터를 검토해야 한다. 다음의 내용을 고려하라.

- 어떤 역할이 유연근무제에 적합한 것으로 알려진 경우, 아직 알려지지 않은 유사한 역할과 비교하라.
- 채용공고를 낼 때 유연근무제를 하고 있다고 말하는 경우, 이전과 비교하여 지원자 수를 검토하라.
- 가능하면, 모집 및 선발과정에서 유연근무제에 관심이 있다는 것을 나타내는 총 지원자 수, 그리고 이런 후보자들이 지원에 성공한 정도를 파악하라. 이것을 후보자들이 유연근무제를 요청하지 않는 지원/제공 데이터와 비교하라.

양적 데이터는 구성원들로부터 받은 다른 형태의 질적 피드백으로 보완할 수 있는 유용한 통찰력을 제공할 것이다. 피드백을 수집하기 위한 옵션으로는 설문 조사(유연근무제에 특정하거나 좀 더 광범위한 구성원 설문조사의 일부로서), 포커스 그룹^{focus group}, 또는 유연근무자, 관리자, 노동조합과 같은 그룹과의 '121 토론^{121 discussions}'이 포함된다. 이런 계획들이 효력을 발휘해서 분석을 시작할 수 있는 적절한 기간은 6개월이다. 다음의 내용을 구성원들에게 질문하라.

- 유연근무제에 대한 조직의 접근 방식에 대해 어느 정도 인식하고 있는가?

- 유연근무제를 활용하고 있는가? 그렇다면 어떤 경험을 했는가?
- 유연근무제를 요청하거나 수행하는 데 어떤 장벽을 경험하였는가?
- 현재 하고 있는 역할에서 어느 정도까지 유연근무를 요청할 수 있다고 느끼는가?
- 직속 관리자는 유연근무에 얼마나 협조적인가?
- 유연근무제를 효과적으로 시행하기 위해 어떤 계획을 세웠는가?
- 개선될 수 있는 것은 무엇인가?

두 가지 양적 및 질적 데이터를 결합하여 진행상황을 평가할 수 있는 충분한 정보를 제공하고, 유연근무제 약정의 효과적인 구현을 위한 계획을 수립해야 한다.

유연근무 수행 및 요청 관리에 대한 데이터를 검토하는 것 외에도, 다양한 기준을 통해 유연근무제에 대한 새로운 접근 방식의 성공을 측정하는 것을 고려하라. 기준은 다음과 같은 것을 포함할 수 있다.

- 구성원 이직/잔류율
- 모집(채용 및 지원 비율과 관련된 비용)
- 생산성 비율
- 구성원 참여/조사 결과
- 결근 비율(특히 정신 건강과 관련된 결근 포함)

다음 단계들

1. 이 장의 시작 부분에서 제시한 '기본사항the basics' 리스트를 검토하고 각 항목을 설명하라.
2. 새로운 접근 방식 또는 전략의 최초 개시를 위한 접근 방식을 결정하라.
3. 유연근무제 네트워킹 집단이나 옹호자 계획, 또는 둘 다 확립할지 결정하라. 옹호자 계획을 세우기로 결정했다면, 옹호자들을 모집해서 교육시키고 지원할 수 있는 방법을 결정하라.
4. 진행상황과 성공을 측정하기 위한 프로세스를 확립하라. 첫 번째 검토 날짜를 설정하라.
5. 인력관리자를 교육할 때 접근 방식을 합의하라. 이것은 자체 프로그램을 개발하거나 외부 위촉을 위한 예산이 필요할 수 있다. 이와 같은 단계는 반드시 필요하다. 이 단계는 토론에 적합한 주제와 질문을 위한 공간이 필요하다. 그렇기 때문에 대면 교육이 이상적일 수 있다. 이 단계를 진행할 때 다음과 같은 것들을 고려하라: 누구를 교육시킬 것인가? 무엇을 포함할 것인가? 교육을 스스로 할 것인가, 아니면 도움을 줄 전문가의 참여가 필요한가?
6. 정기적으로 유연근무제 신청 데이터를 검토하기 위한 프로세스를 설정하라. 이상적인 것은 6개월마다 검토하는 것이다.
7. 이미 유연근무를 하고 있고 기꺼이 자신들의 사례를 공유하고자 하는 사람을 파악하라. 조직에서 현재 유연근무제에 대한 태도에 따라 파악하는 것이 쉬울 수도 있고, 그렇지 않을 수도 있다. 파악

이 되면, 다양한 커뮤니케이션 채널을 통해 경험을 수집하고 공유하고 학습해서 모든 집단이 이용할 수 있게 하라.
8. 커뮤니케이션과 개시 계획을 입안하고 이것을 선임 리더들과 합의하라.

핵심 요약

- 유연근무제로 가는 조직의 커뮤니케이션은 모든 사람이 필요한 정보를 수신할 수 있도록 여러 채널을 사용하여 지속적으로 이루어져야 할 것이다.
- 대상자들과의 커뮤니케이션과 관리자에 대한 교육은 유연근무제 구현에 필수적인 단계이다. 따라서 이에 대한 중요성이 과소평가되어서는 안 된다. 교육은 필요한 시점부터 지속적으로 제공될 필요가 있다.
- 조직은 유연근무자는 물론 모든 구성원이 유연근무를 하는 데 필요한 기술을 갖추고 그것을 사용하는 방법을 알 수 있도록 보장할 필요가 있다.
- 유연근무 옹호자 또는 네트워킹 집단을 포함한 다양한 메커니즘을 통해 성공사례를 공유함으로써 유연근무제 구현을 지원할 수 있다.
- 질적 및 양적 데이터를 사용해 유연근무제 계획의 진행 상태를 측정하는 프로세스를 도입해야 한다.

참고문헌

Lyonette, C and Baldauf, B (2019) *Family Friendly Working Policies and Practices: Motivations, influences and impacts for employers*, Government Equalities Office, assets.publishing.service.gov.uk/government/uploads/system/uploads/ attachment_data/file/840061/Warwick_Final_Report_1610.pdf (archived at https://perma.cc/5S8P-3T4T)

RSA (2013) *The Flex Factor: Realising the value of flexible working*, www.thersa.org/globalassets/pdfs/blogs/rsa_flex_report_15072013.pdf (archived at https://perma.cc/V4SA-MLMT)

Working Families (2019) *Working Families Announces the UK's Most Family- Friendly Workplaces in 2019*, www.workingfamilies.org.uk/news/ working-families-announces-the-uks-most-family-friendly-workplaces-in-2019/ (archived at https://perma.cc/U5HX-UW8R)

12
결론

이 책은 유연근무 혁명flexible working revolution이 필요한 시기임을 입증하려 했다. 유연근무제를 주장하는 근거가 이제 확고하게 확립되었다. 학문적 연구에서 산업 조사에 이르기까지, 증거들이 점점 더 늘어나고 있다. 이는 유연근무제가 사람들이 원하는 방법이고 구성원들뿐만 아니라 조직 전체에도 상당한 이점을 제공하며 심지어 사회에서 여러 가지 기여를 하기 때문이다.

이전의 근무 방식을 근본적으로 제고해야 한다. 이를 통해 법을 준수하는 접근 방식에서 문화를 준수하는 접근 방식(표준근로모델에서 근무할 수 있든 근무하기를 원하든, 모든 사람이 자신의 잠재력을 발휘할 수 있는 능력을 가진 문화)으로 이동할 시켜야 한다.

그렇다고 이 책이 유연근무제가 만병통치약이라 주장하는 건 아니다. 유연근무제에 주목해야 하는 이유는 이것이 우리가 직면하는 매우 현실적인 문제와 맞닿아 있기 때문이다. 유연근무제는 직장 내 큰 문제를 해결할 수 있는 잠재력을 지니고 있다. 그런데도 만병통치약이 아니라는 점을 분명히 인지하고, 이익이 실현되고 부정적인 결과가 방지되거나 최소화되도록 주의 깊은 시행이 필요하다. 유연근무제를 성공적으로 구현하려면, 유연근무제로 인해 발생되는 문제점들을 인정하고, 그런 문제점들을 해결하기 위해 비즈니스에 중점을 둔 해결책을 제공해야 할 것이다.

새로운 형태의 근무 약정을 채택하는 것은 일반적으로 조직에서 수행되는 방식에 근본적인 문제를 야기한다. 어떤 사람들에게는 위협적인 반응을 불러일으킬 것이다. 이것은 유연근무제(그리고 어쩌면 대부분의 조직 변화)가 직면하는 매우 특별한 종류의 장벽이다. 변화가 일어날 때 조직 내에서는 항상 변화 방식의 문제가 있다는 지적이 자동적으로 따른다. 물론, 이 지적에는 일정 부분 타당한 측면이 있다. 하지만 새로운 아이디어가 아무리 설득력 있는 증거를 지니고 있더라도 과거의 버전을 선호하는 본성이 인간에게는 있다. 바로 귀소본능이다. 우리는 이미 알고 있는 것을 좋아하고 우리의 인지적 편견은 기존 관점을 뒷받침하는 설득력 있는 설명을 찾는 데 매우 능숙하다. 존재하는 특정 방식과 그것을 행하는 데 익숙해지면, 더 좋은 방법이 있다는 것을 상상하기 어려울 수 있다. 이는 개인 편견에 빠져 유연근무 요청을 완전히 거부하고, 심지어 생각의 기본 틀까지도 고착되게 한다.

유연근무제는 조직 그 자체와 조직의 인력 관리자에 대해 더 많은 것을 요구한다. 그런 요구는 당사자들 간의 심리적 접촉을 재설계하고, 일과 직장 생활에서 새로운 거래를 모색하는 구성원들을 대표한다. 유연근무제는 모든 구성원이 상당한 위험에 대응해야 하거나 직면할 업무의 미래를 변화시키는 매우 큰 그림의 일부이다.

지금 현재 유연근무를 요청할 수 있는 환경이지만, 아직도 운이 좋은 소수의 사람들만이 사용할 수 있다. 가끔 이와 같이 유연근무제 활용은 개별 일선 관리자의 관점, 특정 직무 유형, 또는 단순히 요청하는 종사원들이 가치를 높게 평가 받는 방법이나 선호되는 방법과 연결될 가능성이 크다. 유연근무를 조직에서 활용할 수 있다는 것은 고용주가 미래로 한 단계 변화하기로 결정했기 때문이다. 사실 이런 고용주들이 많지 않다. 그리하여 유연근무는 아직 노동시장 전반에 걸쳐 확산되지 않고 있다. 유연근무제는 여전히 잘못된 속설에 시달리고 있으며, 여기서 발생하는 오명은 매우 현실적인 문제로 드러난다.

그러나 유연근무제를 도입하고 있는 조직들은 유연근무가 가져다주는 이점에 긍정적이다. 유연근무는 최고의 인재를 영입하고 유지시키는 방법, 성별 간 임금 격차를 해소하는 방법, 다양성과 포용을 지원하는 방법, 지속가능한 비즈니스를 수행하는 방법, 동기 부여 및 참여 방법 등 오늘날 조직이 직면하고 있는 많은 문제점을 해결할 수 있는 잠재력을 지니고 있다. 유연근무제는 이런 문제들은 물론, 불평등, 포용성, 지속가능성과 같이 우리사회에서 가장 시급한 문제들을 해결할 수 있는 기회를 제공할 수 있는 잠재력을 지니고 있다(Chung & van der Lippe, 2018).

그런데도 유연근무 가능성을 추구하거나 수행하는 종사원들은 낙인찍히거나, 소외되거나, 과소평가되거나, 노동 시장에서 배제될까 두려워하는 자신을 발견하게 된다. 이들 중 일부는 조직을 떠나서 더 유연하고 전향적인 사고를 가진 고용주를 찾을 것이다. 또 다른 종사원들은 자영업 또는 포트폴리오 커리어portfolio career(다수의 직종을 동시에 추구하는 사람들)를 선택할 것이다. 이런 맥락에서 보면 결국 손해를 보는 것은 유연성이 없는 조직일 수밖에 없다.

유연근무와 관련해서 큰 성과를 거두는 조직들도 있지만, 전반적으로 변화 속도는 확실히 느리다. 과연 후기 다수수용자late majority가 혁신자innovators를 따라잡고 유연근무제가 가져다주는 혜택을 깨우치기를 기다린다면, 유연근무제로 조직문화의 변화가 정말로 일어날 수 있을까? 유연근무제를 연구하는 기관단체들이 많이 늘어나고 있을 뿐만 아니라, 유연근무를 촉진시키는 데 헌신하는 단체와 조직들도 있다. 그런데도 유연근무로 가는 여정은 여전히 너무 느리다. 영국 정부가 유연근무제를 지원하고 장려하기 위해 취하는 조치들이 존재하긴 한다. 하지만 징후가 거의 보이지 않는다.

유연근무제로의 전환은 간단하다. 유연근무제 요청을 하기 위한 26주 근무 요건을 철폐하고, 상호 보완적인 법률 제정으로 변경(예: 분담 육아 휴직 규정으로 변경)하고, 의무 보고 요건(예; 유연근무제 또는 광고된 유연근무 직무에 대한 보고 요건)을 갖추고, 종사원들이 근무 시간에 대한 임시변경을 요청할 수 있는 법적 권리를 세우고, 시간제 종사원이 자신들의 근무 시간을 늘리기 위한 법적 권리를 도입(Fagan et al., 2006)하고, 종사원 통근버스의 탄소 배출량을 줄이는 사업에 대한 재정적 인센티브를 주면 된다. 그런 다음 (어떤 직무든 유연근무제를 수행할 수 없는 정당한 사업상의 이유가 없는 한 유연근무제 기반에서 일할 수 있어야 한다는 가정 하에) 유연근무제 도입을 하면 매끄럽게 전환이 가능하다. 유연근무로 가는 길에 마주치는 거대한 문제들은 개인 주도 하에 해결책을 낼 수도 있겠지만, 입법을 통한 정부 주도 하에 급진적 해결책이 필요하기도 하다. 핀란드가 바로 그런 예이다. 2020년 초에 핀란드는 종사원 대다수에게 업무의 50%를 언제 어디에서 근무할 지 결정할 수 있는 권리를 제공하는 법안을 도입했다(World Economic Forum, 2020).

인적자원 전문가들도 중요한 역할을 한다. 그들은 유연근무가 안고 있는 문제에 대처해야 한다. 인적관리 전문가들은 조직이 통찰력을 제공하고, 외부 아이디어를 도입하며, 모범 사례를 공유하면서 건설적인 도전을 통해 미래 업무에 대해 대비하도록 장려할 것이다. 인적관리 전문가들은 많은 책임을 지고 있다. 조직마다 조금씩 차이가 있지만, 일반적으로 항상 인재, 종사원 참여, 웰빙, 포용을 포함한다. 따라서 인적관리 전문가는 유연근무제에도 관심을 둬야 하는 위치에 있다.

핵심 요약

- 유연성flexibility은 스펙트럼spectrum이다. 진정으로 유연한 조직문화를 수용하고 유연근무를 미래의 노동형태로 생각하는 조직들이 있다. 그들은 혁신자innovators와 초기 수용자early adopters이다. 후기 다수수용자late majority와 지각 수용자laggards는 여전히 주시하고만 있다. 유연근무제가 도입되고 승인되면, 시간제 근무로부터 시작해서 모든 직무의 유연근무화까지 조직 내에도 스펙트럼이 다양하게 존재한다. 유연근무에 대해 여러 관점이 존재한다. 어떤 사람은 혜택을 보지만, 어떤 사람들은 문제만 본다.
- 유연근무제는 만병통치약이 아니다. 유연근무제의 이점을 보여주는 증거사례들이 많다. 많은 설문조사가 유연근무제가 비즈니스에만 도움이 되는 것뿐만 아니라, 구성원들이 추구하는 데에도 도움

이 된다는 사실을 보여준다. 유연근무는 우리가 웰빙에서 양성평등에 이르기까지 복잡한 비즈니스 문제들을 해결하는 데 도움이 될 수 있다. 그러나 유연근무제에는 과제와 문제점도 수반되며, 이런 것들은 모든 전략과 지원 운영계획에서 반드시 검토되어야 한다.

- 유연근무를 할 때 관리자 역할이 매우 중요하다. 많은 점에서 관리자들은 유연근무제의 채택과 성공의 열쇠를 쥐고 있다. 실무적 차원에서 그들은 적용 결과를 결정하지만, 팀 내에 수용하는 것에 대한 열쇠를 쥐고 있으며, 기술에 대한 접근성을 제공하거나, 다르게 관리할 준비가 되어 있다(물론, 그렇지 않을 수도 있다). 전략이나 선임 리더들의 승인과 관계없이, 유연근무제가 번창하고 살아남거나 사라지게 되는 것은 일선 및 중간 경영진에 달려 있다.

- 유연성은 근무유형의 미래다. 세계화, 기술 가용성 및 능력 증가, 노동력의 인구통계 변화, 지속가능성의 필요와 집중 증가 등 오늘날과 미래의 근무에 영향을 미치는 추세들이다. 유연근무제는 이런 변화들을 대처하기 위한 해결책 중에 하나이다.

- 유연근무를 제대로 시행하려면, 정책이 중요하다. 정책은 정책이 표현하는 것뿐만 아니라, 표현 방법까지 중요하다. 언변과 어조, 입안drafting과 관련된 의사결정, 커뮤니케이션, 포지셔닝positioning은 모두 구성원들이 유연근무제에 대해 믿는 것과 관리자 및 동료들이 유연근무제에 접근하는 방식에 영향을 줄 것이다.

- 유연근무제를 수행하는 데 최상의 방법은 하나가 아니다. 다양한 방법을 고려해야 한다. 각 조직은 유연근무제가 자신들에게 의미하는 것을 이해하고, 그들 자신의 특별한 목표와 목적을 파악한 다

음, 그에 따라 접근 방식을 조정해야 할 필요가 있다. 유연근무제는 분야, 역할 유형, 사용 가능한 기술, 업무 자체에 영향을 받을 것이다. 최상의 실천은 없고 최상의 적합성만 있다. 모든 것은 상황에 따라 다르다.

- 유연근무제를 구현하는 것은 하나의 여정이다. 많은 조직에서 유연근무제를 도입하는 것은 조직문화와 근무 방식에 상당한 변화를 가져올 것이다. 모든 사람이 유연근무제를 원하지는 않을 것이다. 또 모든 사람이 유연근무제의 가능성을 믿는 것도 아니다. 어떤 경우에는 완강한 저항이 있을 가능성도 비일비재하다. 유연근무제를 완전히 채택하고 이점을 실현하려면 시간이 걸리며, 지속성과 다양한 접근 방식이 필요할 것이다.

- 법은 모든 것을 해결하는 수단이 아니다. 법률은 기본적이고 최소한의 것이다. 법률을 따르면 법의 준수를 보장하지만, 구성원의 태도를 바꾸거나, 모든 잠재적 이점을 실현하거나, 문화 자체를 변화시키지는 않을 것이다. 따라서 진정한 전환을 위해서는 법적 요구 이상을 실현해야 한다.

- 유연근무제는 그냥 '하면 좋은 것 nice to have'이 아니다. 어떤 사람들은 유연근무제를 구성원에게 이익을 주는 것으로 단순하게 본다. 하지만 그렇지 않다. 유연근무제는 개인과 조직을 넘어 사회에 상당한 이익을 가져다주는 제도이다.

- 기술, 직무 설계, 교육, 커뮤니케이션, 옹호자, 정책, 지침 등 유연근무제는 여러 가지 개입을 요한다. 유연근무제를 가능케 하려면, 이들 영역 각각을 고려해야 하며, 특정 조직에 따라 더 많은 고려

> 가 필요하다. 이들 영역 중 단 하나도 조직문화 변화에 영향을 미칠 수 있는 것은 없다.

최종 고려사항들

어떤 기업도, 어떤 사람도 근무유형의 미래를 무시할 수 없다. 어떤 기업도 구성원, 고객, 이해관계자와 관련되어 있는 변화 추세를 무시할 수 없다. 이를 무시하면 위험을 초래하거나 심지어 멸망의 길로 나갈 수 있다. 현명한 기업들은 이미 유연근무제가 그들에게, 관리자들에게, 구성원들에게 가져다 줄 수 있는 이익을 받아들이고 있다.

유연근무제를 받아들여야 할 시간은 미래가 아니다. 바로 지금이다. 증거는 넘쳐나며, 도구와 기술도 최첨단이다. 잘못된 속설을 부수고 오명을 벗을 시간이 왔다.

오랫동안 뿌리 깊게 박혀 있던 매우 직선적인 가부장제의 영향에서 넘어서야 할 때다.

시대에 뒤떨어진 태도와 고정관념에 도전하고, 장벽을 돌파해야 할 때다.

유연근무제로 일의 변혁이 필요한 때가 왔다.

자, 다들 준비 되었나?

참고문헌

Chung, H and van der Lippe, T (2018) Flexible working, work-life balance and gender equality: Introduction, *Social Indicators Research*, doi.org/10.1007/s11205-018-2025-x (archived at https://perma.cc/78H2-YT94)

Fagan, C, Hegewisch, A and Pillinger, J (2006) *Out of Time: Why Britain needs a new approach to working-time flexibility*, Trades Union Congress, www.researchgate.net/publication/286447808_Out_of_Time_-_why_Britain_needs_a_new_approach_to_working-time_flexibility (archived at https://perma.cc/B87P-XQRV)

World Economic Forum (2020) Finland is taking a radical new approach to flexible working, www.weforum.org/agenda/2019/08/finland-s-doing-something-cool-with-flexible-working/ (archived at https://perma.cc/NLH7-KKZZ)

13

유연근무제 툴킷

이 책의 목적은 간단하다. 유연근무 전략을 적절하게 설계하고 구현하고 평가할 수 있는 지침을 제공하는 것이다. 9장에서 설명했듯이, 유연근무제는 그 자체로 충분한 제도가 아니다. 그렇다고 선임 리더들의 일방적 지시로 이뤄지는 것도 아니다. 관리자뿐만 아니라 구성원들이 함께 유연근무를 구현해야 한다. 그래야 고용관계에 있는 모든 사람에게 효과가 있을 수 있다. 효율적으로 소통이 잘 되는 지침은 딱딱한 정책을 보완하고 잘못된 속설을 깨고 적절한 조치를 취하게 만든다. 13장과 이후 부록들은 유연근무제 전략을 구현하도록 지원하는 데 유용한 툴과 템플릿을 제공한다. 문서와 템플릿의 범위(관리자와 구성원 모두에게 적합한 범위)는 조직의 요구에 맞게 각색하거나 복사해서 사용될 수 있다. 자신의 어조, 커뮤니케이션 채널, 특정 정책 접근 방식에 맞게 이 문서를 각색해서 사용하기 바란다.

이 문서는 관리자, 구성원, 인적자원 전문가 모두를 돕기 위해 작성되었다. 이는 관리자 교육 및 개발을 지원하고, 정책 입안 및 기타 주요 문서 작성에 도움이 될 뿐만 아니라, 유연근무에 대한 실용적인 정보를 제공한다. 이런 도구와 템플릿은 필요에 따라 사용할 수 있도록 설계되었으며, 유연근무를 시행하는 데 기초가 된다. 이 책을 읽는 사람마다 자신들만의 조직 내 문제와 과제를 해결할 수 있는 도구를 개발할 필요가 있을 수 있다. 이런 문서들을 툴킷으로 구성하면, 조직의 전반적인 접근 방식에 대한 것은 물론, 구성원, 관리자, 유연근무자들이 기대하는 것에 대한 분명한 지침을 제공할 수 있다.

유연근무 툴킷에 더 다양한 것들을 포함시키려면, 6장(잘못된 속설)과 7장(장벽)을 참조하여 조직에서 어떤 문제가 발생될 수 있는지 또는 어떤 문제가 있는지 확인하여 도구를 추가해야 한다. 예를 들어, 조직 내 사람들이 새로운 형태의 기술을 사용하는 것을 꺼려하기 때문에 기술 채택이 문제가 될 가능성이 크다. 그렇다면 스카이프Skype와 같은 온라인 회의 도구에 대한 사용자 지침이나 슬랙Slack 또는 사내 SNS와 같은 일정 공유나 협업 공간을 사용하기 위한 '사용방법how to' 관련 지침을 만드는 것을 검토하라. 관리자 및 구성원으로부터 발생될 수 있는 질문을 반영하여, 그것들을 표본 FAQ 문서에 추가하라. 마지막으로, 전략 및 운영 계획을 지원하기 위해 지침과 툴킷을 어떻게 효과적으로 실행할 수 있을지 검토하라.

앞으로 제시된 툴킷을 잘 활용하여 유연근무제를 시행하는 데 참조하면 좋을 것이다.

다음 단계들

1. 부록1과 2에 명시된 도구들을 검토해 그 중에서 조직에 유용한 것을 활용하라. 또 좀 더 개발할 필요가 있는 도구들이 있는지도 검토하라.
2. 관리자 지침을 이미 제공한 경우, 툴킷과의 차이를 분석하여 누락된 항목을 찾아 해결하라.
3. 고유한 조직 환경을 고려하여 도구들을 목적에 맞게 조정하고 조직의 브랜드를 창조하라.
4. 인력관리자와 구성원들에게 제시된 도구를 제공할 수 있는 방법을 고려하라. 특히 필요할 때 요구에 따라 도구들을 사용할 수 있는 방법을 생각하라. 효과적인 커뮤니케이션에 대한 아이디어에 대해서는 11장을 검토하라.

에필로그
코로나19 이후 유연근무제

이 책이 집필될 당시, 코로나19에 대해 들어본 사람은 거의 없었다. 2019년에 영국 인구의 약 7%가 재택근무를 했지만(ONS, 2020a), 2020년 4월에는 정부 법령에 따라 48%로 증가했다(ONS, 2020b). 전 세계적으로 유사한 상황이 발생했다. 정부는 세계적인 전염병 대유행에 대처하기 위해 사회적 폐쇄를 명령했다.

그 결과 유연근무 및 재택근무 실험이 우후죽순으로 이루어졌다. 이는 신속하게 일의 세계 world of work를 영원히 바꿔나갈 것이라는 예측으로 이어졌다. 우리가 주의해야 할 것은 재택근무와 유연근무를 혼동하지 말아야 한다는 점이다. 재택근무(위치 유연성)는 유연근무의 한 형태일 뿐이다. 물론 사람들이 재택근무를 하는 동안, 상당수는 시간 유연성을 갖기도 했다. 돌봄의 책임이 있거나 홈스쿨링 아이들과 함께 재택근무를 하는 사람들은 이 두 가지 역할을 결합하기 위해 노력했다. 이들은 전통적인 표준 근로모델을 사용하진 않았지만, 경쟁하며 달려드는 요구들을 동시에 처리하기 위해 곡예를 하듯 일해야 했다.

　이런 이유들로 이제 모두 유연근무자가 되었다며 단정 짓는 것을 주의해야 한다. 먼저, 재택근무는 간호사, 요양원/보육원 직원, 운송, 응급 서비스, 공익사업, 점원 등에게 적용되지 않는다. 이들은 코로나 대유행 상황에서도 사회적 기능을 유지하는 데 핵심적 역할을 하고 있기 때문이다. 다른 한편으론 산업과 직업이 문을 닫도록 강요되어 전혀 근무하지 못한 구성원들이 많이 있다. 이들은 강제적으로 근무를 유연하게 할 수밖에 없었다. 일반 근무자들이 하는 유연근무나 재택근무와는 차원이 다른 이야기이다. 이런 맥락에서 유연근무제를 채택하는 것은 일반적으로 전략적, 계획적, 조직적 프로세스이다. 이는 필요한 도구들과 기술이 없으면 (일부 경우) 며칠 만에 이루어지지 않는다. 유연근무는 코로나 이후 벌어지고 있는 폐쇄, 동시보육, 홈스쿨링, 2020년부터 시작된 위기로 불가피하게 발생하는 스트레스와 불안감을 떠안고 근무하는 것을 아직 담아내지 못하고 있다.

　이런 점에서도 불구하고 예상보다 빠르게 많은 구성원이 재택근무를 수용하고 있다. SNS 기반 초기 감정 분석에 따르면, 구성원들이 재택근무에 매우 긍정적이었다(Carroll et al., 2020). 2020년 5월에 리버풀 존 무어스 대학교Liverpool John Moores University에서 수행한 연구는 구성원들의 거의 2/3가 미래에 집에서 근무하기를 원했고, 그 중 1/4 이상은 일주일에 한 번 이상 재택근무를 하고 싶어 했다고 말했다(Tucker et al., 2020). 또 다른 연구에 따르면, 구성원들은 코로나19 기간에 재택근무에 대한 부정적인 경험과 긍정적인 경험을 모두 했지만, 그런 긍정적인 측면 중 상당수는 미래 유연근무제에 대한 태도와 선호도에 영향을 미쳤다(Chung et al., 2020).

그런데 이 책에서 탐구하고 있는 바와 같이, 유연근무제에 대한 요구는 항상 있었다. 비록 유연근무제가 조직과 개인 모두에게 이익이 될 수 있다는 증거가 충분히 있는 경우조차도, 유연근무제를 하는 조직이 증가하진 않았다. 이는 유연근무에 대한 잘못된 속설이 팽배했기 때문이다. 이런 잘못된 속설은 최근에 불어 닥친 강제 재택근무에 어느 정도 영향을 받거나 도전을 받았지만, 아직은 갈 길이 멀다. 우리가 코로나19 이후 직장으로 돌아갈 때 많은 문제가 남아 있을 것이다.

코로나 19 이후 근무유형의 미래가 어떻게 될지 아직 예상치 못하고 있다. 오래된 근무 방식이 근본적으로 중단되었는지, 아니면 익숙한 사무실 환경이 매우 강하게 사람들을 당기고 있는지는 시간만이 알려줄 수 있다. 조직이 코로나19 이후 결정한 전략이 무엇이든, 과거에 유연근무를 상상하지 못했던 사람들은 이제 유연근무의 맛을 제대로 보았다. 이 맛을 조직이 충족시킬 수 없거나 충족시키려 하지 않을 경우, 조직구성원들이 향후 어떤 결정을 내릴지는 두고 봐야 할 것이다. 어찌되었든 이 책은 미래에 유연근무제를 수용하기로 선택한 조직들에게 도움을 줄 수 있는 툴킷을 제공한다.

참고문헌

Carroll, F, Mostafa, M and Thorne, S (2020) Working from home: Twitter reveals why we're embracing it, *The Conversation*, theconversation.com/working-from- home-twitter-reveals-why-were-embracing-it-136760 (archived at https://perma.cc/ RJ43-SZR4)
Chung, H, Seo, H, Forbes, S and Birkett, H (2020) *Working from Home during the Covid-19*

Lockdown: Changing preferences and the future of work, University of Birmingham/University of Kent

Office for National Statistics (2020a) www.ons.gov.uk/employmentandlabourmarket/peopleinwork/employmentandemployeetypes/articles/coronavirusandhomeworkingintheuklabourmarket/2019 (archived at https://perma.cc/SHJ5-XTJ6)

Office for National Statistics (2020b) www.ons.gov.uk/employmentandlabourmarket/peopleinwork/employmentandemployeetypes/bulletins/coronavirusandhomeworkingintheuk/april2020#coronavirus-and-homeworking-in-the-uk-data (archived at https://perma.cc/WXD4-XX23)

Tucker, M, Wilson, H and Dale, G (2020) The Coronacoaster Effect: Exploring employee experiences of homeworking during coronavirus [unpublished]

부록 1
관리자를 위한 샘플

TOOL 1.1 유연근무가 가능한 직무에 대한 평가

TOOL 1.2 유연근무제 요청을 관리하는 방법

TOOL 1.3 시범운영 기간 관리 방법

TOOL 1.4 유연근무제 요청 거부 때 관리 방법

TOOL 1.5 직무 공유 약정 관리 방법

TOOL 1.6 구인 공고 샘플

TOOL 1,7 입사 '첫날' 정책 조항 표본

TOOL 1.8 유연근무자 관리 팁

TOOL 1.9 FAQ 문서

TOOL 1.1: 유연근무가 가능한 직무에 대한 평가

직무가 유연근무제에 얼마나 적합한지는 몇 가지 요인으로 좌우될 것이다. 직무 자체에 대한 의무와 책임이 얼마나 있는지, 운영 요건에 적합한지, 근무의 변화가 동료나 고객에게 어떤 영향을 미치는지, 다른 사람들과 협업이 얼마나 필요한지(그리고 실시간으로 이어질 필요가 얼마나 있는지), 기술사용이 얼마나 활성화되어 있는지, 특정 장소나 시점에 근무를 완료해야 할 필요성이 있는지 등의 요인으로 말이다.

유연근무는 일반적으로 언제, 어디서, 어떻게 근무를 수행하는지에 따라 나눠볼 수 있다. 유연근무제를 요청한 사람이 근무를 어떻게 하는지 잘 들여다보고 유연근무의 시행 방향을 고려해야 한다. 요청자들의 직무 관련 설명서를 숙지하고 있으면 이를 수행하는 데 도움이 된다.

언제 근무를 수행하는지

어떤 직무는 정해진 시간에 상점 문을 여는 것과 같이 특정 시간에만 일을 해야 한다. 이와 다른 유형의 업무라면 시간과 관계없이 언제든지 수행할 수 있다. 예를 들어, 데이터 분석, 프로젝트 계획 수립, 연구서 작성 등이 있다. 직무 설명서에 있는 과제를 고려해 다음의 질문을 반영하라.

- 시간에 관계없이 언제든지 근무를 할 수 있는가?
- 특정 시간에만 근무를 할 수 있는가?

어디서 근무를 수행하는지

청소와 같은 직무는 특정 장소에서 근무해야 한다. 어떤 유형은 좀 더 유연해질 수 있으며, 관련 도구와 기술만 있다면 어느 장소에서든 수행가능하다. 직무 설명서에 있는 과제들을 고려해서 다음의 질문에 답을 생각해 보라.

- 어디에서나(이유 내에서) 근무할 수 있는가?
- 특정 장소에서만 근무할 수 있는가?

어떤 근무를 어떻게 수행하는지

각 직무에 따른 활동 특성을 고려하라. 다른 사람과 함께 근무하는 형태인가, 또는 생각, 성찰, 독립적인 근무인가? 과업이 일상적인가, 아니면 한시적인가? 직무 자체가 면밀한 감독을 요하는가?

다른 사람과 근무 및 협업을 수반하는 과업은 다음과 같이 분류될 수 있다.

- 동기식 활동synchronous activities – 다른 사람들과 동시에 수행하는 근무 (예: 동료와의 미팅에 참여하거나 프레젠테이션을 진행하는 것)
- 비동기식 활동asynchronous activities – 다른 사람들과 함께 근무해야 하지만 반드시 동시에 근무해야 하는 것은 아니다. 예를 들면, 보고서를 작성하기 위해 여러 명의 동료들이 함께 근무하지만, 그들 각자는 별

도로 자신들이 맡은 부분을 작성하고 이메일이나 공유된 온라인 공간을 통해 아이디어를 공유할 수 있을 것이다.

구성원이 수행하는 협업 과제에 따라 다음의 질문을 고려하라.

- 동기식 활동을 하는 사람은 몇 명인가?
- 비동기식 활동을 하는 사람은 몇 명인가?

어떤 직무들은 다양한 요소를 가지고 있을 수 있다. 예를 들면, 어떤 직무는 요구되는 근무가 특정 시간에 수행되어야 하지만, 상황에 따라 그렇지 않은 과업도 수행할 수 있다. 역할은 동기식 협업의 일부 요소들과 비동기식으로 수행될 수 있는 협업의 일부 측면들을 요구할 수 있다.

따라서 역할에 대한 의무와 책임을 반영해야 한다. 구성원의 직무 설명 및 일상 활동을 토대로 다음 사항을 고려하라.

- 특정 위치에서 수행될 업무는 몇 퍼센트 정도인가? 또 다른 위치에서 수행될 업무는 몇 퍼센트 정도인가?
- 특정 시간에 수행될 업무는 몇 퍼센트 정도인가? 표준근무 시간 외에 수행될 업무는 몇 퍼센트 정도인가?
- 현재 수행되는 근무의 본질은 무엇인가? 동기식 또는 비동기식 협업이 필요한 근무는 어느 정도인가? 독립적인 근무 또는 감독이 요구되는 근무는 어느 정도인가? 일상적이거나 표준화된 근무는 어느 정도인가?

- 서로 다른 유형의 과업은 함께 수행될 수 있는 방식으로 구성가능한가? (예를 들어, 모든 사고 및 반성하는 업무를 같은 날에 수행할 수 있는가?)

답변을 쉽게 할 수 없는 경우가 있다. 이때는 적절한 기준(최소 2주) 동안 위에서 분류한 대로, 구성원에게 매일 수행하는 근무에 대한 메모를 하도록 요청해야 한다. 그리고 이 내용을 좀 더 완전하게 분석할 수 있도록 방안을 고려해야 한다.

이 데이터를 수집한 후, 정보를 검토해서 유연근무제의 어떤 패턴이 수용되는지, 그리고 어떤 형태가 수행되고 있는 근무의 본질에 가장 적합한지 파악하라(다양한 양식에 관한 것은 1장을 참조). 예를 들면, 다음과 같다.

- 동기식 협업 과업은 유연근무 시간에 적합할 수 있다(구성원들이 동시에 함께 근무할 필요가 있을 것이기 때문에). 이 경우 비동기식 협업 과업은 대부분의 유연근무 형태에 적합할 수 있다.
- 하루 또는 일주일 중 어느 때든 수행 가능한 위치-독립적 과업 location-independent tasks 은 원격 또는 재택근무에 특별히 적합할 수 있다(그들은 특정 시간이나 장소에서 수행될 필요가 없을 것이기 때문이다).
- 일상적인 과업이나 독립적인 근무는 원격근무나 재택근무, 또는 파트타임/시간제 근무에 적합할 수 있다(그들은 다른 팀원들과 약간의 상호작용만 필요할 수도 있기 때문이다).

또 결정을 내리기 전에 다음 중 몇 가지 고려하라.

- 어떤 변수가 수행되거나 시도될 수 있는가? 시간/장소에 구애 받지 않는 근무가 다른 시간이나 장소에서 수행될 수 있도록 어떻게 다르게 구성될 수 있는가?
- 협업이 필요한 근무의 경우, 이것이 직접 대면이 필요한가, 아니면 가상 또는 온라인 참여와 같은 다른 형태의 협업이 필요한가?
- 업무량이 제안된 근무 패턴에서 현실적으로 달성 가능한가?
- 고도의 집중력이 필요한 근무의 경우, 다른 시간 또는 장소에서 이것이 수행될 수 있는가?
- 어떤 과업이 여러 사람들 간에(예: 잠재적인 직무분담 상황을 통해), 또는 다른 날 또는 다른 시간에 걸쳐 분할될 수 있는가?

다음 사항들도 고려하라.

- 개인 또는 조직이 유연근무제로부터 얻을 수 있는 잠재적인 이익은 무엇인가?
- 유연근무제로부터 개인 또는 조직에게 돌아가는 잠재적인 불이익은 무엇인가? 그리고 이런 불이익은 어떻게 극복될 것인가?
- 요청에 따라 유연근무제 유형을 지원하는 데 필요한 도구(또는 기술/시스템에 접근하는 도구)는 무엇인가?
- 유연근무에 대한 패턴을 구성하고 조직하는 데 어떤 비용이 발생되는가? 이것은 채용(예: 직무 분담 파트너) 비용이나 부가적인 IT 장비 구매 비용을 포함할 수 있다.
- 나머지 팀원들의 근무에 미칠 잠재적인 영향은 무엇인가?

역할이 유연근무제에 적합한지 결정할 때 다음 사항들은 고려하지 말아야 한다.

- 개인이 요청하는 이유(능력 유무와 상관없이)
- 요청을 하는 사람의 연공서열
- 요청을 수락하는 것이 다른 구성원들에게 유연근무제 요청을 하도록 장려하는지 여부
- 과거 근무 이력
- 다른 팀원들이 유연근무제를 바라보는 태도
- 사람들이 일하는 장소와 방법에 대한 선호

역할 평가의 예

글쓰기와 교육과정 전달이 모두 필요한 역할은 사고와 협업 활동이 병행될 가능성이 크다. 협업 활동(예: 교육 과정 전달)은 일반적으로 특정 시간과 장소에서 직접 대면으로 수행되어야 할 필요가 있다. 일할 때 사고가 필요한 활동thinking element(훈련 자료 개발)은 어느 시간 또는 장소에서나 수행될 수 있다. 이로 인해 재택근무와 사무실 근무의 구분이 생기거나, 교육이 없는 날에는 유연근무 시간이 생길 수 있다.

일상적인 관리가 필요한 역할에는 마감시한(예: 그 달의 특정 시간에 보고서 작성 완료)을 준다. 그렇다고 과업을 하루 중 정해진 시간에 완료할 필요는 없다. 또 팀원들과 협업할 필요도 없다. 시스템에만 접속할 수 있다면, 매일 또는 매주 시간과 장소를 유연하게 사용할 수 있다.

대학생들에게 직접 대면 지원을 하는 역할을 하려면, 1년 중 특정 시기에 많은 양의 동기식 협업 활동이 필요하다. 학생들이 없을 때, 업무에 대해 생각하는 것에 더욱 집중하거나, 한시적 과업(예: 보고서 계획 및 작성)에서 더욱 집중하는 과업으로 변경될 수 있다. 그래서 1년 중 다른 기간 또는 다른 작업 패턴이 허용될 수 있다.

카페에서 고객을 접하는 역할의 경우, 일반적으로 동기식 협업이 필요하며, 특정 시간과 장소에서만 수행될 수 있다. 그와 같은 역할은 원격근무나 유연근무 같은 일부 형태의 유연근무제에는 적합하지 않다. 그러나 직무 공유제, 시간제 근무, 자율시간선택제self-rostering(여러 명의 의사가 단체를 이루어 환자 목록을 만들고 환자를 돌봐서 돌본 환자의 수에 따라 각각 진료비를 받는 의료 형태)에는 적합할 수 있다.

초기 분석에서 유연근무제의 잠재적 영향이 명확하지 않은 경우, 계약 변경이나 법적 의무 없이 대체 근무 방식의 시범운영 기간에 합의하는 것은 가능하다는 점을 기억해야 한다. 시범운영 기간에는 유연근무제 준비가 성공적이었는지에 대한 증거를 제공해야 한다.

TOOL 1.2: 유연근무제 요청을 관리하는 방법

구성원들은 유연근무를 요청할 수 있다[26주/아무때나 근무하는 조직에 고용되었을 때]. 요청 시 특별한 이유가 필요 없다. 이유 불문 요청이 가능하다. 유연근무는 다양한 형태를 취할 수 있지만, 일반적으로 시간제 근무, 재택근무, 다른 시간이나 장소에서 근무, 집약근무, 기간제 근무 등을 포함한다[자세한 내용은 유연근무 정책 참조].

관리자들은 각 요청을 공식적이고 합리적으로 검토해야 한다. 요청을 받자마자 즉시 동의 여부를 결정할 수 있다. 이런 경우에는 구성원들에게 즉시 통보해야 한다. 또 새로운 패턴이 고용 조건의 변화와 관련되어 있다면, 인적자원 관리자에게 말해줘야 한다. 그렇지 않다면, 다음과 같은 조치를 취해야 한다.

요청을 수용하자마자, 동의 여부를 바로 결정할 수 있다. 이 경우, 구성원들에게 통보해야 한다. 또 새로운 패턴이 고용 조건까지 변경하는 것인지 여부를 인적자원 관리자에게 통보해야 한다. 그렇지 않으면, 다음과 같은 조치를 취해야 한다.

- 요청한 구성원들과 미팅을 준비하라. 가능한 빨리 일정을 잡아라.
- 다음 질문을 고려하라: 유연근무 요청으로 얻을 수 있는 잠재적인 이점은 무엇인가? 제안된 변경사항이 동료, 고객, 조직 전체에 어떤 영향을 미칠 수 있는가? 부정적인 영향을 완화시킬 수 있는가? 요청을 어떻게 수용할 수 있는가? 특정 요청을 지원하기 위해 실시되어야 할 필요가 있는 것은 무엇인가?

- Tool 1.1을 사용하면 직무와 관련된 유연근무 가능성을 평가하는 데 도움이 될 것이다.
- 제안된 근무 약정이 사용자와 구성원 모두에게 적합한지 여부를 확인하기 위해, 단기간(일반적으로 몇 개월) 동안 시험해 보는 것이 적절한지 검토하라. 이 경우, 시범운영 기간 전반에 걸쳐 구성원과 정기적으로 확인하고 관련 노트를 유지하라. 시범운영 기간이 끝날 때, 나온 증거들을 기반으로 요청에 대한 결정을 신중히 하라.
- 처음 요청한 것이 수용될 수 없는 경우, 구성원이 제안한 근무 유형에 대한 대안을 모색하라.
- 요청으로 생길 수 있는 예산을 파악하거나, 필요한 경우 일이 어떻게 진행되는지 파악하라. 관련 예산이 있는 경우(예: 장비 구매), 필요할 수도 있는 내부 승인 프로세스를 점검하라.
- 요청이 승인되면, 근무 약정이 실무에서 어떻게 작동할지에 대한 명확한 기대를 설정하라. 구성원들이 자신들의 새로운 근무 약정을 동료 또는 고객들에게 전달하고자 하는 방법에 대해 논의하라.
- 근무 시간이나 패턴 자체에 변경사항이 있다면, 그것을 인적자원 관리자에게 통지하라. 필요한 경우 서면으로 구성원들이 확인할 수 있도록 보장하라.
- 토론 내용을 기록해 보관하고, 구성원의 인사기록부에 기록하라.

유연근무 요청이 수용될 수 없는 경우, 구성원에게 서면으로 통지하여 요청이 거부된 이유를 명확히 설명해야 한다[그리고 항소할 수 있음을 명시한다].

TOOL 1.3: 시범운영 기간 관리 방법

구성원들은 근로 계약을 새롭게 맺을 때 유연근무에 대한 시범운영 기간 trial period을 요청할 수 있다(그리고 관리자들이 제안할 수도 있다). 시범운영 기간의 목적은 양 당사자가 제안된 유연근무 약정이 실무에서 효과가 있는지 결정하는 것이다. 근무 패턴이 이전에 수행된 적이 없거나 잠재적인 영향일 알려지지 않은 경우, 시범운영 기간은 특히 유용할 수 있다. 이 기간 동안, 근무 시간이나 장소에 대한 모든 변화는 임시적인 것으로 간주된다. 이 기간에는 정식 계약이 되지 않는다.

시범운영 기간 전

- 조직과 구성원 모두 제안된 근무 약정과 시범운영 기간에 대해 동의하고 문서로 남겨야 한다.
- 시범운영 기간은 근무 패턴 평가를 목적으로 두기 때문에 상황에 따라 길어질 수 있다. 이것은 적게는 한 달 또는 어떤 역할은 훨씬 더 긴 기간에 걸쳐 시험해 보는 것이 적절할 수 있다.

시범운영 기간

- 조직과 구성원은 시범운영 기간이 어떻게 잘 작동하는지에 대해 정기적으로 대화를 해야 한다. 어떤 부정적인 영향이 파악되면, 최대한 빨리 논의되어야 한다. 시범운영 기간이 끝날 때까지 기다리지 않아

야 한다. 부정적인 영향이나 문제점들을 완화시키기 위해 시범운영 기간 내에 약정을 개정하는 것이 가능할 수 있다.
- 긍정적이든 부정적이든 유연근무 약정이 미치는 영향을 기록해 보관하고, 구성원과 지속적으로 논의하라.

시범운영 기간 종료

- 구성원과 만나서 공식적으로 시범운영에 대한 결론을 내려야 한다. 회의는 시범운영이 실무에서 어떻게 적용되었는지에 대한 논의를 포함해야 한다.
- 구성원이 유연근무 패턴을 계속 유지하기를 바란다고 가정할 때, 그들의 요청을 시범운영 종료 직후 수용할지 여부를 결정해야 할 필요가 있을 것이다.
- 시범운영 기간이 성공적이지 못해 유연근무 요청을 수용할 수 없다는 결론을 내렸다면, 이것을 구성원에게 설명하고 이유를 서면으로 통지해야 한다. [구성원은 그 결정에 대해 이의신청을 할 수도 있으며, 이에 대해서는 이 책에서 유연근무 정책을 다룰 때 충분히 설명을 했다]. 적절한 경우, 다른 유연근무 방법을 제안할 수 있다. 예를 들어, 시범운영 기간 중에 근무했던 시간은 성공적이지 않았지만, 다른 옵션은 성공될 수 있다고 생각하는 경우이다. 또 이것은 당사자 모두 동의하는 경우 추가적인 시험 대상이 될 수 있다.
- 유연근무 요청이 수용될 때 새로운 근무 약정에서 초래된 계약 변경 사항이 있다면, 인적자원 관리자에게 통지한다. 이는 구성원 고용 조건에 대한 영구적인 변경일 수 있다.

TOOL 1.4: 유연근무제 요청 거부 때 관리 방법

관리자들은 유연근무제 요청이 공정하고 합리적인지 검토해야 한다. 또 유연근무제 정책에 명시되어 있는 시간 프레임과 일치하는지 고려해야 한다. 모든 과정은 요청을 받은 후(이의신청 포함) 3개월 이내에 완료되어야 한다. 특정 요청이 실현 가능한지 불분명한 경우, 관리자는 구성원들과 시범운영시간을 합의할 수 있다(시범운영 기간 관리에 대한 자세한 내용은 도구 1.3을 참조하기 바란다). 시범운영 기간 동안 약관에 대한 영구적인 변경은 없다.

 요청을 동의할 수 없는 경우, 요청 시점 또는 시범운영 기간이 끝났을 때 관련 구성원과 적절한 소통이 있는지 확인해야 한다. 직접 대면해 결정 내용을 전달하는 것이 이상적이며, 요청이 수용될 수 없는 이유를 상세히 설명해야 한다. 그런 다음이 회의는 문서화해서 보관되어야 한다[그리고 결정에 이의신청을 한 개인에게 통지되어야 한다]. 인적자원 관리자에게도 이 내용이 통지되어야 하며, 관련 기록을 복사해서 구성원 인사기록부에 첨부해야 한다.

 평가 기간이 끝난 후 요청이 거부되는 경우, 시험 결과와 임시 약정이 영구 계약이 되도록 지원하지 않는 이유를 명확하게 설명해야 한다.

 시범운영 기간이 수행되지 않은 경우, 요청을 거절하기 전에 시범운영을 실시해야 하는지 여부를 검토해야 한다. 시범운영 기간을 수행할 필요가 없다고 느낀다면, 이것을 구성원에게 설명해야 한다.

 마지막으로, 유연근무 요청을 거절하기 전에 그 상황에서 수용할 수 있는 대체 유연근무제 패턴이 있는지 검토해야 한다. 요청을 한 구성원과 다른 제안을 자유롭게 논의해야 한다.

유연근무 요청은 다음 이유 중 하나로 인해 거절될 수 있음을 기억하라 (개인에게 적절한 이유를 설명해야 한다):

- 추가적인 비용 부담
- 고객 요구사항을 충족시키는 능력에 해로운 영향
- 기존 구성원 간의 업무 재편성 또는 추가 인력 충원 불가
- 품질 또는 성과에 미치는 해로운 영향
- 구성원이 근무를 제안하는 기간 중 업무처리 부족
- 계획된 구조의 변화

유연근무는 장애가 있는 구성원들을 위한 합리적인 조정$^{reasonable\ adjustment}$일 수 있다. 유연근무에 대한 합리적인 조정을 필요로 하는, 장애가 있는 구성원은 요청을 거절하기 전에 관리자의 조언을 들어야 한다.

TOOL 1.5: 직무 공유 약정 관리 방법

직무 공유제는 두 명 이상의 구성원이 하나의 정규직 자리를 공유하는 약정이다. 직무에 대한 책임과 의무는 균등하게 분담되거나 분할되며, 정규직 일자리의 시간, 급여, 복리후생은 각 직무 공유자가 근무하는 시간에 비례하여 구분된다. 따라서 직무 공유자는 사실상 개별 시간제 고용 계약을 한 시간제 근로자들이다.

직무는 시간 측면에서(즉, 동일한 유형의 업무를 수행하는 두 공유자가 업무에 필요한 총 시간을 나누어서), 직무 측면에서(직무의 다른 요소들을 파악해서 각 공유자에게 별도의 직무를 할당하여) 분담될 수 있다.

직무를 공유하면 조직이 경력직 구성원을 영입하거나 유지하는 데 도움이 될 수 있다. 채용할 인재 풀을 넓힐 뿐만 아니라, 일반적으로 다른 한 당사자가 업무를 담당할 것이기 때문에, 휴가 기간 동안 혼란을 최소화할 수 있다.

관리자들은 다음과 같이 해야 한다.

- 직무 공유에 대해 요청을 받으면 열린 마음으로 대해야 한다. 역할이 공유에 적합한지 여부를 결정하기 전에, 역할을 공유할 수 있는 방법을 객관적으로 분석해야 한다.
- 직무 공유자가 업무 공유 방법에 대한 소유권을 가질 수 있도록 허용하고 직무 공유자가 계약을 문서화하도록 해야 한다. 이 단계에서 조언과 지원을 제공하거나 최종 계약을 승인해야 할 수 있다.
- 휴가 또는 병가 기간을 어떻게 처리할 것인지에 대해 미리 합의해야

한다(예: 직무 공유 파트너가 상대방의 업무를 커버해야 할 필요가 있다면, 어떤 프로세스가 필요한가?).

- 역할 분담에 대해 문서화된 서면 직무 공유 약정이 있는지 확인해야 한다.
- 한 직무 공유자에서 다른 공유자로 업무를 이양할 때 관리하는 방법을 합의해야 한다. 예를 들어, 어떤 시간 중복이 있는가? 적절한 커뮤니케이션 방법을 합의해야 한다.
- 직무 공유자들이 서로 강한 관계를 형성할 수 있도록 도움을 주어야 한다. 공식적인 시간 중복이 없는 경우, 자주 만나 의사소통할 수 있는 방법을 찾아야 한다.
- 성과 검토, 피드백, 승인과 관련하여 직무 공유자들을 별도로 취급해야 한다.
- 직무 공유는 잠재적으로 선임 리더들을 포함한 다양한 역할에 적합할 수 있다는 사실을 기억해야 한다. Tool 1.1은 역할이 직무 공유에 적합한지 여부를 판단하는 데 도움이 될 수 있다.

TOOL 1.6: 구인 공고 샘플

구인공고에 유연근무 내용을 넣으려면, 어떤 공고에도 활용가능한 표준 성명서를 만들어야 한다. 이때 직무별로 성명서를 따로 작성하여 포함시키는 것이 좋다. 다음은 조직에 맞게 조정할 수 있는 몇 가지 템플릿이다.

표준 성명서

우리는 모든 유형의 유연근무제를 장려하고 지원하고 있으며, 현재 많은 구성원이 유연근무를 하고 있습니다. 우리는 입사 지원자들과 유연근무 기회에 대한 논의에 열린 마음을 가지고 있습니다. 모든 요청을 수락한다고 보장할 수 없지만, 모든 요청을 충분히 고려할 것입니다. 또 유연근무제에 대한 질문이 귀하의 지원 신청에 영향을 미치지 않을 것임을 보장합니다. 유연근무 기회에 대해 논의하고 싶다면 연락하십시오.

직무별 특정 성명서

우리는 특정 공석에 대해 다음과 같은 유연근무제를 고려할 수 있습니다: [잠재적인 유연근무제 형태 삽입] 귀하의 지원서에 유연근무제로 근무하고 싶은 것을 구체적으로 명시하고 선호하는 근무 패턴을 강조하십시오.

TOOL 1,7: 입사 '첫날' 정책 조항 표본

고용주가 고용 첫날부터 유연근무제 요청을 승인하고자 하는 경우(법정 26주 기간에 반하여), 다음과 같은 정책 조항을 참조할 수 있다.

모든 구성원은 고용상태가 26주 동안 지속되었을 때 공식적으로 유연근무제를 요청할 법적 자격을 갖추게 됩니다. 그러나 당사의 방침은 한 단계 더 나아갑니다. 근속 기간에 관계없이 어떤 이유로든 모든 구성원의 유연근무제 요청을 검토할 것입니다. 우리는 채용과 선발 과정에서도 지원자들의 요청을 고려할 것입니다. 모든 요청을 합리적으로 고려하고 있습니다.

TOOL 1.8: 유연근무자 관리 팁

다른 장소 또는 시간에 근무하고 있는 팀원들이 있는 경우, 서로 다른 유형의 관리 방식을 채택해야 할 수 있다. 유연근무자를 관리하는 것이 비유연근무자를 관리하는 것보다 반드시 어려운 것은 아니지만, 체계적인 접근 방식을 어떻게 취했는지에 따라 어려움에 직면할 수도 이점을 얻을 수도 있다.

다음은 고려할 수 있는 몇 가지 권장사항들이다.

- 다른 팀원들과 마찬가지로, 유연근무자에 대한 명확한 목적, 행동, 목표를 설정하고, 이에 대한 진행 상황을 측정하는 방법을 명확히 한다. 전통적 방식의 근무자만큼 구성원 간 자주 만나지 못해서 정기적인 관찰이 쉽지 않기 때문이다.
- 개인과 연락을 유지하고 좀 더 광범위한 팀 커뮤니케이션을 위한 기술을 사용하라. 스카이프Skype, 인스턴트 메신져Instant Messenger, 링크Lync, 슬랙Slack과 같은 도구를 사용하는 것을 검토하라. 이것은 원격근무자들에게 특히 중요하다.
- 팀에 다양한 유형의 유연근무자들이 있다면, 각 팀원들이 언제 어디에서 근무하고 있는지 누구나 알 수 있도록 공유 일정표를 사용하라.
- 일상적인 대화에 의존할 수 없기 때문에 회의가 정기적으로 잡혀 있는지 확인하라. 정기적으로 직접 대면하지 않는 경우, 이런 회의는 일반적인 회의보다 더 길어야 할 필요가 있다.
- 팀 구성이나 효과적인 관계에 도움이 되기 위한 팀 회의나 행사는 더

욱 중요하다. 팀 회의가 정기적으로 개최되도록 보장하라. 회의는 전통적인 직접 대면 회의와 가상 회의를 혼합할 수 있다. 정보가 신속하게 계단식으로 전달되고 대면 회의가 있을 때는 항상 이전 회의 이후 발생한 상황을 논의할 시간이 있어야 한다.

- 팀에 원격 또는 재택근무자가 있다면, 그들과 정기적으로 연락해 업무상태를 확인하고 그들이 필요로 하는 것이 있는지 확인하라. 또 직장에서 누군가를 관찰하는 것이 불가능할 수 있기에 그들의 웰빙을 정기적으로 확인하라.
- 다른 형태의 근무 약정과 관련하여 그 지역의 규칙이나 팀 요구사항을 작성해서 전달할 필요가 있는지 고려하라. 예를 들면, 원격근무를 자주 수행하는 팀원이 있는 경우에는 일정관리에 그들의 위치를 공유하도록 요청하거나, 재택근무를 하기 전에 함께 점검을 해야 할 필요가 있는지 확인하라.
- 원격 또는 재택근무를 하는 팀원이 있는 경우, 그들이 사무실에 왔을 때 효과적으로 근무할 수 있는 공간이 있는지 확인하라. 원격 또는 재택근무자가 사무실에 얼마나 자주 와야 하는지에 관해 현지 실정에 맞는 약정을 수립하는 것이 좋다. 이것은 팀 근무와 관계 구축에 도움이 될 것이다.
- 팀원 중 1-2명만이 유연근무를 하는 경우, 그들의 존재를 잊지 않도록 주의해야 한다. 그들이 대면 또는 표준 근무 시간에 다른 팀원들과 정보를 면밀히 공유할 수 있도록 해야 한다.
- 유연근무자와 관련된 성과 문제가 발생되는 경우, 공식적으로 성과 검토의 시간을 기다리지 말고 그때그때 문제를 제기하라.

TOOL 1.9: FAQ 문서

질문1

우리 팀원 중 한 명이 다른 팀원들이 이미 수행하고 있는 것과 동일한 유연근무제 약정을 요청했습니다. 승낙을 해야 할까요?

답변1

아닙니다. 현재 상황을 기반으로 합리적이고 공정하게 요청을 고려해야 합니다. 다른 사람들이 이미 유사한 근무 패턴을 수행하고 있기 때문에 요청을 승인할 필요가 없습니다. 만약 거절한다면, 해당 구성원에게 이유를 설명해야 합니다.

질문2

입사 지원자가 면접에서 유연근무 가능 여부를 질문했습니다. 어떻게 대답해야 할까요?

답변2

지원자에게 어떤 종류의 유연근무제를 찾고 있는지 질문하십시오. 공식적인 절차를 따를 필요는 없지만, 어떤 유연근무를 제공할 수 있는지 미리 검토하는 것이 좋습니다. 이는 자리가 비었을 때 적합한 인재를 확보할 수 있는 방법입니다. Tool 1.1을 사용하면 적합한 방법을 생각하는 데 도움이 될 수 있습니다. 유연근무제 제공이 어렵다고 판단되면, 지원자에게 이유를 잘 설명하는 것이 좋습니다.

질문3

장애가 있어서 업무 시간 중 일부를 집에서 처리하면 웰빙과 업무효율성에 도움이 된다고 말하는 구성원이 있습니다. 승낙을 해야 합니까?

답변3

영국 법에 따르면, 유연근무제는 평등법Equality Act의 '합리적인 조정reasonable adjustment'에 해당될 수 있습니다. 합리적인 조정은 고용주들이 장애가 있는 구성원을 지원할 수 있도록 만든 새로운 조항입니다. 따라서 이 요청에 동의하지 않으면 요청자에게 법적 의무를 적용시키지 못할 수 있다는 점을 유념해야 합니다. 곧 바로 시행이 어렵다면 시범운영 기간을 활용해 요청이 실무에 적절한지 평가해보는 것도 좋습니다. 조정이 합리적인지 비합리적인지는 상황에 따라 달라질 수 있는 것이지요. 이때 인적자원 관리자 또는 노동 위생occupational health 관리자의 조언을 듣는다면 좀 더 효과적인 판단을 내릴 수 있을 것입니다.

질문4

팀 내 유연근무자가 현재 공석이 된 자리에 지원하고 싶다고 요청했습니다. 그 사람의 요청을 들어준다면, 과연 이전의 유연근무 약정을 그대로 적용해야 할까요?

답변4

꼭 그렇지는 않습니다. 일반적으로, 누군가가 어떤 역할을 지원할 때, 그들은 공표된 근무 시간과 일수를 기준으로 지원을 합니다. 그러나 현재 근무 패턴과 다른 것을 원한다면, 과연 현재 공석과 얼마나 적합한지 평가해야 합니다. Tool 1.1을 사용하면 도움이 될 수 있습니다.

질문5

유연근무 요청에 동의한다면, 향후 다른 유사한 요청에도 동의해야 합니까?

답변5

아닙니다. 관리자로서 역할은 유연근무정책Flexible Working Policy에 따라 수신한 유연근무 요청을 고려하는 것입니다. 요청이 접수될 때 당시 상황을 고려하여 각 요청의 장점을 검토할 수 있습니다. 한 요청에 대해 동의를 표한다고 해서, 그것은 향후 어떤 요청에 대해서도 동의한다는 것을 의미하지는 않습니다. 심지어 그들이 동일하거나 유사한 경우에도 공정하고 합리적인 방법으로 검토하지 않는 한 마찬가지입니다.

질문6

어떤 팀원들이 단기 유연근무를 하고 나서 정상근무로 돌아갈 수 있는지에 대해 질문을 합니다. 이것을 허용해야 합니까?

답변6

이에 대해 동의할 수 있다면, 그들에게 공식적인 요청을 하도록 요구하는 것이 필요하지는 않습니다. 비공식적인 성격의 유연근무제는 지속적인 팀 관리의 일부가 될 수 있습니다. 구성원의 급여나 다른 혜택에 영향을 미친다면, 반드시 인적자원 관리자에게 통지해야 합니다. 약정이 종료 또는 검토되는 날짜에 합의해 이것을 기록으로 남기는 것이 좋습니다. 구성원이 유연근무 연장을 요청하는 경우 문서로 남겨야 합니다. 구성원이 개정된 시간으로 장기간 근무하기를 원한다면, 공식적인 요청을 하도록 요구해야 합니다.

질문7

유연근무 요청을 받아들일지 여부를 결정할 때, 유연근무를 원하는 개인적 사유를 고려해야 할까요?

답변7

아닙니다. 역할과 운영 요건을 기반으로 결정을 내려야 합니다. 이에 대한 유일한 예외는 구성원이 장애가 있고 요청한 유연근무제가 합리적인 조정에 해당할 경우입니다.

질문8

팀원 중 한 명이 6개월 전에 유연근무제를 요청하였습니다. 당시에는 동의할 수 없었지만, 그는 지금 두 번째 요청을 하였습니다. 다시 공식적인 절차를 따라야 합니까?

답변8

일반적으로 12개월에 한 번만 요청을 할 수 있습니다. 따라서 이 구성원은 앞으로 6개월 이내에 다시 요청할 수 있습니다. 그러나 특별한 시점이 지났다고 판단되면, 경영진의 재량권을 행사하여 또 다른 요청을 하도록 허용할 수 있습니다. 결정을 내리기 전에 두 번째 요청을 하는 이유를 물어보는 것이 좋습니다.

질문9

요청된 특정 유연근무제 약정이 실무에서 효과가 있는지 여부를 평가하는 것은 매우 어려울 것입니다. 어떻게 해야 할까요?

답변9

시범운영 기간을 할 것을 검토해야 합니다. 시범운영 기간 동안 고용 조건에 대한 공식적인 변경은 없습니다. 시범운영 기간은 구성원과 합의할 수 있습니다. 가장 중요한 것은 계약 체결의 성공 여부를 평가할 수 있는 충분한 시간이 필요하다는 것입니다. 몇 개월이 보통입니다. 시험운영기간 종료 시점에 약정이 성공하지 못하면, 개인은 이전의 근로계약 약성으로 되돌아갑니다. 시범운영이 성공석이라고 판단되면, 근무 약정은 공식적으로 확정될 수 있습니다.

질문10

구성원이 유연근무제를 요청했지만, 그들은 연 26주 근무를 하지 않습니다. 어떻게 대답해야 할까요?

답변10

구성원이 유연근무 요건을 갖추지 못했다면, 요청을 검토할 필요가 없습니다. 그러나 그들의 요청을 논의하지 않기로 결정했더라도, 보통 그들은 향후 다시 요청하는 경우가 많습니다. 따라서 행동 방침을 결정하기 전에 그들의 요청을 좀 더 자세히 알아보고 지금 요청하는 이유를 파악하는 것이 좋습니다. 적절하다고 판단되면 관리자의 재량권을 행사하고 요청을 검토할 수 있습니다. 그렇게 하지 않기로 결정한 경우, 구성원에게 곧바로 통지하십시오.

질문11

팀원 중 한 명이 일주일에 1~2일 정도 재택근무를 원하고 있습니다. 이것을 공식적인 유연근무 요청으로 고려할 필요가 있습니까?

답변11

어떤 이유로든 구성원이 가끔 재택근무를 원할 경우, 이것은 두 사람 간의 비공식적인 합의가 될 수 있습니다. 그러나 이것이 영구적이고 정기적인 약정이 될 것이라면, 보통 공식적인 절차를 거쳐야 합니다. 이 요청에 동의하는 경우, 구성원이 재택근무와 관련된 규칙과 정책을 인식하고 있는지 확인하십시오.

질문12

동시에 두 건의 유연근무제 요청을 받았습니다. 어떻게 처리해야 합니까?

답변12

요청은 접수한 순서대로 고려해야 합니다. 첫 번째 요청이 승인되면 두 번째 요청과 조건에서 상황을 변경할 수 있습니다. 가장 바람직한 요청에 대한 결정을 내리는 데 특별한 요건은 필요 없습니다. 각 요청이 나름대로의 장점이 있는지를 고려하면 됩니다. 관련이 있는 사람들과 다양한 논의를 하는 것이 좋습니다. 그래야 유연근무 요소들을 제대로 갖출 뿐만 아니라 모든 운영 요건을 충족시킬 수 있는 절충안을 만들 수 있습니다.

질문13

유연근무 요청에 동의하고 나서 향후 조직에 부정적인 영향을 미친다는 것이 발견되면 어떻게 해야 합니까? 변경하는 것이 가능합니까?

답변13

일단 요청에 동의하면, 그것은 고용 조건에 대한 영구적인 변경을 의미합니다. 이는 이전의 근무 약정으로 돌아가도록 요구할 권리가 없다는 것을 의미합니다. 그러나 유연근무를 하지 않은 다른 구성원들과 마찬가지로, 다시 이전 근무 패턴으로 돌아갈 수 없는지 확인하기 위해 대화를 요청하는 것까지 막을 수는 없습니다. 따라서 시범운영 기간이 필요합니다. 시범운영 기간이 그런 우려와 부정적인 요소를 방지해줄 것입니다.

질문14

운영상 이유로 요청에 동의할 수 없지만, 다른 대안이 가능할 수 있다고 생각한다면 어떡해야 할까요? 이를 제안할까요, 아니면 운영에 맞는 요청만 검토해야 하나요?

답변14

구성원과 대화를 통해 대안을 제안할 수 있습니다. 이는 요청을 즉시 거절하는 것보다 바람직한 방법입니다.

질문15

누군가 유연근무를 하고 있습니다. 그런데 그들의 성과가 떨어진다면 어떡하나요?

답변15

유연근무자의 성과가 다른 사람들보다 떨어진다는 것을 보여주는 증거는 없습니다. 그런데도 문제가 지속된다면, 유연근무를 하지 않은 구성원들과 동일하게 성과에 대한 관리 측면에서 접근하면 됩니다. 인적자원 관리자로부터 성과 문제 관리에 대한 조언을 구해보십시오.

질문16

유연근무 요청을 받았지만, 운영상 가능하지 않습니다. 이런 경우 어떻게 해야 할까요?

답변16

조직에 부정적인 영향을 야기할 요청에 동의해야 하는 의무는 없습니다. 이것은 요청을 거절할 수 있는 법적 근거 중 하나입니다. 요청에 동의할 수 없다면, 구성원들에게 요청을 들어주기 어렵다고 말하고 이유를 납득하게 만들어야 합니다. 나중에 서면으로 이것을 공식화하고 구성원의 인사기록부에 논의사항을 기록해야 합니다.

질문17

유연근무제 요청을 거절하기로 결정했다면, 이에 대한 이의신청을 할 가능성이 있습니다. 누가 이의신청을 들어야 할까요?

답변17

이를 결정한 사람보다는 독립적인 관리자가 이의신청을 들어야 합니다. 결정한 사람보다 더 선임이면 좋습니다. 이의신청을 듣는 사람은 요청 거절에 참여하지 않아야 효과적인 운영이 가능합니다.

부록 2
구성원을 위한 샘플

Tool 2.1 유연근무 요청을 성공적으로 수행하는 방법
Tool 2.2 성공적인 유연근무제를 위한 팁

TOOL 2.1: 유연근무제 요청을 성공적으로 수행하는 방법

유연근무제에 대한 공식적인 요청을 원할 경우, 검토해야 할 몇 가지 영역이 있다. 이를 성공적으로 수행하는 데 도움이 되는 팁은 다음과 같다.

1. 신청서에는 요청하는 근무 패턴과, 효력이 발생하기 원하는 날짜를 명확하게 명시해야 한다. 서류에 공식적인 유연근무제를 요청하고 있다는 것을 진술해야 한다.

2. 직속 일선 관리자에게 신청서를 제출해야 한다. 신청서를 작성하려는 계획을 미리 알려주는 것이 좋다.

3. 적절한 유연근무 패턴이 두 개 이상 있는 경우, 요청서에 포함할 수 있다. 예를 들면, 압축근무를 원하지만 파트타임 근무도 고려하고 있다고 써야 한다. 그래야만 일선 관리자가 두 가지 모두 고려하여 결정할 수 있다.

4. 유연근무를 원하는 이유를 설명할 필요는 없다. 어떤 이유로든 모든 구성원은 유연근무를 요청할 권리가 있다. 자신의 업무와 연관성이 있다고 느껴서 특별한 이유를 포함시키고 싶다면, 충분히 그렇게 할 수 있다. 예를 들면, 장애가 있어서 유연근무를 하고 싶다면, 유연근무 패턴이 자신의 상태를 관리하는 데 어떻게 도움이 되는지 설명하는 것이 유용하다.

5. 시범운영 기간을 거칠 의향이 있다면, 제안을 고려하라. 이것은 당신과 관리자 모두에게 이익이 될 수 있다. 특히 제안한 유연근무 약정이 이전에 시도되지 않은 경우 더욱 그러하다. 시범운영시간의 길이는 당신과 관리자 간에 합의를 통해 결정할 수 있다. 그 길이는 새로운 약정이 효과적인지 여부를 적절히 평가할 수 있을 정도면 된다. 시범운영 기간이 합의된 경우, 그 기간 동안 관리자와 정기적인 대화를 해야 하며, 시험운영에 대한 자신의 생각을 기록해야 한다.

6. 유연근무 요청서에는 요청의 잠재적인 영향과 문제를 극복할 수 있는 방법에 대한 철저한 고려사항이 포함되어야 한다. 제안된 약정에 대한 잠재적 우려를 완화시키기 위해 가능한 많은 정보를 제공하라. 예를 들면, 이런 질문이 될 수 있다: 어떻게 동료들과 연락을 유지할 것이며, 효과적인 커뮤니케이션을 보장하고 새로운 작업 패턴이 다른 사람들에게 영향을 미치지 않도록 보장할 것인가? 제안(예: 비용 절감)이 조직에 이익이 되는 경우, 요청서에도 이것을 포함시켜라.

TOOL 2.2: 성공적인 유연근무제를 위한 팁

유연근무를 하고 있다면, 다음과 같은 팁은 유연근무제를 정착시키는 데 성공적일 뿐만 아니라, 효과적으로 워라벨을 균형 있게 관리하는 데 도움이 될 수 있다.

1. 동료 및 고객들에게 근무 패턴을 분명히 전달하라. 일정관리에서 시간 초과를 차단하고, 자동 서명 또는 부재중 메시지를 사용하여 가능한 시간에 소통하라.

2. 근무 패턴에 종종 '정상normal' 근무 시간 이외의 시간이 포함되는 경우, 자신의 근무 시간을 밝히고 그 이외의 시간에는 답변이 늦을 수 있다는 메모를 남겨두는 것이 좋다.

3. 유연근무 약정에 재택근무를 포함한다면, 업무 시간이 과도하게 가정생활에 사용되는 것을 방지하기 위해 효과적인 경계를 세우는 것이 중요하다. 가능하면 별도의 근무 공간을 마련하고, 시작 및 종료 시간을 설정하라. 근무일 중에는 반드시 휴식 시간을 갖아라.

4. 다른 일정이나 장소에서 동료에게 자신의 업무를 맡기는 경우, 사전 대책을 강구하고 연락을 유지하는 가장 좋은 방법을 논의하라. 사무실에 없을 때 연락을 받을 수 있는 가장 좋은 방법을 사람들에게 알려라.

5. 종종 관리자와 함께 근무약정을 검토해 당신과 관리자 모두에게 여전히 효과적이며 유연근무제의 이점이 완전히 실현되고 있는지 확인하라.

6. 특히 근무 패턴에 재택근무 요소가 포함된 경우, 역할을 효과적으로 수행할 수 있도록 모든 관련 기술을 사용할 수 있게 해야 한다. 적절한 경우 IT 부서와 이것을 논의하고, 필요한 경우 추가 교육을 받아라.

7. 비근무일과 부재중일 때 업무를 다루는 방법, 특히 결정을 내려야 할 필요가 있거나, 근무하지 않을 때 심각한 문제가 발생하는 경우에 대비할 수 있는 계획을 세워라. 알아야 할 필요가 있는 사람들에게 내부적으로 이를 알려라.

8. 원격근무 또는 재택근무를 하는 구성원은 관련 요구사항을 준수해야 한다. 이를 위해 구성원들이 상태 및 안전, 데이터 보호 및 IT 사용/액세스에 대한 조직의 정책들을 숙지해야 한다는 것을 명확히 하라.

9. 원격근무 또는 재택근무가 가능하다면, 회의에 원격으로 참여한다는 약정을 만들어야 한다. 그리고 이를 위해 필요한 모든 기술을 사용할 수 있다는 것을 보장해야 한다. 또 동료들이 그 기술들을 잘 사용하도록 도울 필요가 있다!

10. 유연근무자가 되는 것에 대한 죄책감을 느낄 필요가 없다. 유연근무

가 자신의 역할에 소홀하게 만들지는 않는다. 유연근무제에 개방적인 마음가짐은 조직문화를 변화시키는 데 도움이 될 수 있다. 따라서 유연근무가 가능하다면, 성공적인 방법들을 조직구성원들에게 나누고 그들의 롤모델이 되길 바란다.

색인

ㄱ
가까운 친족near relatives 18
가족 친화적인family-friendly 18, 150
갤럽Gallup 64
격이 없는 비공식적 대화water-cooler 148
결과물output 186, 209
경력사망career death 105
경력소외career marginalization 141
공식 조직formal organization 156
공인인력개발협회Chartered Institute of Personnel and Development(CIPD) 5, 12, 26, 45, 52, 100, 116, 123, 131, 149. 159, 220, 258
교대조 교환shift swapping 32
국민보건서비스National Health Service(NHS) 63
근무체제working arrangements 183
기업의 사회적 책임corporate social responsibility(CSR) 16, 69, 86, 94, 179
긱 이코노미Gig economy 35
관용tolerance 164
권한부여empowerment 198

ㄴ
낙인stigma 167, 273
노동 위생occupational health 310
뉴 노멀new normal 12
뉴이코노믹스파운데이션New Economics Foundation 123

ㄷ
다양성diversity 15, 25, 51, 62, 73, 87, 99, 100, 163, 184, 273
단계적 은퇴phased retirement 34
달성 가능Achievable 212
대면 시간face time 186
대체휴일time off in lieu(TOIL) 31, 96
독단적인 생각arbitrary ideas 183
동기부여 이론motivation theories 61, 62, 220
동기식 활동synchronous activities 291
딜로이트Deloitte 58, 108, 150

ㄹ
로열 소사이어티 오브 아트Royal Society of Arts 89
로얄 오토모빌 클럽Royal Automobile Club(RAC) 70
리비즘Leeavism 103, 157, 158, 206, 219

ㅁ
맥락context 17, 37, 44, 74, 93, 155, 165, 191, 208
맥레드MacLeod 60
맨체스터 대학교University of Manchester 159
명령 및 제어command and control 145
모든 관련 준수 확인란all of the relevant compliance boxes 188
모성 처벌motherhood penalty 102
몰입engagement 28, 59, 125
무관용zerotolerance 169

문제 부서problem area 171
물리적 현존physical presence 182

ㅂ

반동 효과rebound effect 70
범용성capability 17
변화에 대한 피로감change fatigue 194
비공식 조직informal organization 156
비동기식 활동synchronous activities 291

ㅅ

사고방식mind 113, 148, 192, 253
사전 대책 강구를 위한 대화proactive conversations 216
사용 용이성ease of use 222
사회적 책임social responsibility 16, 69, 86, 94, 179
산업관계서비스국Industrial Relations Services(IRS) 54
샌드위치 돌봄노동자sandwich carer 112
생산성productivity 116, 123, 125, 134, 142, 157, 161, 186, 220
수요demand 13, 33, 44, 51, 71, 210
수용성acceptance 204
서섹스 대학교University of Sussex 163
선물 교환gift exchange 132
선임 리더senior leaders 187, 192, 206, 207
설득력 있는 비전compelling vision 193
성과performance 274, 302
성별 임금격차gender pay gap 104, 106, 117
소속감connectedness 169
스마트SMART 96, 212
스미스 인스티튜트Smith Institute 70
시간제 근무part-time/reduced-hours working 72, 101, 107, 146, 167, 186, 185
시간제 근무 임금 불이익parttime pay penalty 105
시간제 아르바이트part-time, term-time 30
시간 제약적Time-bound 212
시간척도timescales 209, 221
시차출퇴근제staggered hours 32, 106
시범운영 기간trial period 221, 296, 298, 299
신뢰trust 61, 96, 129, 145, 147, 159, 185, 198, 211
실망discouragement 164
심리적 계약the psychological contract 16, 60

ㅇ

아카스 실무 강령Acas Code of Practice 41
아쉬리지Ashridge 60
안식년제career breaks/sabbaticals 33, 34
알에스에이 행동연구센터RSA Action and Research Center 54
암cancer 111
애자일미래포럼Agile Futures Forum 163
애자일업무포럼Agile Working Forum 162
앳킨스 그룹Atkins Group 72
어리석은 행동poor behaviour 185
여성성 낙인femininity stigma 109
여성평등위원회Women and Equalities Committee 105, 150
연결을 끊을 권리right to disconnect 218
연공서열seniority 295
연단위 시간제annualized hours 30
연령차별 법안age discrimination legislation 114
연장extensification 77
열의heart 192
영국 로이드 은행Lloyds Bank UK 128, 162
영국 보건안전 중역UK Health and Safety Executive 125
영국 통계청Office for National Statistics 35, 106, 114, 128
영국 정부 평등청Government Equalities Office 45, 65, 102
영향implication 238
엑스퍼트에이치알XpertHR 12, 53
예비테스트pilot schemes 215
예외exception 182
욕망desires 15, 141
우선순위priorities 141, 151, 206
운영계획operational plan 209, 214
유고브YouGov 53, 128
유로파운드Eurofound 129
유연근무flexible working 4
유연근무 계획flexible working initiatives 208
유연근무 옹호자들flexible working champions 255
유연근무 워싱Flex-washing 14
유연근무 전략flexible working strategy 18, 195, 209, 281
유연근무제flexitime 5
유연성이 표준flexible by default 163
유용성usefulness 222
이단아other 16
이상적 노동자ideal worker 76, 140

인스턴트 메시징instant messaging 91
이용가능성availability 17, 160, 204
인력 프로세스people processes 186
인식awareness 189
인재 유지retention 54, 183
인재 전쟁the war for talent 55
인터내셔널 워크플레이스 그룹International Workplace Group 56, 65, 156
일선 관리자Line managers 187, 217, 240, 259, 273, 318
임계치critical mass 211
워킹패밀리스Working Families 53, 56, 66, 67, 75, 108, 258
원격/재택근무remote/homeworking 31
웰빙wellbeing 121
위치-독립적 과업location-independent tasks 293

ㅈ

자율성autonomy 15, 31, 62, 84, 126, 134, 238
자율시간선택제self-rostering 32, 183, 296
자원resources 203
잘못된 속설myths 79, 139
장난 섞인 농담banter 158
장애가 있는 직원employees with disabilities 110
전일제 근무자full-time working 29, 241
전통주의자traditionalists 168, 252
젠더 규범gender norms 16, 76, 103
조기 다수수용자early majority 210, 211
조직변화organizational change 192, 194
주4일제 69
주류mainstream 211
주인의식ownership 238
준법compliance 181
준비상태 평가readiness assessment 205, 207
증거evidence 208, 253
지각 수용자laggards 210, 275
지속가능성sustainability 18, 31, 69, 70, 273
지식기반 노동knowledge work 10, 182
직무 공유 매칭 프로그램job-share matching programmes 226
직무 공유제job-share 149, 183, 219, 296
직무 설계job design 220
직무 소개 웹페이지careers web pages 57
직무 충실화job enrichment 62
직무 헌신 구조work devotion schema 76

직무 자율성worker autonomy 26
직업적 자아professional self 62
직원 복리후생 제도employee benefits 36
직원 몰입employee engagement 59
집약근무compressed hours 29, 184, 215
죄책감guilt 109

ㅊ

차용된 것borrowed 228
초기 수용자early adopters 210
측정 가능Measurable 212
취리히 보험회사Zurich Insurance Group 196

ㅋ

케어러 유케이Carers UK 112
크랜필드 대학교Cranfield University 53, 77, 126
클라우드 기술cloud technology 89

ㅌ

타임와이즈Timewise 147, 169, 216
탄력 근무제flexi-time 30, 63
탈레스Thales 95
태도attitude 155
테일러 리뷰Taylor Review 14

ㅍ

파워50 어워드Power 50 awards 147
평등법Equality Act 310
평등성equality 100, 163
폐경기menopause 115
포용성inclusion 99
포커스 그룹focus group 265
표준standard 9
표준근로모델default working model 9
프레그난트 덴 스크루드Pregnant then Screwed 99
프레이밍framing 162
프레젠티즘presenteeism 206
플렉서블 워킹 잡 인덱스Flexible Working Jobs Index 47
플렉스워크FlexWork 197
플렉시즘Flexism 158
필요needs 141

ㅎ

하버드 비즈니스 리뷰Harvard Business Review 132
하향취업자downgrading 105
합리적인 조정reasonable adjustment 111, 302
핫데스크hot-desking 36
혁신자innovators 210, 274
혁신확산곡선innovation diffusion curve 210
현실reality 263
효과적인 기대치 관리effective management of expectations 251
후기 다수수용자late majority 276
확정급여형 제도defined-benefit schemes 114
회의론자sceptic 252

0

0시간 계약zero-hours contracts 33
121 토론121 discussions 265
1.5 가사 노동 모델1.5 household work model 107
26주 대기기간26-week waiting period 186
2주 9일 근무제nine-day fortnight 29, 95, 148, 184, 185

저자 및 역자 소개

지은이: 젬마 데일

20년 이상의 경력을 가진 시니어 인적자원 전문가다. 컨퍼런스 강연자, 작가, 전문 코치로도 활약해왔다. 영국 리버풀 존무어스 대학교 경영대학에서 고용법, 조직행동, 복지에 대해 강의했으며, The Work Consultancy의 공동 설립자로 기업의 인사정책 개발을 지원하고 있다. 공인인력개발연구소의 공인 펠로우이자 인사 블로그 People Stuff에서 수상 경력이 있는 파워 블로거다. 2021년에는 HR Magazine에서 가장 영향력 있는 HR 사상가로 선정되었다.

옮긴이: 최병현

앎을 해체하는 과정 중에 만나는 삶의 물음을 좋아한다. 음악을 향유한 것도, 종교에 심취한 것도, 코칭에 매료된 것도, '시대전환'에 뛰어든 것도 그 물음의 연장선이었다. 연세대학교에서 신학을 전공하고 동 대학원에서 주체성^{Subjectivity} 관련 연구로 석사 학위를 받았으며, 케임브리지 대학교에서 이그젝큐티브 코칭 과정을 수료했다.

옮긴이: 윤재훈

나의 존엄을 지켜주는 일터가 누구에게나 표준이 되어야 하며, 수평적 조직문화가 그 출발점이라고 믿는다. 주4일제, 백신휴가제 등 사회에 필요한 새로운 규칙을 구상하며 '시대전환'의 비전을 실현하고 있다. 고려대학교에서 경영학을 전공하고 동 대학원에서 조직 내 무례함$^{Workplace\ Incivility}$ 관련 연구로 석사 학위를 받았다.

발간사

호모코치쿠스 31. 유연한 조직이 살아남는다.

서른한 번째 발걸음으로 『유연한 조직이 살아남는다』를 출간한다.

　이 책은 우리의 현실이자, 곧 닥칠 미래 이야기다. 현대 도시인의 생활은 스펙타클한 리듬을 근간으로 9to6 출퇴근, 업무 수행 장소와 방법 등이 정해진 표준 근로모델이다. 그렇지만 이 모델은 이미 몇 년 전부터 여러 방향에서 흔들려 왔다. 임시직, 시간제, 파트타임 등 비정규직 노동자의 확대, 정규직에서의 자유 출퇴근제 도입, 주52시간 제한 조치, 이른바 워라밸이라는 일과 생활의 균형에 대한 의식 확산 등은 '일하는 조직' 안에서도 변화를 만들어왔다. 이 와중에 모두가 경험하는 몇 년간의 팬데믹 터널은 재택근무의 효과를 확인하고, 염려를 줄이는 학습은 표준 근로모델을 재검토하는 실질적이고 심리적인 경험을 하게 했다. 그 빙산의 일각이 2022년 대통령 선거에서 논의의 물꼬가 트인 '주4일제'로 보인다. 현재도 시간제 근무는 주4일 안에서 이루어지고 있지 않은가? 이는 표준 근로모델을 검토하게 만드는 외부의 변화 조건이다. 주4일 근무 '제도화'는 정치 쟁점으로 인해 지체될지도 모르지만, 작업장에서는 가시적인 목표로 점차 확대될 것이 분명하다.

유연 근무(제)flexible working는 보다 빠르게 사회 조건이 되고, 많은 사람의 일상적 생활 리듬이 될 것으로 예상된다. 일부 기업에서 고정된 자리 배치를 없애는 자율 좌석제와 출퇴근하는 고정 사무실도 없애는 움직임은 이런 변화의 한 조각이다. 이런 흐름이 지식 노동자나 서비스 업종 노동자, 일부 산업 분야나 특별 직군에만 한정되지는 않을 것으로 보인다. 주4일제, 유연근무제 등이 향후 빈부 격차 심화와 양극화로 귀결될 것인가, 새로운 발전 동력의 계기가 될 것인가는 국민생활 수준 방어를 위한 노력에 달려있다.

이 책은 다양한 유형의 유연근무와 이슈를 제시하고, 도입을 위한 방안과 조직의 이점을 열거한다. 유연근무는 '고용주가 근무 시간과 방식을 통제하는 것에서 조직 구성원 각자가 근무 시간과 방식을 자율적으로 조정하는 상태로 전환하는 것'을 의미한다. 조직 관점에서 보면 직원 채용이 수월하고, 소속감을 주며 이직 방지에 도움이 된다. 다방면의 비용 절감, 인재 유치와 유지, 직원 몰입 등에 유익을 가져다준다. 무엇보다 세계적인 흐름이며, 기업의 '지속가능성'을 확보하는 필수 요소로 주장하고 있다.

이에 적응해야 하는 작업자로서는 아래로부터 자율성과 협력 방식, 의사소통이 실질적으로 보다 더 중요해 진다. 적응과 자기 보호를 위해서도 자발직 직무설계job crafting가 필요하다. 이는 조직 구성원이 수행해야 하는 과업task 영역이나 거기에 수반되는 관계 영역을 직접 변화시켜 나가는 신체적이고 인지적인 행동을 말하며 bottom up 방식의 직무 재설계이다. 조직 차원에서 보면 조직 구성원 개인이 자기 능력과 조직 차원의 요구 안에서 자신에게 주어지는 직무 요구job demand와 직무 자원job resource 사이의 균형을 만들어 나가는 행동이다. 개인별 요구와 스타일을 중시하고, 자기 가치에 맞추려는 삶의 개인화와 업무의 개인화, 이런 욕구를 수렴하여 직무 구조 설계에서 직원들의 구체적 대응을 장려하는 방안이다. 다루는 영역 역시 과제, 관계, 직무 인식 등을 모두 다룬다.

유연근무제의 확산과 자발적 직무설계의 필요성이 높아지는 움직임에서 예측되는 사회 변화는 코치 활동에 어떤 점들을 시사하는가?

유연근무제와 자발적 직무설계, 이를 뒷받침해야 하는 조직문화와 개인 차원에서는 일과 삶의 균형 의식은 코치에게 더 유연하고 적극적인 대처를 요구하는 활동 환경의 변화이다. 유연근무와 자발적 직무설계를 전면 또는 부분적으로 도입하려는 조직의 요구에 부응하는 전문적 활동이 필요하다. 정보 제공이 아니라 도입과정에서 개인의 자발성을 높이고 잠재력을 발견하며, 행복과 보람으로 귀결되게 개입하지 않으면 안된다. 개별 직원들이 회사 조직 내외에서의 적응과 역량 확보, 잠재력 개발 욕구에 직면한 HR 차원의 요구를 적극적으로 받아 안아야 할 것이다.

개인 입장에서는 일에서 발휘해야 하는 자발성과 보람을 추구하고자 하는 갈망과, 유연근무제와 표준 근로 모델의 공존이 주는 자기 관리의 중요성이 더 커질 것이다. 반면 이런 흐름에 합류하는 데 따른 덧없음과 거리두기, 애매한 삶에 머물고 싶음과 불안 관리, 알 수 없는 삶의 허기 이슈는 더욱 확대될 것이다. 이 또한 코치기 주목해야 할 것이다. 비즈니스 코칭, 라이프 코칭, 커리어 코칭 가릴 것 없이 변화에 주목하고 프로그램과 코칭대응을 섬세하고 구체적으로 준비해야 할 것이다.

이 책이 코치는 물론 유연근로제를 도입하려는 조직리더나 HR, 컨설턴트, 무엇보다도 조직 생활을 하는 모두에게 좋은 안내서가 될 것을 기대한다.

유연근무제를 다룬 이 책은 앞으로 나올 『잡크래프팅』(2022)(원제 Personalzation At work) 책과 서로 연결될 책이다. 꼼꼼한 번역과 편집에 헌신해 준 역자, 편집디자인에 헌신해 주신 분의 노고에 감사드린다.

2022년 4월을 보내며
발행인 김상복

집필자 모집

- 멘토링 기반 코칭 방안과 사례 연구
- 컨설팅 기반 코칭 방안과 사례 연구
- 조직개발 코칭 방안과 사례 연구(일대일 또는 그룹 코칭)
- 사내 코치 활동 방안과 사례 연구
- 주제별·대상별 시네마 코칭 방안과 사례 연구
- 시네마 코칭 이론과 실천 빙인 연구
- 아들러 심리학 기반 코칭 방안과 사례 연구
- 코칭 기획과 사례 개념화(중심 이론별 연구)
- 코칭에서 은유와 은유 질문
- '갈굼과 태움', 피해·가해자 코칭
- 미루기 코칭 이해와 활용
- 코치의 젠더 감수성과 코칭 관계 관리
- 정서 다루기와 감정 관리 코칭 및 사례 연구
- 코칭 장field·공간과 침묵
- 라이프 코칭 핵심 과제와 사례 연구(청년 및 중년)
- 커리어 코칭 핵심 과제와 사례 연구(청년 및 중년)
- 노년기 대상 라이프 코칭 방안과 사례 연구
- 비혼·혼삶 라이프 코칭 방안과 사례 연구
- 코칭 스킬 총정리와 적용 사례
- 부모 리더십 코칭과 사례 연구(양육자 연령별)
- 코칭 이론 기반 코칭 방안과 사례
- 커플 코칭 방안과 사례
- 의식확장과 영성코칭
- 군 리더십 코칭
- 코칭 ROI 연구

▣ 동일 주제라도 코칭 대상과 방식, 코칭 이론별 집필이 가능합니다.
▣ 최소 기준 A4 기준 80페이지 이상. 코칭 이론과 임상 경험 집필 권장합니다.
▣ 편집위원회와 관련 전문가 심사로 선정됩니다.
▣ 선정 원고는 인세를 지급하며, 무료로 출판합니다.

호모코치쿠스

코칭 튠업 21
: ICF 11가지 핵심 역량과 MCC 역량

김상복 지음

뇌를 춤추게 하라
: 두뇌 기반 코칭 이론과 실제
Neuroscience for Coaching

에이미 브랜 지음
최병현, 이혜진 옮김

마음챙김 코칭
: 지금-여기-순간-존재-하기
Mindful Coaching

리즈 홀 지음
최병현, 이혜진, 김성익, 박진수 옮김

코칭 윤리와 법
: 코칭입문자를 위한 안내
Law & Ethics in Coaching

패트릭 윌리암스, 샤론 앤더슨 지음
김상복, 우진희 옮김

조직을 변화시키는 코칭 문화
How to create a coaching culture

질리안 존스, 로 고렐 지음
최병현, 이혜진 등 옮김

내러티브 상호협력 코칭
: 3세대 코칭 방법론
A Guide to Third Generation Coaching: Narrative-Collaborative Theory and Practice

라인하드 스텔터 지음
최병현, 이혜진 옮김

임원코칭의 블랙박스
Tricky Coaching

맨프레드 F. R. 케츠 드 브리스 등 편집
한숙기 옮김

마스터 코치의 10가지 중심이론
Mastery in Coaching

조나단 패스모어 편집
김선숙, 김윤하 등 옮김

코칭·컨설팅
수퍼비전의 관계적 접근
Supervision in Action

에릭 드 한 지음
김상복, 조선경, 최병현 옮김

정신역동과 임원코칭
: 현대 정신분석 코칭의 기초 1
Executive Coaching : A Psychodynamic Approach

캐서린 샌들러 지음
김상복 옮김

수퍼비전
: 조력 전문가를 위한 일곱 눈 모델
Supervision in the Helping Professions

피터 호킨스, 로빈 쇼헤트 지음
이신애, 김상복 옮김

코칭 프레즌스
: 코칭개입에서 의식과 자각의 형성
Coaching Presence : Building Consciousness and Awareness in Coaching Interventions

마리아 일리프 우드 지음
김혜연 옮김

멘탈력
정신적 강인함에 대한 최초의 이론적 접근
Developing Mental Toughness:
Coaching strategies to improve performance, resilience and wellbeing

더그 스트리챠크직, 피터 클러프 지음
안병욱, 이민경 옮김

코치 앤 카우치
Coach and Couch

멘프레드 F.R. 케츠 드 브리스 등 지음
조선경, 이희경, 김상복 옮김

리더의 정치학
: 조직개혁과 시대전환을 위한 창발 리더십 모델
Leading Change: How Successful Leaders Approach Change Management

폴 로렌스 지음
최병현, 윤상진, 이종학,
김태훈, 권영미 옮김

고용 가능성
고용+가능성 업그레이드 전략
Developing Employability and Enterprise:
Coaching Strategies for Success in the Workplace

더그 스트리챠크직, 샬롯 보즈워스 지음
조현수, 최현수 옮김

게슈탈트 코칭
바로 지금 여기
Gestalt Coaching: Right here, right now

피터 브루커트 지음
임기용, 이종광, 고나영 옮김

강점 기반 리더십 코칭
: 조직 내 긍정적 리더십 개발을 위한 가이드
Strength_based leadership Coaching in Organization An Evidence based guide to positive leadership development

덕 매키 지음
김소정 옮김

영화, 심리학과 라이프 코칭의 거울
The Cinematic Mirror for Psychology and Life Coaching

메리 뱅크스 그레거슨 편저
앤디 황, 이신애 옮김

영웅의 여정
자기 발견을 위한 NLP 코칭
The Hero's Journey: A voyage of self-discovery

스테판 길리건, 로버트 딜츠 지음
나성재 옮김

VUCA 시대의
조직문화와 피어코칭
Peer Coaching at Work

폴리 파커, 팀 홀, 캐시 크램,
일레인 와서먼 공저
최동하, 윤경희, 이현정 옮김

정신역동 마음챙김 리더십
: 내면으로의 여정과 코칭
Mindful Leadership Coaching: Journeys into the interior

맨프레드 F.R. 케츠 드 브리스 지음
김상복, 최병현, 이혜진 옮김

실존주의 코칭 입문
: 알아차림·용기·주도적 삶을 위한
철학적 접근
An Introduction to Existential Coaching

야닉 제이콥 지음
박신후 옮김

공감으로 완성하는 코칭
: 평범함에서 탁월함으로
Coaching with Empathy,

앤 브록뱅크, 이안 맥길 지음
김소영 옮김

내러티브 코칭
: 새 스토리의 삶을 위한 확실한 가이드
Narrative Coaching: The Definitive Guide to Bringing New Stories to Lif

데이비드 드레이크 지음
김상복, 김혜연, 서정미 옮김

ADHD 코칭
: 정신건강 전문가를 위한 가이드
ADHD Coaching: A Guide for Mental Health Professionals

프란시스 프레벳,
아비가일 레브리니 지음
문은영, 박한나, 가요한 옮김

시스템 코칭
: 개인을 넘어 가치로
Systemic Coaching: Delivering Value Beyond the Individual

피터 호킨스, 이브 터너 지음
최은주 옮김

시스템 코칭과 컨스텔레이션
Systemic Coaching & Consitellations

존 휘팅턴 지음
가향순, 문현숙, 임정희, 홍삼렬, 홍승지 옮김

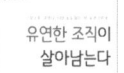

유연한 조직이 살아남는다
포스트 코로나 시대 뉴노멀이 된 유연 근무제
Flexible Working

클라우디아 나겔 지음
최병헌 · 윤재훈 옮김

정신역동 코칭
: 30가지 고유한 특징
Psychodynamic Coaching: Distinctive Features

클라우디아 나겔 지음
김상복 옮김

수퍼바이지와 수퍼비전
: 수퍼비전을 위한 가이드
Being Supervised A Guide for Supervision

에릭 드 한, 윌레민 레구인 지음
한경미, 박미영, 신혜인 옮김

트라우마와 코칭
Coacjing and Trauma

줄리아 본 스미스 지음
이명진, 이세민 옮김

글로벌 코치 되기
: 코칭 역량과 ICF 필수 가이드
Becoming a Coach

조나단 페스모어,
트레이시 싱클레어 지음
김상학 옮김

10가지 코칭 핵심주제 사례 연구
: 20개 사례와 40개 논평
Complex Situations in Coaching

디마 루이스, 폴린 파티엔 디오숑 지음
김상복 옮김

(출간 예정)

인지행동 코칭
: 30가지 고유한 특징
Cognitive Behavioural Coaching: Distinctive Features

마이클 니난 지음
엘리 홍 옮김

코칭수퍼비전의 이론과 모색
Coaching and Mentoring Supervision: Theory and Practice

타티아나 바키로버, 피터 잭슨, 데이빗 클러터벅 지음
김상복, 최병현 옮김

비연속 단일회기 코칭
: 30가지 고유한 특징
Single-Session Coaching and One-At-A-Time Coaching: Distinctive Features

윈디 드라이덴 지음
남기웅, 안재은 옮김

쿼바디스
: 팬데믹 시대 리더의 실존적 도전
QUO VADIS?

맨프레드 F. R. 케츠 드 브리스 지음
고태현 옮김

웰다잉 코칭
생의 마지막과 상실을 겪는 사람들을 위한 코칭 가이드
Coaching at End of Life

돈 아이젠하위, J. 발 헤이스팅 지음
정익구 옮김

인지행동 기반 라이프코칭
Life Coaching : A Cognitive behavioural approach

마이클 니난, 윈디 드라이덴 지음
정익구 옮김

코칭과 정신건강 가이드
: 코칭에서 심리적 과제 다루기
A Guide to Coaching and Mental Health : The Recognition and Management of Psychological Issues

앤드류 버클리, 캐롤 버클리 지음
김상복 옮김

코칭심리학 (2판)
실천연구자를 위한 안내서
Handbook of Coaching Psychology

스티븐 팔머, 앨리스 와이브로 엮음

코칭 이론과 실천
The SAGE Handbook of Coaching

타티아니 바흐키로바, 고든 스펜스, 데이비드 드레이크 엮음

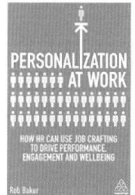
잡크레프팅
Persnalization at Work

롭 베이커 지음
김현주 옮김

임원코칭
: 시스템 - 정신역동 관점
- 현대 정신분석 코칭의 기초 3
Executive coaching: System-psychodynamic perstective

하리나 버닝 편집
김상복 옮김

정신역동 코칭의 이해와 활용
: 현대 정신분석 코칭의 기초2
Psychodynamic Coaching : focus & depth

울라 샤롯데 벡 지음
김상복 옮김

호모스피릿쿠스

나르시시스트와 직장생활하기
Narcissism at Work: Personality Disorders of Corporate Leaders

마리 린느 제르맹 지음
문은영 · 가요한 옮김

정신분석 심리치료의 기본과 실천
: 정신분석·지지적 심리치료와의 차이

아가쯔마 소우 지음
최영은 · 김상복 옮김

조력 전문가를 위한
공감적 경청
共感的傾聴術
:精神分析的に"聴く"力を高める

고미야 노보루 지음
이주윤 옮김

코로나 시대의 정신분석 임상
'만남'의 상실과 회복
コロナと精神分析的臨床

오기모토 카이, 키타야마 오사무 편집
최영은 · 김태리 편집

(코쿱북스)

코칭의 역사
Sourcebook Coaching History

비키 브록 지음
김경화, 김상복 외 15명 옮김

101가지 코칭의 전략과 기술
: 젊은 코치의 필수 핸드북
101 Coaching Strategies and Technique

글래디나 맥마흔, 앤 아처 지음
김민영, 한성지 옮김

리더십을 위한 코칭
Coaching for Leadership

마샬 골드 스미스,
로렌스 라이언스 등 지음
고태현 옮김

코칭 A to Z

누구나 할 수 있는 코칭 대화 모델
: GROW_candy 모델 이해와 활용

김상복 지음

세상의 모든 질문
: 아하에서 이크까지, 질문적 사고와 질문 공장

김현주 지음

첫 고객·첫 세션 어떻게 할 것인가
(1) 윤리적 가이드라인과 전문가 기준에 의한 고객 만남
(2) 코칭계약과 코칭 동의 수립하기

김상복 지음

코칭방법론
: 조직 운영과 성과 리더십 향상을 돕는 효과성 코칭의 틀

이석재 지음

코치 100% 활용하는 법
: 코칭을 만난 당신에게

김현주, 박종석, 박현진, 변익상,
이서우, 정익구, 한성지 지음

코칭 하이브리드

영화처럼 리더처럼
: 크고 작은 시민리더 이야기

최병현, 김태훈, 이종학,
윤상진, 권영미 지음

 호모코치쿠스 31

유연한 조직이 살아남는다
포스트 코로나 시대 뉴노멀이 된 유연근무제

초판 1쇄 발행   2022년 5월 6일

펴낸이	김상복
지은이	젬마 데일
옮긴이	최병현, 윤재훈
편 집	최병현
디자인	이상진
제작처	비전팩토리
펴낸곳	한국코칭수퍼비전아카데미
출판등록	2017년 3월 28일 제2018-000274호
주 소	서울시 마포구 포은로 8길 8. 1005호

문의전화 (영업/도서 주문) 카운트북
　　　　전화 | 070-7670-9080   팩스 | 070-4105-9080
　　　　메일 | countbook@naver.com
　　　　편집 | 010-3753-0135
　　　　편집문의 | hellojisan@gmail.com 010-3753-0135

www.coachingbook.co.kr
www.facebook.com/coachingbookshop

ISBN 979-11-89736-37-8
책값은 뒤표지에 있습니다.